현장 및 예비 영어교사의 교수기술 향상을 위한 안내서

Globalization & Cultural Instruction in the EFL Classroom

글로벌 시대 영어교실의 문화 지도

김성애 지음

KM 경문사

머리말

오늘날 우리나라 영어교육이 처한 문제 중의 하나는 글로벌 시대에 즈음하여 의사소통중심 교육을 지향하는 영어교육 정책과 그 중요성에 대한 교사들의 인식에도 불구하고 실제 교실에서 이를 반영하는 교육은 제대로 이루어지지 못하고 있다는 점이다. 이는 원활한 의사소통을 위해 필수적이라고 할 수 있는 문화 교육에서도 크게 다르지 않은 것 같다. 저자가 실시한 적이 있는 교사 대상 설문 조사 결과에 의하면, 다양한 문화권 사람들과 영어로 의사소통하는 능력이 필요한 오늘날에도 단편적인 특정 문화권에 대한 지식 전달 수준에 그치는 문화 교육은 크게 달라지지 않은 게 사실이다. 그나마 이런 수준의 문화 교육조차도 체계적으로 이루어지고 있지 못한 것 같다. 학생들을 글로벌 시대의 인재로 키우는 데 필요한 문화 내용을 포함한 체계적인 문화 교육이 요구된다.

현재 영어교실에서 문화 지도가 체계적으로 이루어지지 못하고 있는 주된 이유 중 하나는 교사들 자신의 다른 나라 문화에 대한 경험 부족과 또한 교사양성 과정에서 문화 지도에 대한 훈련을 제대로 받지 못한 점을 들 수 있을 것이다. 실제 영어교사 양성을 담당하고 있는 대학의 커리큘럼을 살펴보면 대학마다 명칭은 다소 다를지라도 대부분 '영미문화'에 국한되어 있다. 그나마도 그 내용이 의사소통에 필요한 '작은 문화(Small culture)' 즉, 해당 문화권 사람들의 생활 패턴이나 사고방식보다는 '큰 문화(Big culture)' 즉, 역사, 문학, 철학 등에 초점이 맞추어져 있는 경우가 많다. 이런 이유로 예비 영어교사들이 배우는 문화가 오늘날의 글로벌 시대에 필요한 학생들의 문화 이해력을 기르는 데는 한계가 있다.

시대의 변화에 맞는 문화 지도를 위한 도움의 부족은 교사 임용 후에도 크게 달라지지 않고 있다. 학생들의 문화 이해도 향상을 위한 체계적인 지도를 제공할 수 있도록 돕는 교사 지침서나 자료 제공도 매우 미흡한 실정이다. 검증을 통과하기 위해 집필된 교과서 내용은 단순히 각국의 문화에 대한 단편적인 소개로 끝나는 경우가 많고, 또한 문화 자료와 함께 소개된 학습 활동은 수업 시간에 다루기가 마땅치 않아 실제 수업에서 다루지 못하고 건너뛰는 경우도 적지 않은 것으로 알고 있다.

글로벌 시대의 영어는 이미 영미 문화권의 사람들과 소통하기 위한 수단만은 아니다. 영어가 링구아 프랑카(lingua franca)로서 세계의 다양한 언어를 구사하는 사람들의 의사소통 수단이 된 오늘날, 영어로 의사소통하는 당사자들이 보다 원활한 의사소통을 위해서 이해해야 할 문화는 영미 문화가 아니라, 바로 현재 나 자신과 의사소통하고 있는 상대방의 문화이다. 이때 상대방은 영미 문화권을 포함한 다양한 문화권 사람일 수 있다. 그렇다고 교사가 세계의 모든 문화를 수업에서 다루는 것은 불가능한 일이다. 그렇다면 한정된 수업 시간과 한정된 문화 지식밖에 없는 교사는 문화 지도를 어떻게 해야 하는가 하는 의문이 생기게 된다. 이에 대한 답은 바로 학생들에게 특정 문화에 대한 사실적 정보(factual information)만 전달하기보다는 문화적 통찰력을 길러주기 위한 지도가 이루어져야 한다는 것이다. 문화적 통찰력을 기르기 위한 지도란 비록 영미권 문화를 예로 다루더라도 학생들이 그 지역 문화에 대한 이해뿐만 아니라 모국어 문화와 다른 여러 타 문화에 대한 이해력을 동시에 기르도록 함으로써 타 문화권 사람들을 접했을 때 어떻게 행동해야 하는지를 깨달을 수 있도록 지도하는 것이라고 할 수 있다.

문화 지도의 중요성에 대한 교사들의 이해에도 불구하고 글로벌 시대에 걸맞은 체계적인 문화 지도를 교사들의 몫으로만 돌리는 것은 합당하지 않다. 왜냐면 효과적인 교육은 교사 혼자의 노력만으로 가능한 것이 아니기 때문이다. 그것이 가능하기 위해서는 교사들뿐만 아니라 영어교육에 직, 간접적으로 관여하고 있는 전문가들이 함께 노력해야 하기 때문이다. 누구든 자신이 제대로 배우지 못한 것을 가르치는 일은 쉽지 않고 또한 그러기를 기대하는 것도 무리이다. 따라서 교사들의 문화 지도 역량을 높이기 위해서 근본적으로 필요한 것은 교사 지망생들이 교사가 되기 전 특정 지역에 한정된 문화가 아니라 세계의 다양한 문화를 간접적으로나마 접할 기회를 갖게 하는 것이다. 이를 위해서는 대학의 교사양성 과정에서 세계의 주요 문화에 관해 배울 수 있는 문화 관련 과목을 개설하여 예비 교사들이 수강할 수 있게 하는 것이 하나의 방안이 될 수 있을 것이다. 이는 저자가 오래전 논문을 통해서도 주장한 바이고 퇴직 전 재직하는 대학 당국에도 건의를 한 바이지만 실천으로 이어지지는 못하였다. 이는 아마도 문화라는 전공 분야가 따로 있는 것이 아니라 과목 개설을 위해서는 교과 내용을 세계 각 문화에 정통한 전공 교수들이 힘을 합쳐 만들어야 하는 어려움이 있기 때문이라는 생각도 든다. 어쨌든 장차 대학에서 예비 영어교사들뿐만 아니라 일반 학생들도 교양과목으로 수강할 수 있고 세계의 주요 문화를 접할 수 있는 문화 과목이 개설될 수 있기를 기대해 본다.

본 저서는 글로벌 시대 영어교실에서 문화 지도를 위한 학습 자료 및 활동의 예를 제시함으로써 교사들이 학생들의 문화 이해력과 통찰력을 보다 효과적으로 기를 수 있도록 돕기 위한 목적으로 집필되었다. 책의 구성은 총 다섯 개의 장으로 이루어져 있다. 제1장에서는 배경 지식으로서 의사소통과 문화 이해, 문화의 개념, 그리고 문화 지도의 목적에 관해 기술하였다. 제2장에서는 언어 교실에서의 실제 문화 지도에 관한 내용으로서 문화 교수법의 종류, 문화 자료와 학습 활동, 문화 지도 기술, 그리고 문화 이해도 평가에 대해 기술하였다. 제3장에서는 문화 수업 절차에 관한 것으로서 교수·학습 상황의 고려, 교수 목표 설정, 다루어야 할 문화 주제와 기본 가치 선정에 대해 기술하였다. 제4장에서는 주제별 문화 자료 및 학습 활동에 관한 것으로, 총 20개의 주제별로 미국 문화를 위주로 타 문화에 관해 소개하고 관련한 자료와 학습 활동을 다루었다. 마지막으로 제5장에서는 저자가 외국에서 경험한 여러 에피소드를 통해 타 문화를 부분적으로나마 엿볼 수 있도록 하였다.

저자 자신의 과거 교사 경험을 떠올려보면 문화에 대해서는 대학에서도 못 배웠고 개인적인 경험도 없었기 때문에 몰라서 제대로 못 가르쳤던 아쉬움이 많다. 하지만 요즘은 세계 여행도 자유로워지고 인터넷도 발달한 시대라 예전과는 달리 교사들의 문화 지식도 많이 풍부해졌다. 교사의 풍부한 문화 지식은 자신의 수업을 흥미롭게 함으로써 학생들을 수업에 집중하게 만드는 데에도 도움이 된다는 점에서 예전의 교사들보다는 훨씬 유리한 상황에 있다. 하지만 그 지식을 교실에서 효과적으로 활용하는 부분에서는 연습이 좀 더 필요한 것 같다. 이 책이 교사들의 보다 효과적인 문화 지도에 조금이나마 보탬이 될 수 있기를 바란다.

저자

차례

제3장
문화 수업 절차

제4장
주제별 문화 자료 및 학습 활동

제5장
에피소드로 엿보는 타 문화

CHAPTER 1

배경 지식

이 장에서는 문화 지도를 위한 배경 지식으로 의사소통과 문화 이해의 관계, 문화의 개념, 문화 지도의 목적에 대해 간단히 언급하고자 한다.

1. 의사소통과 문화 이해

언어 학습과 교수에 있어 문화의 중요성에 대해서는 오래전부터 학자들(예: Abrate, 1993; Arens, 2010; Atkinson & Sohn, 2013; Bentahila & Davis, 1989; Byram & Wagner, 2017; Erten & Razi, 2009; Everett, 2017; Oxford, 1994)의 주장이 있었다. 예를 들면 벤타힐라와 데이비스(Bentahila & Davis, 1989)는 어떤 언어도 문화와 분리될 수 없으며 만약 목표 언어를 목표 문화가 아닌 자신의 문화 규범에 따라 사용한다면 상대에게 예의가 없다든가 친절하지 못하다든가 또는 이상한 사람이라는 등의 인상을 주는 전혀 의도하지 않은 결과를 초래할 수 있다고 주장한다. 같은 맥락에서 에이브레이트(Abrate, 1993)도 목표 언어의 문화에 바탕을 두지 않고 언어를 사용할 경우 결코 유창한 언어 사용이 될 수 없다고 주장한 바 있다. 그는 또한 목표 문화에 대한 이해가 효과적인 의사소통을 도울 뿐만 아니라 학습자 자신의 문화를 이해하는 데에도 도움을 주며, 그리하여 나의 방식만이 유일한 방식이거나 옳은 방식이 아닐 수 있다는 점을 인식하게 해주는 효과가 있다고도 했다. 실제로 언어를 사용하거나 이해할 때 문화적인 상황을 고려하지 않을 경우, 질문에 대한 답이 문법적으로는 완벽한 문장이라 할지라도 목표 문화의 상황에서는 어색한 답이 될 수도 있다. 예로서 다음 대화를 보자.

A: Where are you going?
B: I'm going home.

위의 예는 우리나라 영어교실에서 현재진행형을 가르칠 때 사용할 수 있는 예이다. 문법적으로는 완벽한 문장이다. 길을 가다 친구를 만난 상황이라면 친구끼리 나눌 만한 대화 내용이다. 하지만 버스 기사와 승객 간의 대화라고 한다면 질문에 대한 이상한 답이 될 것이다.

우리나라에서는 버스 기사의 이 같은 질문에 승객은 목적지 이름을 말하는 게 보통이지만 미국이라면 이런 경우는 길 이름을 말하는 게 일반적이다. 언어는 문화적 가치와 의미에 따라 정의되기 때문에 목표 문화에 대해 배우지 못한 학생들은 그 언어를 제대로 배웠다고 할 수 없다. 이 경우도 문법적인 지식만으로는 의사소통이 제대로 되지 않을 수 있으며 문화적인 지식까지 필요할 때가 있다는 것을 보여주는 예이다.

문화는 그 구성원들에게 따라야 할 가치 체계를 제공하며, 해당 문화권 속 구성원들의 모든 행위는 그 문화권 속에서 답습한 행위이며 나이 든 세대로부터 젊은 세대로 전달된 행위이다(Hendon, 1980). 따라서 외국어 학습자들은 타 문화권 사람과의 원활한 의사소통을 위해서 자신의 문화와는 다른 상대방 문화권에 대한 이해가 필요하다. 하지만 대부분의 외국어 학습자들은 모국어 문화에 국한된 환경에서 살기 때문에 문화적으로 편협되기 쉬운 것이 사실이다. 이런 편협된 사고방식에서 벗어나지 않으면 다른 문화권의 사람들과 성공적인 소통이 어려울 수밖에 없다. 외국 문화에 대한 이해는 외국인과의 의사소통을 원활하게 해줄 뿐만 아니라 학습자 자신의 문화에 대해서도 보다 잘 인식할 수 있게 한다. 왜냐면 사람들은 자신의 것과 다른 것을 경험하기 전에는 자신의 문화, 즉 가치관, 태도, 행동 등에 대해 제대로 인지하지 못하기 때문이다.

요즘은 우리나라의 위상이 과거에 비해 상당히 달라졌다. 우리나라를 방문하는 외국인들이 우리나라에 대해 여러모로 좋은 평가를 하는 것은 이미 잘 알려져 있다. 실제로 외국에 나가 보면 우리나라가 얼마나 살기 좋은 나라인가를 체감할 수 있다. 흔히들 한국 문화의 특성을 가리켜 5 F's (Fast, Focused, Flexible, Friendly, Fun)라고들 한다. 신속하고, 집중하며, 유연하고 친절하며 재미있는 문화를 가진 나라라는 평가이다. 우리나라는 세계에서 가장 과학적이고 우수한 언어를 가진 나라, 인터넷이 무척 빠르고 관공서의 일 처리도 매우 빠른 나라, 밤거리를 걸어도 안전한 나라, 의료 혜택이 환상적인 나라, 교통망을 비롯해 생활에 필요한 대부분의 영역에서 인프라가 잘 구축되어 아주 편리한 나라, 깨끗한 공중화장실 사용이 공짜인 나라, 식당에서 물과 반찬 추가가 공짜인 나라 등으로 평가받으며 웬만큼 잘 사는 나라의 사람들도 와서 살고 싶어 하는 자랑스러운 나라가 되었다. 하지만 막상 우리나라 사람들은 오늘날 우리가 누리는 것이 얼마나 좋은 것인지를 깨닫지 못하고 그저 당연한 것으로 여기는 경우가 많다. 타 문화와 비교해 볼 기회가 없었기 때문이다. 하지만 우리나라에서 살고 싶어 하는 외국인들은 한국 문화를 경험해 보고 자신의 문화와 비교해 보았기 때문에 한국이 살기 좋은 나라라는 것을 알게 되는 것이다. 이렇듯 외국 문화를 알게 되면 자신의 문화에 대한 판단력도 더불어 생기는 것이다.

학생들이 외국 문화를 배우고 그 문화권에서 기능을 발휘할 수 있게 돕기 위해서 교사는 무엇을 가르쳐야 하며 어떻게 가르쳐야 하는가? 이러한 질문은 외국어 교실에서 목표 문화를 가르쳐야 한다고 느끼는 교사들이 당연히 던지게 되는 질문일 것이다. 이에 대한 답을 구하기 위해서는 언어 교실에서 말하는 문화의 개념이 무엇인가에 대해 먼저 살펴보는 것이 필요할 것이다.

2. 문화의 개념

역사적으로 볼 때, 언어교육에서 문화의 개념은 1960년대를 기점으로 큰 변화를 겪었다. 이러한 변화로 인하여 두 가지 명백히 구분되는 개념이 생겨났는데, 바로 "큰 문화(Capital C culture 혹은 Big C culture)"와 "작은 문화(Small C culture 혹은 Little C culture)"(e.g. Flewelling, 1994; Hendon, 1980; McGinnis & Ke, 1992)이다. 1960년대 이전에는 문화 학습이 의사소통(communication)이 아니라 문학(literature)과 관련되어 있었다. 위대한 문학 작품들을 읽고 이해하기 위한 언어 능력 개발을 위해 언어 학습이 필요했던 것이다. 이 과정에서 학생들은 주로 독서를 통해 자신이 배우는 언어의 문화를 배웠다. 이러한 문화를 "큰 문화"라고 일컫는데, 주로 목표 언어 문화권 사람들이 가진 예술, 문학, 철학, 기술 등에 관한 것이다. 하지만 1960년대 이후로 사람들은 언어를 배우는 목적을 의사소통에 두게 됨으로써 자신이 의사소통하고자 하는 상대방을 보다 잘 이해하는 데 언어 학습의 초점을 두어야 한다는 학자들의 주장들이 제기되었고, 실제 문화 지도에도 이를 강조하게 되었다. 그리하여 과거의 소위 "큰 문화"에서 "작은 문화"로 관심의 초점이 바뀌게 되었다(Flewelling, 1994).

오늘날 문화 지도의 초점이 "작은 문화"에 있다면 "작은 문화"란 무엇을 의미하는가? 적지 않은 학자들이 나름의 언어로 이에 대한 정의를 내렸지만, 근본적으로 그들이 의미하는 것은 같다고 할 수 있다. 예를 들면 플루얼링(Flewelling, 1994)은 '작은 문화'를 가리켜 그 문화권 사람들의 관습, 예절, 가치관, 믿음 등을 의미한다고 정의하였다. 반면에 벤타힐라와 데이비스(Bentahila & Davies, 1989)는 의사소통을 목적으로 언어를 사용하기 위해 알아야 할 지식이라고 정의하였다. 그들의 설명에 의하면 그러한 지식은 통사론(syntax)이나 의미론(semantics) 같은 제목이 아니라 주로 화용론(pragmatics), 사회언어학(sociolinguistics), 의사소통의 민족지학(ethnography of communication)과 같은 제목 아래서 연구되는 원칙, 패턴, 전략과 같은 지식이다. 이런 정의보다 더 일찍 문화의 두 가지 주요 의미를 구분했던 헨던(Hendon, 1980)은 "큰 문화"를 가리켜 예술, 음악, 문학, 철학과 같은 고급 문명의 성취를 의미한다고 하였으며, 반면에 "작은 문화"는 해당 문화권 사람들의 행동 패턴이나 생활 스타일을 의미한다고 하였다. 그에 의하면 전자는 과거와 관련이 많은 반면 후자는 현재의 생활에 초점을 맞추고 있다고 한다. 요약해서 말하자면 언어 교실에서 문화 지도의 초점은 사람들이 어떻게 하루하루를 살아가고 행동하며 어떤 패턴의 삶과 규칙을 따르는지 등을 포함하는 "일상생활의 문화(everyday culture)"에 두어야 한다는 것이다.

학자들의 주장대로 "작은 문화"가 문화 지도의 초점이 되어야 한다면 언어 교실에서 지도 내용에도 변화가 필요할 것이다. 핼버슨(Halverson, 1985)은 "큰 문화"가 아니라 "작은 문화"를 외국어 교실에서 가르쳐야 하는 이유를 다음과 같이 설명하고 있다. 첫째, 외국어를 공부하는 학생들은 예술, 음악, 문학, 철학과 같은 고급 문명에 대한 것보다는 자신의 문화와 다른 외국 문화의 일상생활 스타일에 더 관심을 가지기 때문이다. 둘째, "큰 문화"의 많은 부분은 외국어를 배우는 단계인 학생들에게는 생소하고 수준에 맞지도 않는 것들이다. 따라서 언어 교육에서 문화 지도의 초점이 "큰 문화"로부터 "작은 문화"로 바뀌게 된 것은 학생들의 현실적이고 기능적인 문화 이해력을 기르게 하기 위한 노력의 당연한 결과라고 하겠다.

영어교실에서 가르쳐야 하는 "작은 문화"는 어떤 문화권의 작은 문화를 의미하는가? 글로벌 시대의 영어는 영미 문화권 사람들과의 의사소통만을 위한 수단이 아니므로 영어교사가 다루어야 할 문화는 영미문화만이라고 할 수 없다. 링구아 프랑카로서의 영어는 다양한 문화권의 사람들이 의사소통 수단으로 사용된다. 따라서 영어로 의사소통할 때 우리가 이해해야 할 목표 문화는 영미 문화가 아니라 우리와 의사소통하는 상대방의 문화이다. 문제는 이 상대방의 문화가 다양하게 있을 수 있다는 점이다. 이를 반영하듯 영어 교과서에서도 영미 문화에 국한하지 않고 세계의 다양한 문화를 소개하고 있다. 하지만 아직 우리나라 영어 교실에서 이루어지고 있는 문화 지도는 체계적인 문화 지도와는 거리가 있는 것 같다. 교과서에는 분명 문화 관련 내용과 학습 활동이 포함되어 있긴 하나, 그 내용과 방법에 대한 별다른 지침이 없어 교사 개인이 알고 있는 단편적 지식을 전달하는 수준에 그친다든가 교사에 따라서는 문화 부분을 아예 다루지 않고 건너뛰는 경우도 적지 않은 것으로 알고 있다. 학생들의 개인 능력이 다르듯이 교사들도 개인이 가진 역량이나 교수법이 같을 수 없다. 따라서 좀 더 체계적이고 동등한 수준의 문화 지도를 모든 학생에게 제공하고자 한다면 교사의 개인차를 극복하기 위한 노력도 필요하다. 물론 이 노력에는 교육 정책을 결정하는 당국자들뿐만 아니라 교사들 간의 협력도 포함되어야 할 것이다(Byrd, Hlas, Watzke, & Valencia, 2011). 교육 당국은 교사들이 모든 것을 알아서 하도록 일임할 것이 아니라 그들이 지도를 잘할 수 있도록 자료를 포함하여 필요한 것들을 풍부하게 제공하는 노력을 해야 할 것이며, 교사들은 많은 역량과 경험을 가진 교사 주도 아래 교과서 단원별로 다루어야 할 문화 지도 주제, 학습 자료와 활동, 평가 방법 등에 대해 함께 고민하는 자세가 필요하다.

3. 문화 지도의 목적

세계의 다양한 문화권 사람들과의 접촉이 빈번해지면서 사람들은 의사소통 수단으로 영어를 사용하지만, 영어권 문화뿐 아니라 자신과 교류하는 상대방의 문화도 이해해야 하는 시대가 되었다. 이러한 시대적 요구를 만족시킬 교육을 학교에서 제공하기를 기대하는 것은 자연스러운 일이다. 따라서 영어교실의 문화 지도 목표는 학생들이 자신과 의사소통을 하는 상대 문화에 대해 이해하여 서로 다름을 인정하고 존중하는 태도를 길러주며 또한 자신의 문화에 대한 자긍심도 길러주는 것이 되어야 할 것이다.

문화 지도의 목적을 달성하기 위해서 무엇을 가르쳐야 하는가에 대한 답은 이미 앞 절에서 언급되었다. 즉 "작은 문화"에 초점을 두어 가르쳐야 타 문화권 사람들과의 의사소통에 도움이 된다는 점이다. 이 점을 이해했다면 다음으로 문화 지도를 어떻게 해야 하는가에 대한 답이 궁금할 것이다. 이에 대해서는 먼저 그동안 영어교실에서 문화 지도가 어떻게 이루어져 왔는가를 살펴볼 필요가 있다. 저자가 영어교실에서의 문화 지도 실태를 알기 위해 실시했던 설문 조사에 의하면, 비록 교사들이 문화 지도의 중요성에 대해 동의하고 있었지만, 실제 문화를 가르치는 방법에 있어서는 변화하는 문화 지도 요구에 부응하지 못하고 있었다. 문화 지도에서 여전히 계속되는 문제는 영미 문화권의 문화적인 사실(cultural facts)에 대해 교사 자신이 아는 정도의 정보 제공을 하는 수준에 그친다는 점이다. 그마저도 교사에 따라서는 생략하는 경우도 적지 않았다. 교사들이 문화 지도 시 이러한 방법에 의존하는 이유는 교사양성 기관에서 영미 문화 과목을 수강하긴 했지만, 구체적으로 교실에서 문화를 어떻게 다루어야 하는지에 대해 제대로 배운 적도 없고, 교과서에서 제시하는 문화 지도 방법 또한 그다지 도움이 되지 않기 때문이라는 생각이 든다. 어쨌든 현 상태의 수업으로는 학생들이 글로벌 시대의 인재로 자라기 위해 필요한 문화적 이해력과 통찰력을 기르는 데에는 한계가 있다. 따라서 비록 영어교실에서 다양한 타 문화를 모두 다룰 수 없는 현실적인 한계가 있긴 하지만, 교사들이 그나마 익숙한 영미 문화권의 예를 가지고 수업에 임하더라도 학생들이 문화적 통찰력을 기를 수 있도록 지도하는 방안이 필요할 것이다. 당장 외국으로 나갈 일이 없는 학생들 대부분은 학교에서 제대로 배우지 못하고 그 결과 타문화에 대한 인식이 없어도 당장 살아가는 데 불편함은 없을 것이다. 하지만 어떤 이유로든 장차 외국인과의 접촉이 필요한 상황이 생긴다든가 심지어는 외국에 나가서 살아야 하는 상황이 생긴다면 문화적 이해력과 통찰력은 원활한 의사소통을 위해, 그리고 현지 적응을 위해 반드시 필요한 능력이 된다. 더구나 요즘은 국제결혼도 드물지 않은 세상이라, 개인에 따라서는 가정을 원활히 지키는 데에도 필요한 능력이 되었다.

문화 지도의 목적이 학생들의 문화적 이해력과 통찰력을 기르는 데 있다면 교실에서 사용하는 여러 학습 활동은 나름의 목표가 있어야 할 것이다. 타 문화에 대한 단순한 지식 습득에 그치는 지도보다는 학생들이 보다 "깊은 문화(deep culture)", 즉 그 문화권 사람들의 태도나 믿음, 행동의 기저에 있는 가치관 등에 대해 생각할 수 있도록 유도하는 지도가 되어야 할 것이다. 이는 학습자 자신의 문화에 대한 인식을 넓히는 계기가 되기도 한다. 또한 문화 지도 시 교사는 학생들이 특정 문화에 대한 선입관(stereotype)을 형성하지 않도록 신경 써야 할 것이다. 어떤 문화권이건 좋은 사람도 있고 나쁜 사람도 있으며, 항상 내 방식만 옳고 남의 방식은 틀렸다는 사고방식은 잘못된 것이며, 남의 방식도 틀린 게 아니라 다르다는 것을 이해하게 할 필요가 있다.

CHAPTER 2

문화 지도

이 장에서는 먼저 문화 지도를 위해 학자들이 제시해 온 교수법 세 가지를 소개하고, 다음으로 문화 지도를 위해 사용할 학습 자료와 학습 활동, 문화 지도 기술 그리고 문화 이해도 평가에 대해 기술하고자 한다.

1. 문화 교수법의 종류

1) 과정 중심 접근법(The process approach)

문화를 하나의 과정(process)으로 보는 것은 자신이 존재하는 곳에서 만나는 사람과 관련하여 인지하고, 해석하고, 느끼고, 다양한 감정을 표현하는 방식이다(Robinson-Stuart & Nocon, 1996). 문화 지도에 있어서 사실적 정보 전달에 치중하는 "결과(product) 중심 접근법"과는 달리 "과정 중심 접근법"을 통해 학생들은 (1) 새로 경험하는 것을 바탕으로 문화에 대해 자신이 이미 인지하고 있던 것을 바꾸는 기술을 익히게 되며, (2) 전혀 새로운 문화적 환경에서도 사람들과 성공적으로 상호작용하는 능력을 기르게 된다고 한다(Crawford-Lange & Lange, 1984).

문화 지도에 대해 많은 학자들(예: Arries, 1994; Bacon, 1995; Jourdain, 1998; Kramsch, 1983; Mantle-Bromley, 1992; Robinson-Stuart & Nocon, 1996)이 결과 중심보다는 과정 중심 접근법을 강조해 왔다. 예를 들어 베이컨(Bacon, 1995)은 단순히 타 문화에 관한 사실(cultural facts)에 대해 알려준다든가 자신의 문화와 다른 점을 설명해주는 식의 단순한 접근법(simplistic approaches)은 그다지 가치 있는 문화 지도법이 아니라고 주장하였다. 그 이유로 교사가 알려주는 사실(facts)은 언제든 변할 수 있는 것이며, 또한 목표 문화와 학습자의 모국어 문화를 단순히 비교하는 것만으로는 문화의 역동적인 사회성(dynamic social nature)을 담을 수 없기 때문이라고 한다. 같은 맥락에서 크람슈(Kramsch, 1983)도 문화 간의 성공적인 의사소통을 위해서는 문화적 사실을 단순히 소개하는 데 그칠 것이 아니라, 이 사실을 해석하는 데 학습자의 감정적(affective)이고 인지적인(cognitive) 과정까지 포함되어야 한다고 주장한다. 과정 중심 접근법에 대한 이러한 주장에 맨틀-브롬리(Mantle-Bromley, 1992)도 동조했는데, 그녀에 의하면 언어 교사는 언어 학습이 하나의 과정이듯이 문화 학습도 마찬가지임을 이해할 필요가 있다고 한다. 마찬가지로 로빈슨-스튜어트와 노콘(Robinson-Stuart & Nocon, 1996)도 문화를 과정이 아니라 결과로 간주하는 데 대한 위험성을 경고한 바 있다. 그들은 문화를 지식이나 기술, 또는 그 둘 모두로 여기는 것은 문화를 변하지 않는 사물이나 형태로 여기도록 유도할 수 있다고 주장한다. 간단히 말해서 과정 중심 접근법을 통한 문화 지도는 학생들의 목표 문화 이해를 증진할 수 있도록 다양한 학습 활동에 더 초점을 맞추는 방법이라고 할 수 있다. 이 과정에서 학생들에게 상당한 자유를 준다는 점에서 과제 중심(task-based) 접근법과 유사한 점이 있다. 이 둘 다 선제적(pre-emptive)으로 가르칠 내용을 정하지 않으며, 학습의 결과물이 무엇일지는 미리 알 수 없고 과제 수행을 통해 나중에 얻게 된다.

외국어 교실에서의 문화 지도를 강조하는 학자들은 한결같이 외국어 교실의 문화 지도가 단편적인 학습 활동에 그치고 있으며, 종종 교과과정의 목표와도 관련이 없는 경우가 많다고 지적한다(Arries, 1994). 과정 중심 접근법에 대한 학자들의 주장과 조언에도 불구하고 이렇듯 교실에서 문화 지도가 제대로 이루어지지 못하는 데에는 다양한 이유가 있을 수 있다. 우리나라 현 교실 상황의 경우, 과정 중심 접근법을 간혹 채택하는 것은 가능할지 모르나 전적으로 채택하기는 결코 쉽지 않다. 시간적인 제약이나 교사에게 주는 부담, 입시 제도 등, 걸림돌이 수없이 많다. 따라서 저자는 과정 중심 문화 지도에 대한 학자들의 주장에도 불구하고 전적으로 이 접근법에 따라야 할 필요는 없다고 본다. 언어 지도에서와 마찬가지로 문화 지도에서도 모든 상황에 적용 가능한 옳은 방법이라든가 최상의 방법이란 없다. 어떤 상황에서의 최상의 방법이란 학생들의 성향과 교재, 학교 제도 등을 포함하여 다양한 요인들을 고려하여 정해지기 때문이다. 우리나라의 상황은 과정 중심 접근법이 나온 배경인 제2언어로서 영어를 가르치는 상황과는 다르다는 점을 인식할 필요가 있다.

2) 주제 중심 접근법(The thematic approach)

문화 지도에 있어서 "주제 중심 접근법(The thematic approach)"을 강조한 학자들은 많다(예: King, 1990; Crawford-Lange & Lange, 1984; Pesola, 1991). 예를 들어 킹(King, 1990)은 문법을 가르치더라도 문화적 상황을 제공하기 위해서는 학습자의 나이와 흥미 등을 고려하면서 가족, 쇼핑, 음식, 학교생활, 직업 등과 같이 주제별로 언어 지도가 진행될 수 있어야 한다고 주장한다. 그는 또한 주제 중심 접근법의 장점으로 학습자들의 언어 능력이 낮을 때 다루었던 문화 주제를 언어 능력이 더 높아졌을 때 보다 상세하게 학습자 수준에 맞추어 다시 다룰 수 있다는 점을 언급하였다. 페솔라(Pesola, 1991)에 의하면 이 주제 중심 접근법은 학습자의 언어 능력이 낮은 초등학교 교실에서 지도 계획을 짜는 데에도 가장 유용한 수단 중 하나라고 한다. 그는 문화 지도 시 문화적 요소들을 세 가지 즉, 문화적 상징(cultural symbols), 문화적 산물(cultural products), 그리고 문화적 실천(cultural practices)을 통해 가르칠 것을 제안하고 있다. 각각에 대한 몇 가지 예로 그가 제시한 바는 다음과 같다(p. 339).

(1) Cultural Symbols:

flags, insignia related to children's interests
significant national or geographic monuments
symbols associated with holidays
good and bad luck symbols
symbolic meaning of animals
heroes from history or myth

(2) Cultural Products:

significant examples of the visual arts (and artists)
significant examples of the musical arts (and composers)
important characters, events and themes from folk literature
traditional children's songs rhymes, games
traditional stories and legends
examples of folk arts
currency and coins, stamps, and other realia
traditional and holiday foods

(3) Cultural Practices:

forms of greeting
celebration of holidays
use of gestures
meals and eating practices

shopping
favorite playtime and recreational activities
home and school life
patterns of politeness
types of and attitudes toward pets

우리나라는 교과서 단원마다 다룰 수 있는 주제가 있기 때문에 주제 중심 접근법은 근본적으로 적용하는 데 무리가 없다. 하지만 위에 제시된 주제들 중 교과서에서 다루지 않는 주제도 있을 수 있고, 교사가 판단할 때 그런 주제도 학생들에게 유용한 주제가 있을 수 있기 때문에 어떤 주제를 가르칠 목록에 포함할 것인가에 대해서는 교사들 간의 협의를 통한 결정이 필요한 사항이다.

3) 나선형 접근법(The spiral approach)

"나선형 접근법(The spiral approach)"이란 어떤 주제에 대해 모든 것을 한꺼번에 가르치는 것이 아니라 반복해서 같은 주제를 다루면서 이전에 알고 있던 지식과 새로운 지식을 통합하는 방법이다. 피노치아로와 브럼핏(Finocchiaro & Brumfit, 1983)에 의하면 학생들은 문화 학습에 있어서 자신이 이미 알고 있는 지식과 새로운 지식을 통합하는 나선형 접근법을 비교적 즐긴다고 한다. 이 접근법의 핵심은 각각의 문화 주제가 나선형 형태로 최소 두 번은 다루어져야 하는데, 처음에는 언어 능력과 사회를 보는 눈이 아직 미성숙한 어린 학생들에게 적절한 방법으로 다루어져야 하고, 나중에 학생들이 언어 능력도 발전하고 성숙도도 높아졌을 때 그에 적절한 방법으로 다시 다루어져야 한다는 것이다(Flewelling, 1994). 같은 주제도 초점을 다르게 하여 한 번 이상 다룰 수 있다고 보는데, 예를 들어 초급 수준에서는 언어보다는 아이의 발달 면에 초점을 두다가 중급 수준이 되면 같은 주제를 다루면서도 읽기와 쓰기 등의 언어 활동에 초점을 둘 수 있다는 것이다.

나선형 접근법도 주제 중심 접근법과 마찬가지로 우리나라 영어교실에서 적용하는 데 문제가 없는 접근법이다. 예를 들어 초등학교 교과서에서 인사(Greeting)라는 주제에 대해 다루었더라도 중학교 교과서에서도 같은 주제가 반복될 수 있는데 학년이 높아질수록 교과서의 언어적 난이도가 높아지면서 그에 따른 학습 자료나 학습 활동을 달리하면 되기 때문이다. 기억할 것은 이처럼 학생들의 수준에 따라 난이도가 다른 학습 자료와 학습 활동을 동원하지 않고 교사가 일방적으로 지식 전달만 하는 수준의 문화 지도 시에는 이 나선형 접근법이 학생들에게 별 도움이 안 될 수 있다. 교사들 간 타 문화에 대한 지식수준이나 범위가 크게 다르지 않다면 학생들로서는 언어 학습 없이 한 교사로부터 들은 얘기를 다른 교사에게서 또 듣는 격이 될 수도 있기 때문이다. 나선형 접근법은 학습자들이 이미 경험했던 것과는 다른, 또한 학년에 따라 난이도도 다른 학습 자료와 학습 활동을 동원하여 같은 주제에 대해 반복해서 다루는 것을 의미한다.

이상에서 문화 지도에 관해 학자들이 주장하는 세 가지 접근법을 소개하였다. 기억할 것은 이 세 가지 접근법이 서로 배타적인 것이 아니라는 점이다. 같은 수업 시간에 교사는 이 세 가지 교수법을 모두 활용할 수도 있다. 예를 들어 가르칠 문화 주제를 선정하여(Thematic approach) 모둠 활동을 통해 과정 중심(Process approach)으로 가르치면서 이전 수업에서 다루었던 주제를 다른 내용으로 다시 다룰(Spiral approach) 수 있다. 모든 상황에 적용되는 효과적인 교수법은 없다. 한 상황에서 아무리 효과적인 방법이었다고 해도 학생의 수준이 다르고 교수·학습 상황이 다른 곳에서 같은 효과를 낼 수는 없다. 어떤 방법이든 교사는 교수·학습 상황의 여러 가지 요인들을 고려하여 가장 효과적이라고 판단되는 방법을 선택할 수 있어야 할 것이다. 그리고 체계적인 교육을 위해서는 교사 간 협력이 필수적이라는 점 다시 상기할 필요가 있다.

2. 문화 자료와 학습 활동

학생들은 대부분 타 문화에 대해 흥미로워하므로 교사는 다양한 문화 자료와 학습 활동을 통해 수업을 더 흥미로운 수업으로 만들 수 있다. 하지만 흥미로운 수업이라고 해서 곧 학습 효과도 높다는 의미는 아닐 것이다. 흥미로운 수업이 높은 학습 효과로 이어지기 위해서는 학습 자료와 학습 활동이 학생들의 정의적, 인지적 수준에 맞아야 한다.

1) 실제 자료

학자들은 종종 문화 지도를 위한 자료로 현지인들이 사용하는 '실제 자료(authentic

materials)'를 사용할 것을 주장한다. 실제 자료는 풍부한 문화적 요소를 포함하고 있다는 점에서 문화 지도를 위해 아주 유용하다고 알려져 있다(Livingston, 1980). 예를 들어 "음식(food)"이라는 주제로 문화 지도를 한다고 가정하자. 이때 사용할 수 있는 실제 자료로 예를 들면 음식 사진, 식당 메뉴, 음식 홍보문 등을 활용할 수 있는데, 학생들은 이를 통해 목표 문화에 대한 다양한 정보를 얻을 수 있고, 자신이 속한 문화와의 유사점과 차이점 등에 대해 배울 수 있다.

실제 자료가 문화적 요소가 풍부하고 학생들에게 흥미로운 것은 사실이지만 교사들 입장에서는 실제 자료의 사용이 쉽지만은 않은 것도 사실이다. 왜냐면 실제 자료는 외국인에게 언어를 가르치기 위해서 만들어진 자료가 아니고 그 언어를 모국어로 사용하는 사람들의 생활을 위해 만들어진 것이기 때문에, 언어 면에서 통제가 되어있지 않아 학생들 수준에서 어려울 수 있을 뿐만 아니라 내용 자체도 그들의 생활 속 경험과 거리가 멀어 생소할 수가 있다(King, 1990). 다시 말해서 실제 자료는 외국어 교실의 학생들에게 아직 가르치지 않은 단어나 문법이 포함되어 있을 수 있고, 또한 교사의 도움 없이는 해석은 될지언정 이해는 안 가는 면도 있는 등, 언어적 난이도나 문화적 내용 면에서 학생들에게 맞지 않는 경우가 많다. 하지만 이러한 어려움에도 불구하고 교사가 실제 자료를 어떻게 사용하느냐에 따라서 원하는 학습 효과를 거둘 수도 있기 때문에, 문화 내용이 풍부한 실제 자료 사용을 아예 거부하는 것은 귀중한 학습 자원을 놓치는 것이나 마찬가지이다(Garcia, 1991).

교사들이 실제 자료를 사용하는 데 있어서 또 하나의 걸림돌은 실제 자료를 구하는 게 쉽지 않다는 점이다. 요즘은 인터넷을 통해 실제 자료를 구하는 것이 어느 정도 가능해졌지만 이를 교사들에게 전적으로 맡기는 것은 시간과 노력을 요구하기 때문에 학생들에게 제공되는 문화 지도의 질이 교사에 따라 달라지는 요인이 된다. 따라서 궁극적으로는 교사들이 수월하게 자료를 손에 넣을 수 있도록 교육 당국에서 돕는 것이 필요하다. 교과서에 수록된 문화 자료만으로는 체계적인 문화 지도를 위해서는 턱없이 부족하므로 교사들이 수업에서 활용할 수 있도록 교과서 내용과 관련된 실제 자료를 보다 풍부하게 교사 지침서에 제공하도록 교과서 집필 시 검정 통과 조건으로 하는 것도 한 가지 방법이 될 수 있다. 현재 교과서에 수록된 문화 자료는 지도에 크게 도움이 안 되는, 검정 조건을 통과하기 위한 구색 맞추기에 불과한 정도로 보인다는 게 저자의 솔직한 생각이다.

교사들이 문화 지도 시 기억해야 할 것은 문화 지도를 위해 실제 자료를 사용하는 것이 필요하지만 실제 자료 사용 자체가 효과적인 문화 학습을 보장하지는 않는다(Nostrand,

1989)는 점이다. 교사의 지도 없이는 타 문화의 실제 자료가 자칫 학생들에게 그 문화에 대한 나쁜 이미지나 엉뚱한 이미지를 심어줄 수도 있기 때문이다.

(1) 시사 뉴스

얼마 전 우리나라 한 도시에서 퀴어 축제(queer festival)가 있었다는 뉴스를 보았다. 과거에는 선진국에서나 볼 수 있는 축제라고 생각했는데, 어느덧 우리나라에서도 그런 축제가 열리는 걸 보면 찬반 입장을 떠나 우리나라도 많이 변했다는 것을 새삼 느낀다. 어쨌든 이런 뉴스도 좋은 학습 자료가 될 수 있다. 퀴어 축제가 생겨난 배경과 이에 대처하는 것을 보면 사람들의 사고방식을 이해할 수 있기 때문이다. 세계의 주요 문화권 사람들이 퀴어 축제를 바라보는 시각이 매우 다른 점도 문화 간 차이를 나타내 준다. 이런 뉴스와 관련하여 다룰 수 있는 문화가 많은데, 예를 들면 이번 퀴어 축제와 관련하여 집회 문화에 대해서도 다룰 수 있을 것이다. 저자는 라스베이거스에서 집회 시위를 목격하고 뭘 하는지 궁금해서 시위대를 일정 거리 따라가 본 적이 있는데, 선두의 리더가 "What do you want?"라고 외치면 뒤따르는 사람들은 "We want justice."라고 외치면서 평화롭게 걸어가고 몇몇 경찰이 동행하는 것이 전부였다. 물론 요즘 세상은 어느 나라고 간에 과격한 시위가 없지 않지만, 민주주의 사회에서 집회나 시위는 이렇게 자신들의 의사 표시를 평화롭게 할 수 있어야 하고 또한 보장받을 수 있어야 한다는 생각이다.

시위대가 나눠주는 자료를 저자도 받았는데, 자료를 보면 알 수 있듯이, 이와 같은 자료는 배경 설명이 없으면 대학의 전공 학생들도 완전히 이해하기는 힘들 것이다. 사용된 언어 중에 Las Vegas, STRIP, Cosmopolitan에 대한 설명이 필요하며, 어떤 목적으로 시위를 벌이는지에 대한 기초 설명도 필요하다. 저자는 실제 자료가 학생들에게 왜 어려울 수 있는지를 체험시키기 위해서 대학 전공 수업인 〈영어교육론〉 시간에 이 자료를 사용하였다. 기초 설명으로 제공한 내용은 다음과 같다.

※ **Las Vegas(라스베이거스):** 미국 네바다주의 휴양과 오락, 카지노를 위한 도시이다. 미국에서 인구 유입이 가장 빠른 도시로 면적은 서울시의 반 정도이고 인구는 2021년 기준 65만 가까이 되지만 같은 생활권인 클라크 카운티 광역 도시권을 포함할 경우 인구 200만 명에 면적도 서울시의 30배가 넘는 크기이며, 네바다주 인구의 90% 이상이 라스베이거스 인근에 몰려서 살고 있다. 지난 한 세기 동안 라스베이거스는 그 화려함과 함께 도박과 매춘, 마피아라는 부정적 이미지도 함께 가지고 있었으나 현재의 라스베이거스는 도박으로 벌어들이는 돈은 도시수입 전체의 20-30%밖에 되지 않으며, 오히려 현재는 우리

나라의 삼성, LG를 포함한 전자제품 전시회 등, 세계적인 콘퍼런스를 유치하는 도시로, 또한 세계 최고의 가족 단위 종합 엔터테인먼트 관광 도시로 완전히 변화된, 전 세계에서 가장 재미있고 즐거운 도시로 변모하였다. 가장 번화가인 STRIP에는 "City of Entertainmet"라고 크게 써 붙인 간판이 있다.

※ **STRIP(스트립):** 라스베이거스 도시의 번화가 거리로 세계에서 모인 관광객 대부분이 이 스트립에 있는 호텔에서 머물며, 모든 관광, 오락, 쇼핑 등이 이 지역에서 이루어진다. 스트립 거리는 세계에서 가장 큰 호텔 타운이며, 호텔 하나의 객실 수가 수천 개에 달할 정도로 그 규모가 어마어마하다. 미국의 대통령을 지낸 부동산 재벌 트럼프도 이곳에 본인의 이름을 딴 TRUMP 호텔을 가지고 있다. 라스베이거스의 스트립과 다운타운 등 관광객들이 움직이는 대형 호텔과 상가 지역은 관광 도시로는 미국뿐만 아니라 세계에서 가장 안전한 곳 중 하나로 24시간 자유로운 활보가 가능한 지역이다. 마피아들이 카지노 호텔들을 장악하고 있기 때문에 기타 갱단이나 범법자 때문에 관광객들이 위협받아 장사에 방해되는 것을 용납하지 않는다고 한다.

※ **The Cosmopolitan(코즈모폴리턴 호텔):** 얼마 전 스트립 거리에 새로 지어진 호텔로 호텔 직원들에 대한 처우가 다른 호텔들과 차이가 나고 열악하다고 알려졌다. 이에 반발하여 호텔 직원들의 집단 시위가 일어난 호텔이다. 라스베이거스 시민 대부분이 호텔 관련 일을 하면서 먹고 산다고 할 수 있을 정도로 호텔은 그들의 생활과 밀접한 곳이다.

Workers on strike

The service we provide is the backbone of the strip.
The Cosmopolitan's competition has known this for years.
WHAT DOESN'T THE COSMOPOLITAN UNDERSTAND
ABOUT THE VALUE OF OUR WORK?

THE STRIP STANDARD:	THE COSMOPOLITAN EXCEPTION:
Housekeeping contract language to ensure safe workloads. Adequate time allotted to clean standard city rooms vs. suites. These standards **prevent injuries** and make sure rooms are **properly cleaned.**	Proposed housekeeping workloads that create **unsafe conditions**: 33% less time to clean a room upon check out than the union standard. No distinction between a standard city room, and the condo sized rooms at Cosmopolitan.
Family **healthcare** with no paycheck deductions	**Healthcare costs passed on to us**: Family coverage costs $163 per paycheck, $326 per month.
Job security and protection from changes in corporate ownership. Guaranteed work week.	**No job security** - no matter how long we have worked for the company! **No** guarantees if the casino is sold by the bank.
Seniority provisions that value our commitment to the company.	**No seniority protections.**
Guaranteed pension.	**No guaranteed retirement benefits.**

We've made the difference for Las Vegas.
Together we can make a difference at
The Cosmopolitan.

실제 자료를 사용하는 방법은 교수, 학습 상황을 고려한 교사의 판단에 달려 있다. 때로는 실제 자료의 모든 내용을 다루지 않고 학생 수준에 맞는 수준에서 선택적으로 다루어도 될 것이다. 예를 들어서 약병에 붙은 설명서를 가지고 어떤 증상에, 나이에 따라 몇 알씩, 어떻게, 몇 시간마다 복용하는지 등만 파악할 수 있으면 그것으로 만족할 수도 있다. 또한 실제 자료 안에 포함된 어휘들이 외국어 학습자들에게는 그다지 유용한 것이 아닐 수도 있는데 이러한 어휘들도 교사의 판단에 따라 학습의 초점에서 배제할 수 있을 것이다.

(2) 속담과 유머

특정 문화권의 속담(proverbs)은 그 문화권의 도덕적 행위에 대한 지침이라 할 수 있다는 점에서 속담은 문화 지도의 중요한 소재가 된다. 이 때문에 영어 교과서에서도 영어 속담을 소개하는 경우가 흔하다. 언어가 다른 나라들의 속담을 비교해 보면 표현은 달라도 근본적인 메시지는 같은 경우가 많다. 이는 아래 영어 속담과 한글 속담의 예에서 알 수 있듯이 문화 간 표현하는 방법은 달라도 근본적으로 인간의 행위를 바라보는 사람들의 시선이라든가 바라는 바는 크게 다르지 않다는 것을 반영한다. 속담은 언어, 문화, 인성 교육에 모두 도움이 되는 좋은 자료인 만큼, 적극적으로 수업에 활용하는 것이 좋다. 좀 더 다양한 속담은 〈부록 6〉에 수록되어 있으니 참고할 수 있다.

영어 속담	한글 속담
• Time heals all wounds. (시간이 모든 상처를 치유한다.)	• 세월이 약이다.
• Fortune comes in by a merry gate. (행운은 즐거운 문으로 들어온다.)	• 웃으면 복이 온다.
• Fools rush in where angels fear to tread. (천사는 가길 두려워하는 곳에 바보는 뛰어든다.)	• 하룻강아지 범 무서운 줄 모른다.
• It takes two to tango. (탱고를 추자면 두 사람이 필요하다.)	• 손뼉도 마주쳐야 소리가 난다.
• To teach a fish how to swim. (물고기에게 수영 가르친다.)	• 공자 앞에서 문자 쓴다.

유머(humor)는 한 나라의 역사나 국민적 특성, 시대상 등 그 나라만의 독특한 문화를 반영한다는 점에서 훌륭한 문화 지도 자료가 된다. 바로 이런 점 때문에 그것들에 익숙하지 않은 외국어 학습자들은 유머를 이해하는 데 어려움을 겪기도 한다. 현지인들은 배꼽 잡고

웃는데 정작 나는 뭐가 우스운 줄 모를 수 있다. 하지만 문화 간의 차이에도 불구하고 인간의 행위나 감정에는 문화권과 관계없이 공통점도 많아서 속담과 마찬가지로 유머도 아래 예들에서 보듯이 타 문화권 사람들이 이해하는 데 어려움이 없는 경우도 많다.

속담이나 유머는 그 자체를 영어 문장으로 접하기 때문에 문화 학습과 언어 학습이 분리될 염려는 없다. 다만 다른 모든 학습 자료의 경우와 마찬가지로 속담이나 유머도 예를 들면 다음과 같이 교과서 단원에서 다루는 주제와 관련지어 소개하는 것이 학습 효과에 도움이 될 것이다.

Related Theme	English Humor	Translation
Family	"I want my children to have all the things I couldn't afford. Then I want to move in with them."	"나는 내 아이들이 내가 갖지 못한 모든 것을 갖길 바란다. 그런 다음 애들과 함께 살고 싶다."
Technology	"Before you marry a person, you should first make them use a computer with slow Internet to see who they really are." – Will Ferrell	"결혼하기 전 그 사람이 정말 어떤 사람인지 알고 싶으면 인터넷이 느린 컴퓨터를 사용하게 해보라." ※ 짜증스러운 일이 있을 때 어떻게 행동하는지 보면 그 사람의 성격을 알 수 있다는 뜻
Ceremony	Usher: "Bride or groom?" Wedding Guest: "It should be perfectly obvious I'm neither!" – Four Weddings and a Funeral	안내원: "신부입니까, 신랑입니까?" ※ 신부쪽 하객인지 신랑쪽 하객인지 묻는 말이었음 하객: "내가 신부도 아니고 신랑도 아닌 것은 확실하잖아요!"

(3) 신문 광고(Newspaper Ads)

아래와 같은 신문 광고도 유용한 문화 자료이다. 해당 사회의 단면을 엿볼 수 있다. 그런데 신문 광고는 지면을 절약하기 위해서 축약어(abbreviation)가 많이 들어가는 특징이 있다. 광고 내용을 읽으면서 축약어가 무슨 단어인지 학생들에게 추측(guessing)해 보게 하는 것은 읽기 기술의 연습에도 좋다. 교사는 먼저 축약어를 학생들이 제대로 이해하는지 확인할 필요가 있다. 물론 모르면 가르쳐야 할 것이다. 또한 축약어가 아니더라도 광고는 내용의 핵심 단어들만 포함하는 경향이 있기 때문에 완전한 문장으로 광고 내용을 다시 써보게 한다면 쓰기 지도 자료도 될 수 있다. 더불어 광고 내용에 대해 교사가 영어로 질문하고 학생들이 전체적으로 또는 개별적으로 답하는 연습이라든가, 짝 활동으로 짝에게 광고에 나와 있는 직업에 대해 한 학생은 궁금한 점에 대해 질문하고 다른 학생은 질문에 답하는 역할을 하는 학습 활동은 목표 언어에 대한 듣기와 말하기 연습도 될 수 있다.

Help Wanted, PT

WANTED. Car park attendant. Must be excellent driver with experience with a wide range of vehicles. Work in shifts, 40 hours per week, overtime available. Full pay during training. Call for details and application form, 555-8246 (24-hour answering service).

JANITORIAL Janitorial service is looking for dependable, part-time, evening General Cleaners in the Georgia 400/Windward Parkway area. Drug-free. Paid weekly. 770-447-1464, Ad no. 242

HOUSEKEEPER Buckhead home needs energetic, honest person to deep clean, laundry, and iron. 4days, cooking a plus. EXC refs & b'grd check done. 404-222-2772.

Help Wanted
Domestic

AFTERNOON CHILDCARE 4 days per wk. Loving, energetic, creative N/S wanted. Car and refs req'd. 404-222-2772. Ad no. 3363

AFTER PRE-SCHOOL CARE Mon Wed 2:30-6:30, Tues, Thurs, Fri 12:30-6pm. Own car exc driving record. Refs 1-75 Moores Mill. Ad no. 3293, 404-222-2772

CHILDCARE Couple in Chan Park area seeks loving, responsible person to help care for household w/ premature infant; and afterschool care of 8-yr and 11-yr old children. 3 days req'd, potential FT. Hours flexible. Driving req'd. Subject to satisfactory driving & b'grd check. Call: 404-261-4931 (lve detailed msg)

EOE
DRUGS DON'T WORK!

(4) 영화, 필름 스트립, 슬라이드 쇼(Film, Film strip, and slide show)

영화, 필름 스트립, 슬라이드 쇼(Film, Film strip, and slide show)도 언어 교실에 문화를 소개할 수 있는 좋은 도구이다. 요즘 한국 문화에 관심이 많은 외국인들 중 한국어를 너무 잘 구사하는 사람들이 많다. 드라마 등 한류의 영향이 크다. 하지만 이런 시청각 자료들의 내용이 수업 내용과 잘 맞는 경우를 찾기가 쉽지 않은 것이 사실이다. 또한 다른 자료들에 비해 시간이 많이 걸린다는 점 때문에 한정된 수업 시간을 최대한 효율적으로 사용해야 하는 교사의 입장에서는 자주 사용하기는 쉽지 않을 것이다. 이 경우 전체가 아니라 일부만 발췌해서 수업용으로 사용하는 것도 가능할 것이다.

(5) 온라인 자료

현대는 온라인으로 다양한 정보를 얻을 수 있는 시대이다. 문화 지도를 할 때도 교사가 온라인으로 얻을 수 있는 자료는 무궁무진하다. 더구나 시각적으로도 교사 힘으로는 준비하기 힘든 매우 우수한 질을 가진 온라인 자료가 많다. 교사가 무료로 아주 쉽게 얻을 수 있는 이러한 자료를 이용하지 않는다면 중요한 지도 소스를 놓치는 것이다. 오랜 경험을 가지고 그동안 축적한 자료가 많은 교사라고 해도 지도에 필요한 모든 것을 미리 가지고 있을 수는 없으며 또한 이미 가지고 있는 자료도 현시점에서는 오래된 것일 수 있다. 따라서 교사는 시간의 흐름과 함께 바뀔 수 있는 새로운 자료를 구하고자 하는 노력을 게을리하지 않아야 할 것이다.

2) 유의미 학습 활동

학습 효과를 높이기 위해서는 학습 내용이 학습자에게 유의미(meaningful)해야 한다. 이는 자료와 함께 사용하는 학습 활동이 정의적, 인지적으로 학습자에게 적절해야 함을 의미하는데, 정의적으로 적절하다는 것은 학습자의 흥미와 관심을 끌 수 있어야 한다는 의미이며, 인지적으로 적절하다는 것은 자료에 포함된 언어나 학습 활동에서 사용하는 언어가 학습자의 수준에 맞아야 한다는 의미이다. 교사로서의 어려운 점 중 하나는 다루고자 하는 주제에 맞는 흥미로운 실제 자료를 구했다고 하더라도 그것이 학습자의 목표 언어 수준에 맞지 않을 경우가 많다는 것이다. 이럴 때 교사는 개인차가 심한 학생들의 다양한 언어 능력에 맞는 학습 활동을 디자인해야 하는데, 개인별 수준에 맞추지는 못하더라도 일반적으로 상, 중, 하 수준으로 나누는 경우가 많다. 그런데 이조차도 결코 쉬운 일이 아니다. 학습자 수준에 맞게 학습 활동을 다양화하는 것이 필요하기 때문이다. 이런 어려움 때문에 수준이 다른 모든 학생에게 같은 학습 자료와 활동을 사용하는 경우가 적지 않은데, 이 경우 교사는 반드시 어려움을 겪는 학생들을 위한 도움을 별도로 제공하여야 할 것이다. 교실에서 그런 도움을 제공하기 곤란한 경우 교사의 웹페이지를 이용한다든가, 별도의 유인물을 이용해도 괜찮을 것이다.

학습 활동은 교실에서만 이루어져야 하는 것이 아니다. 수업 시간을 절약하는 차원에서,

교실 수업을 연장하는 차원에서, 또는 학습자 개개인의 흥미와 수준에 맞는 보다 유의미한 학습이 될 수 있게 하기 위해서 때로는 숙제를 내기도 한다. 물론 이 숙제가 때로는 다음 수업에서 교실에서의 활동으로 이어지도록 하는 것도 필요할 것이다. 예를 들어 "shopping"이라는 주제로 실제 자료인 아래와 같은 개인 수표(personal check)를 사용한다고 가정해 보자. 이런 자료처럼 한국 학생들의 현재까지의 일상생활 경험과는 거리가 있는 실제 자료를 사용할 경우, 교사는 먼저 personal check에 대한 정보를 제공해야 할 것이다. 다음으로는 학생들을 대상으로 그 내용에 대해 질문을 던지고 답을 요구하는 형태로 학생들의 이해를 점검하고 돕는 지도 방법을 쓸 수 있을 것이다.

A Personal Check

Wilson, Linda
4747 30th Ave NE
Seattle, WA 98105

No. 234

July 9, 2023

PAY TO THE ORDER OF *University Bookstore* $ *150.25*

One hundred Fifty and 25/00 Dollars

FOR *books*

Linda Wilson

123456789 1234567890

이 자료의 경우에는 예를 들면 다음과 같이 필요한 설명을 먼저 제공한 다음, 학생들의 이해도 점검을 위해 전체적으로 또는 개별 학생을 대상으로 질문을 던질 수 있을 것이다. 또한 유의미한 활동으로 학생 개인이 최근에 산 물건에 대해 값을 지불하는 수표를 작성해보라고 할 수도 있을 것이다. 다만 이 활동은 시간이 걸리므로 교실에서의 활동보다는 숙제로 내는 것이 수업 시간을 보다 효율적으로 쓰는 방법이 될 것이다. 숙제 결과물을 가지고 그다음 수업 시간에 내용을 발표하는 기회를 갖게 하면 언어의 네 가지 기능을 통합하는 수업이 된다.

제1단계: 교사 설명

- **개인 수표(Personal Check)란?**

우리나라도 요즘은 현금보다는 카드를 쓰는 경우가 많지만, 특히 미국에서는 현금 대신 카드나 개인 수표를 사용하는 게 대부분이다. 처음 미국에 이민 또는 유학을 가면 제일 먼저 은행 계좌부터 개설해서 잃어버리기 전에 가지고 간 여행자 수표(Traveler's Check: TC)나 현금을 은행에 맡기는 게 좋다. 은행에서 계좌를 만들고 나면 본인의 희망에 따라 50매, 100매 등의 수표로 구성된 수표책(check book)이 발행된다. 물론 수표 매수에 따라 수표책의 값을 지불해야 한다. 일반적으로 개인 수표의 기본적인 구성요소와 형태는 다음과 같다.

(1) 수표 소지자의 이름과 주소: 계좌 개설시 은행에 알려준 대로 주소와 이름이 수표의 상단 왼쪽에 인쇄되어 나온다. 수표 사용 시 받는 사람이 수표 소지자의 ID와 이 부분이 일치하는지 대조하기도 하므로, 주소가 변경되었을 경우에는 새로운 수표를 주문하는 것이 좋다.

(2) 수표 일련번호 : 몇 번째 수표인지를 나타낸다. 일련번호는 수표의 우측 상단과 하단 두 곳에 기록되어 있다. 수표책을 은행에서 수령하면 수표마다 일련번호가 기록되어 있다. 수표 사용 시 이 일련번호와 해당 체크로 지불한 금액을 개인적으로 기록해 놓으면 좋을 것이다.

(3) 발급 또는 지급 날짜: 수표를 발행하는 날짜를 쓰면 된다. 우리나라 표기법과는 달리 월/일/년의 순으로 적는다. 만일 2023년 9월 1일이라면 09/01/23이라고 적으면 된다.

(4) Pay to the order of ~ : 대금을 지불받을 사람 또는 기관의 이름을 적는다. Pay to the order는 발행자가 은행 보고 "~에게 돈을 지불하세요."라고 요청하는 것이다.

(5) $(금액): 발행 금액을 숫자로 쓴다. 150달러 25센트인 경우 150.25라고 적는다.

(6) Dollars(금액): 5번 항에서 적은 숫자 금액을 영문으로 적는다. 보통 센트 부분은 숫자로 쓴다. 150달러 25센트의 경우에는 One hundred fifty and 25/100라고 적으면 된다.

(7) For _____: 돈의 사용처를 적음으로써 본인의 기억을 돕기 위한 것이다.
예) book, grocery

(8) 서명: 발행인(수표 소지자)의 사인을 한다.

(9) 개설 은행(Routing number): 돈이 빠져나가는 계좌가 개설되어 있는 은행을 의미하는 숫자 코드로 수표 맨 아래쪽 긴 숫자 2개 중 왼쪽에 있는 것이다.

(10) 계좌번호(Account number): 해당 수표 사용에 따라 돈이 빠져나가는 계좌의 번호로서 수표 맨 아래쪽 긴 숫자 2개 중 오른쪽에 있는 것이다.

(11) 이서(Endorse Here): 수표 뒷면에 Endorse Here라는 공란을 볼 수 있는데, 수표 발급 시(즉, 지불 시)에는 필요 없으나, 상대방으로부터 수표를 받았을 때는 그 수표를 발행한 사람으로부터 본인이 받았다는 증거를 남기기 위해 본인 사인(서명)을 넣는다.

제2단계: 질문을 통한 학생들의 이해도 점검

교사는 예를 들자면 아래와 같은 질문을 던짐으로써 학생들이 학습 자료를 제대로 이해했는지 점검해야 하며, 만약 그렇지 못하다고 판단되면 설명을 통해 이해를 도와준다. 이 단계는 다음 단계에서 학생들이 개별적인 학습 활동을 하는 데 반드시 필요하다.

Q1. Who is the owner of the check?

Q2. What did she buy?

Q3. When and where did she buy it/them?

Q4. How much did she pay for them?

제3단계: 개별 학습 활동

앞 단계에서 개인 수표가 무엇인지, 어떻게 사용되는지에 대해서 배운 학생들은 이 단계에서 자신의 수표를 작성해보는 기회를 갖게 된다. 보다 유의미한 학습이 되도록 실생활의 경험을 이용하는 것이 좋다. 예를 들어서 자신이 최근에 구입한 물건이 있으면 그것에 대해 수표 작성을 하게 한다든지, 아니면 앞으로 구입하고 싶은 물건을 하나 정해서 수표 작성을 해보게 하는 것이다. 이 활동은 혼자 하는 일이므로 수업 시간 절약을 위해서라도 구태여 수업 시간에 하지 않아도 된다. 그보다는 숙제로 다음 수업 시간에 제출하게 하고 무작위로 몇몇 학생들을 지명해서 발표하게 함으로써 학생들이 앞 시간에 공부한 내용을 복습하는 기회로 삼는 것이 좋다. 숙제 내용의 발표는 학생들이 진지하게 숙제를 하도록 만들기 위해 필요하다. 무작위로 지명함으로써 모든 학생에게 긴장감을 주어 숙제를 소홀히 하지 않게 만드는 효과가 있다. 교사는 자신의 웹 페이지에 위의 수표 모형을 올려놓고 학생들이 각자 다운받아서 숙제를 하게 한다.

Your Personal Check

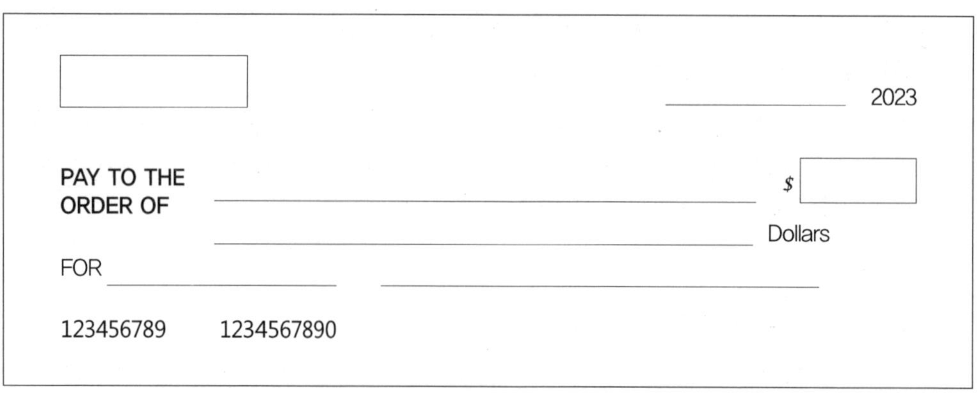

3) 학습 활동의 연장

수업 시간이 한정된 관계로 교사가 수업에서 모든 것을 다룰 수는 없다. 따라서 교실에서의 학습을 연장하는 방안으로 교사는 때로는 숙제를 냄으로써 학생들이 수업에서 배운 내용을 연장(extension)할 수 있도록 하는 방법도 필요하다. 저자는 과거 영어교사들이 낸 숙제를 분석하는 연구를 한 적이 있는데, 적지 않은 교사들이 제대로 된 숙제를 내지 못하고 학생들의 학습 시간만 뺏는 숙제, 심지어는 영어 공부와 관계없는 숙제를 내는 것을 발견하고 놀란 적이 있다. 숙제의 질이 그동안 많이 향상되었으리라 믿지만, 정말 숙제가 숙제를 위한 숙제가 아니라 학생들의 학습 효과를 극대화할 수 있는 효율적인 숙제인지를 교사들은 항상 고민해야 할 것이다.

문화 관련 숙제도 예외가 아니다. 교사는 학생들 개개인의 관심 분야와 언어 능력에 맞는 유의미한(meaningful) 숙제를 만들 수 있어야 한다. 능력과 관심 분야가 서로 다른 학생들에게 똑같은 것을 요구하는 숙제는 학생들에게 유의미한 숙제가 될 수 없고 학습 효과도 떨어지게 마련이다. 또한 숙제를 하느라 너무 많은 시간을 써야 하는 숙제도 권장할 만한 것이 못 된다. 학생들 입장에서는 영어 과목 숙제만 있는 것이 아니기 때문이다. 한정된 교실 수업 시간을 숙제를 통해 연장하는 것은 필요한 일이지만 숙제를 통해 얻는 것 대비 너무 많은 시간이 필요한 숙제는 피해야 할 것이다. 이를 위해 교사는 때로 학생들이 숙제를 하는 데 필요한 정보를 미리 제공함으로써 학생들이 써야 할 시간을 절약하게 해줄 필요도 있다. 예를 들자면, 숙제를 위해 인터넷 정보가 필요한 경우 어느 사이트에 들어가야 하는지를 미리 알려줌으로써 필요한 사이트를 찾는 데 들이는 시간을 절약하게 해주는 것이다.

3. 문화 지도 기술

오늘날 영어교실의 교사는 목표 언어 유창성을 갖추어야 할 뿐만 아니라 타 문화에 대한 지식도 갖추어야 하고 또한 학생들에게 교수 내용을 효과적으로 전달하여 학습 효과를 높일 수 있는 교수기술도 갖추어야 한다. 이런 점에서 문법-번역 중심의 수업을 하던 과거의 영어교사들보다는 훨씬 많은 것이 요구된다고 하겠다.

한때 우리나라에는 많은 영어 원어민들이 교실에 투입된 적이 있다. 이들은 영어 원어민이므로 목표 언어 유창성과 적어도 영미 문화에 대한 지식만큼은 완벽하게 갖춘 자들이다. 하지만 우리의 경험으로 볼 때 과연 원어민 수업이 그렇게 효과적이었는지에 대해서는 의문이 있다. 요즘 학교 현장에서 영어 원어민 강사가 거의 사라진 사실을 보면 학습 효과 면에서 원어민 투입이 투자 대비 그렇게 긍정적인 결과를 얻지 못했기 때문이라는 해석을 할 수 있을 것이다. 한국 교실에서 원어민들이 긍정적인 학습 효과를 가져오지 못한 가장 큰 이유는 아마도 교수 기술 부족에 있지 않았나 생각된다. 그 당시 자국에서 언어교육과는 전혀 상관없는 전공을 한 원어민들이 단 몇 주 동안의 훈련만 거친 후 대거 한국 교실에 투입되었는데, 본인이 영어를 잘하는 것과 영어를 잘 가르치는 것은 별개다.

교수 기술을 충분히 갖춘 교사는 학생들의 능력을 포함하여 교수, 학습 상황에 맞는 수업을 할 수 있음을 의미한다. 제2언어(second language)로서의 영어를 가르치는 영어권 나라들과는 다른 상황에 처한 우리나라 학생들에게 교수 방법에 대한 저명한 외국 학자들의 주장이 현실적으로 맞지 않을 때가 있다. 따라서 국내에서 영어를 가르치거나 영어교사를 양성하는 기관의 교육자 그리고 정책 입안자들은 항상 이 점을 염두에 두어야 할 것이다. 모든 교수기술은 교수 및 학습 상황에 적절해야 한다. 한 상황에서 아무리 효과적인 기술이라고 할지라도 다른 상황에서는 소용없는 기술일 수도 있다. 따라서 문화 지도 분야의 외국 학자들이 권장하는 기술이라고 아무런 고민 없이 그냥 받아들여서는 곤란하다. 그동안 영어권 나라에서 사용되는 교수법이나 교수기술들이 우리나라에서 잠시 시도되었다가 사라지는 시행착오를 겪은 이유는 바로 그것들이 우리의 상황과 맞지 않았기 때문이다. 따라서 교사들은 새로운 교수법이나 교수기술을 적용하고자 할 때 학교 현장 상황과 사회적 상황을 고려한 신중한 판단을 거칠 필요가 있다. 아무리 좋다고 알려진 교수기술이라고 해도 막상 그것을 적용하고자 하는 상황이 그것을 허용하지 않는다면 소용이 없다.

다음은 문화 지도를 위해 헨던(Hendon, 1980, p. 193)이 오래전 제시하여 오늘날까지 종종 인용되고 있는 문화 교수기술들을 우리나라 상황에서의 활용 가능성을 따져가며 살펴보고자 한다. 여기서 말하는 외국인이란 영어권 사람들만 의미하는 것이 아니므로, 수업에서 자료를 사용할 때 영미권 문화에 한정할 필요가 없으며 다양한 타 문화권에 관한 것을 사용할 수 있다는 점을 염두에 둘 필요가 있다. 각 방법은 그 주체가 학생이 될 수도 있고 교사가 될 수도 있다. 전자의 경우 학생들이 학습의 주체가 된다는 점에서 권장할 일인 것은 분명하나, 스스로 준비하는 데나 교실에서 발표하는 데에 시간이 많이 드는 면이 있어서 효율성 면에서 항상 긍정적인 것만은 아닌 듯하다. 이런 이유로 수업 시간을 절약해야 하는 교사들 입장에서는 교과서에서 제시된 학생이 주체가 되는 문화 관련 학습 활동을 사용하지 않고 후자를 선호하는 경향이 있다. 우리나라 상황에서는 여러 가지 상황을 고려해 볼 때 학습 주체가 학생인 활동만을 고집할 수 없다는 생각도 든다.

1) 언어와 문화의 통합 지도

언어와 문화가 분리될 수 없듯이 문화 지도도 언어 지도와 분리될 수 없다(Crawford-Lange & Lange, 1984). 문화와 언어의 통합(Integration of Culture and Language) 지도 방법은 다양하다. 예를 들어 문화 지도를 듣고 말하기나 읽고 쓰기, 또는 문법 지도와 결합할 수 있다(Byram, 2011). 하지만 이렇게 통합지도가 가능함에도 불구하고 교실에서 적지 않은 교사들이 단순히 타 문화에 대한 사실적 정보(factual information) 제공만으로 문화 지도를 하는 경우가 있는데, 이러한 형태의 수업은 학생들의 흥미를 유발하는 효과는 있을지 모르나 영어 학습에는 도움이 되지 않는다. 따라서 영어를 학습하면서 자연스럽게 타 문화도 접할 수 있게 하는 통합 지도 방법이 필요하다. 문화라는 매개체를 통해 가르쳐야 할 것은 언어라는 점을 기억할 필요가 있다.

예) A Rain Check

※ rain check 우천 교환권(비로 옥외 경기가 중지될 때 관람객에게 주는 다음 회의 유효표), (세일 상품의 재고가 없는 경우) 후일 세일 가격으로 물품(서비스)을 제공한다는 보증권, 지금은 사정상 상대의 제안에 응하지 못하지만, 다음에는 그렇게 하겠다는 후일의 약속(초대, 요구 등)

교사는 rain check에 대한 위와 같은 설명만 할 것이 아니라, 다음과 같은 예문을 들면서 학생들이 언어도 함께 공부하는 기회를 주면 더 좋을 것이다.

Q: Where do you think the following announcement could be made?

"Attention, stadium visitors. We are sorry to have to announce that due to the heavy rain the game cannot be continued. Please remember that a rain check is available at the exit."

A. In a baseball park

B. In a department store

C. In a game room

D. In a railroad station

※ 세일을 한다고 해서 마트에 갔더니 이미 상품이 다 팔려버리고 살 수가 없는 상황에서 다음에 상품이 나오면 오늘의 세일 가격으로 줄 수 있는지 문의할 때 사용할 수 있는 표현. rain check을 가지고 있으면 다음에 세일이 없더라도 상품이 나오면 오늘의 세일 가격으로 살 수 있다.

* Can I have a rain check on that? (저 상품에 대한 rain check을 받을 수 있나요?)

※ 초대하겠다는 상대방에게 사정이 있어서 응하지 못할 경우, 다음에는 그렇게 하겠다고 약속하며 할 수 있는 말

* Can you give me a rain check on that?/Please give me a rain check on that. (다음 기회로 미루어도 될까요?/다음에 기회를 주십시오.)

예) Holidays

※ 'because'라는 연결어를 이용하여 복문(complex sentence)을 만드는 학습을 할 때 'holidays'에 대한 예문들을 이용함으로써 문화적인 내용을 자연스럽게 접하게 할 수 있다. 다음과 같이 해당하는 문장을 골라 연결해 보게 한다.

1. People go to parties and stay up late on December 31 _______.	a. because they want to make changes in their lives.
2. Most people don't go to work on January 1 _______.	b. because they don't want people to drink and drive.
3. Some people have headaches on New Year's Day _______.	c. because they are waiting for the new year.
4. Many cities have free buses and taxis on New Year's Eve _______.	d. because they drank too much alcohol the night before.
5. People make New Year's resolutions ___.	e. because it is a national holiday.

〈정답〉 1. c 2. e 3. d 4. b 5. a

※ 위 예의 경우에는 구문을 학습할 때 holidays라는 주제를 이용하였지만 같은 주제를 다음과 같이 어휘 학습과 연결할 수도 있을 것이다.

<Memorial Day>

1. Many people visit <u>cemetries</u> on Memorial Day.
   a. places to go shopping b. places to bury dead people
2. People decorate graves with flowers <u>in memory of</u> the dead.
   a. to remember b. to forget
3. Americans bury many <u>veterans</u> in Arlington National Cemetery in Virginia.
   a. soldiers b. policemen
4. Memorial Day is a day to remember <u>deceased</u> friends, relatives, and veterans.
   a. living b. dead

〈정답〉 1. b 2. a 3. a 4. b

위의 예들 외에도 학생들의 언어 능력이 된다면 holiday 내용을 다루는 읽기 지문을 읽은 다음 질문에 답하는 형식, 내용을 요약해서 자신의 영어로 발표하는 형식 등의 듣기, 말하기 연습이나 내용을 자신의 글로 소개하는 쓰기 연습을 할 수도 있을 것이다.

2) 교수기술의 선택

교사들이 자신의 수업을 위해 선택할 수 있는 교수기술들은 다양하다. 기억할 것은 사용하는 교수기술은 교사와 학생이 처한 교수·학습 상황에 맞아야 한다는 것이다. 남의 나라 다른 상황에서 효과적인 것으로 증명되었다 하더라도 학생 수준이나 상황을 감안하지 않고 그대로 적용을 시도해서는 안 될 것이다. 우리나라 내에서도 마찬가지다. 입시와는 아직 거리가 있는 중학교 교실에서 효과적인 방법이 입시를 목전에 둔 고등학교 교실에서는 학생들이 좋아하지 않을 수 있다. 그런 점에서 학자들이 제시하는 여러 가지 교수기술은 단지 교사의 선택을 위한 것일 뿐이다. 아래에 제시된 교수기술은 우리나라 교실에서 교사들이 이미 사용하고 있거나 사용하는 데 별다른 어려움이 없을 것으로 판단되는 것들이다. 하지만 이 또한 교사의 선택에 달렸다. 기억할 것은 제시된 각 기술이 서로 배타적인 것이 아니므로 필요에 따라 여러 가지 기술을 혼용하는 것이 학습 효과를 높일 수 있다는 점이다.

(1) 간단한 제시 및 설명(Short presentation)

다루고자 하는 주제에 대해 정기적으로 간단하게 제시하면서 설명하는 방법이다. 여기서 정기적이라는 것은 교과서 단원별로 다루어야 할 관련 문화 주제를 미리 계획하여 진행하는 것이라고 이해하면 된다. 예를 들면 교과서 단원이 Greeting이나 Introduction에 관한 것일 때 한국인과 외국인 사이의 대화에서 한국인이 오해하기 쉬운 일에 대해 간단히 설명함으로써 실제 의사소통 시에 생길 수 있는 오해를 줄이고자 하는 방법이다. 시간 절약 면에서 가장 효과적인 방법이라 여러 가지 학습 활동을 동원할 수 없는 수업 형태에서는 유용한 방법이다. 이런 방법을 사용할 때도 교사는 교과서 전체 단원의 주제들을 먼저 파악한 후 각 단원을 가르칠 때 어떤 주제를 다룰 것인가에 대한 계획을 세우는 것이 필수적이다. 그러지 않을 경우 다루어야 할 주제를 빠뜨리거나 같은 주제가 중복될 수도 있다. 앞서 언급했듯이 교과서 단원마다 어떤 문화 주제를 다룰 것인가에 대해서는 교사들 간의 협력으로 정하는 게 좋다.

(2) 타 문화와 모국어 문화의 비교

타 문화를 접해보지 못한 학생들은 자신의 문화를 제대로 인식하지 못할 수 있다. 따라서 교사는 타 문화와 모국어 문화의 비교를 통해 학습하게 함으로써 문화마다 같은 것을 다르게 표현할 수 있다는 것을 모국어 문화권의 행위만이 유일하고 옳은 것은 아니며, 서로 다를 뿐이라는 것을 학생들이 인식하게 할 필요가 있다. 이러한 비교 학습을 통해 학생들은 문화권마다 서로 다른 점도 많지만 유사한 점도 많다는 것을 깨닫게 된다. 예를 들어 문화권마다 인사법이 다르다. 고개를 숙이는 경우, 악수하는 경우, 손을 흔드는 경우, 뺨에 키스하는 경우 등. 이 모든 것이 표현 방법의 차이일 뿐, 근본적으로 상대방에게 반가움을 표현한다는 공통점이 있다. 하지만 경우에 따라서는 어떤 문화에는 존재하지만 다른 문화에는 존재하지 않는 것도 있다. 이처럼 비교 대상이 없어도 상관이 없다. 왜냐면 존재의 유무 자체가 문화 차이를 나타내기 때문이다.

(3) 문화 캡슐(Culture Capsule)

문화 캡슐이란 학생들의 모국어 문화와 목표 문화 사이의 중요한 한 가지 차이에 대해 초점을 맞추는 것을 의미한다. 두 문화 간 차이를 나타내 주는 시각 자료를 항상 동반하며 일단 문화 차이에 대한 묘사가 끝나면 일련의 질문을 던져 학생들 간의 토론으로 이어지게 만드는 형식이다. 시각 자료가 학생들의 흥미를 돋우고 기억에도 도움을 준다는 것은 이미 알려진 사실이다(Kiss & Weninger, 2017).

(4) 명령과 몸동작(Audio-Motor Unit)

구두로 생활 속에서 겪을 수 있는 일에 대해 일련의 연결된 명령을 하고 그 명령을 몸동작으로 표현하는 학습 형태이다. 처음에는 교사가 구두로 일련의 명령을 하면서 각각의 명령에 해당하는 몸동작을 먼저 보여준다. 그러고 나면 교사를 지켜보고 있던 학생들이 나중에는 교사의 명령만으로 그에 맞는 일련의 몸동작을 보여줄 수 있게 되는 것을 말한다.

(5) 역할 놀이(Role playing)

학생들을 외국인의 입장에 서게 해보는 것은 가치 있는 학습 경험일 뿐 아니라 재미있는 일이기도 하다. 시간이 허락된다면 간혹 역할 놀이를 학습 활동에 동원하는 것도 좋을 것이다. 교사는 어떤 상황을 제공하고, 학생의 수준에 따라 즉흥적으로 자신의 문장을 만들게 하든지 아니면 이미 교사가 준비한 대본을 가지고 서로에게 읽어주는 형태의 역할 놀이도 할 수 있을 것이다.

(6) 학생 프로젝트(Student project)

학생들은 프로젝트 수행을 통해서 타 문화에 대한 그들의 지식을 심화하는 계기를 갖게 된다. 프로젝트 수행은 타 문화에 대한 자료를 찾고 그것을 정리하는 과정을 요구하기 때문이다. 프로젝트 수행은 모둠별로 할 수도 있고, 개별적으로 할 수도 있을 것이다.

(7) 문화 섬(Cultural Island)

학교의 공간을 이용하여 포스트, 그림, 사진 등의 자료로 꾸며진 소위 "문화 섬(cultural island)"을 제공함으로써 학생들이 그곳에서 흥미를 갖고 목표 문화권에 대해 많은 것을 배우는 기회를 가질 수 있다. 문화 섬을 따로 만들 학교의 공간이 부족하다면 복도나 교실의 게시판 일부를 할애하여 대신할 수도 있을 것이다.

이상에서 문화 지도를 위한 여러 가지 방법을 제시하였다. 교사는 이 방법들이 서로 배타적인 것이 아님을 기억하고, 상황에 따라 학생들에게 가장 효율적인 지도 방법을 모색해야 할 것이다. 어떤 방법을 쓰든 항상 학생들의 개인차를 염두에 두는 수업이 되어야 한다는 점을 교사는 기억할 필요가 있다. 저자는 과거 연구 수업 참관을 하면서 학생들이 쉽지 않은 교사의 질문에도 한결같이 답을 유창하게 잘하는 것을 보고 혹시 교사가 우수한 학생들만 골라서 질문을 한 게 아닌가, 수준이 떨어지는 학생들도 그 질문과 답을 이해했을까 하는 의문을 가진 적이 있다. 개인차를 고려하지 않는 수업은 일부 학생들만을 위한 수업일 가능성이 크다. 문화 수업뿐만 아니라 어떤 종류의 수업이든 모든 학생에게 보탬이 되는 수업이 되기 위해서는 학생들의 개인차를 고려하는 교수 기술이 필요하다. 학습 자료와 마찬가지로 학습 활동도 사용하는 교수기술에 따라 그 효과가 많이 달라질 수 있다는 점을 기억할 필요가 있다. 물론 이 책에서 보기로 제공하는 학습 자료나 학습 활동도 이 책을 읽는 교사가 자신의 수업에서 사용하기에는 맞지 않을 수 있다. 그대로 쓰려고 하기보다는 하나의 아이디어로 받아들이기를 기대한다. 어떤 자료나 활동도 자신이 가르치는 학생들에게 맞게 조정하는 작업을 거쳐야 효과적인 교수 기술이 될 수 있다는 점을 기억할 필요가 있다.

3) 문화 공간 조성

(1) 교사의 웹 페이지

학생들의 타 문화 이해력을 높이기 위해서는 한정된 수업 시간 외에도 타 문화를 접하는 기회를 많이 제공하는 게 필요하다. 요즘같이 인터넷이 발달한 시대에는 관심만 있으면 학생들 스스로 다양한 정보를 접할 수는 있다. 하지만 교과서 내용과 관련하여 좀 더 체계적으로 정보를 접할 수 있도록 하기 위해서는 교사의 웹페이지가 필요하다. 교사의 웹페이지는 학생들이 개별적으로 시간과 공간에 구애받지 않고 문화에 관한 정보를 얻을 수 있는 공간이다. 이 공간을 통해 교사는 수업에서 미처 다루지 못한 내용을 좀 더 상세히 다룰 수 있을 것이다. 다만 학생 스스로 그 공간으로부터 정보를 취해야 하므로, 웹페이지에 올린 내용을 학생들 스스로 읽고 이해하는 데 어려움이 없도록 교사의 도움이 필요하다. 예를 들어 영어 원문으로 된 읽기 자료를 올릴 경우, 해석을 곁들임으로써 학생들의 이해를 도울 수 있을 것이다. 하지만 자료에 따라서 웹페이지에 올리기 곤란한 경우에는 자료를 복사하여 "문화 섬(Cultural Island)"에 게시하는 방법을 쓸 수도 있다.

교사양성 과정에서 문화 지도에 대한 교육을 제대로 받지 못한 교사가 문화 지도를 잘 하기를 바라는 것이 무리일 수도 있지만, 변화하는 시대에 적응할 줄 아는 것도 교사로서 필요한 덕목일 것이다. 과거에는 대학에서 수강한 영미문화 과목만으로도 목표 언어의 문화 지도가 가능했지만, 요즘은 영어 교과서에서도 영미 문화에 한정하지 않고 다양한 문화들을 소개하고 있는 글로벌 시대이다. 다양한 문화적 지식을 갖추고 교실에 적용할 수 있는 자료 수집과 교실 상황에 맞는 학습 활동을 디자인하고자 하는 교사 개인의 노력이 필요하다.

(2) 학교의 문화 공간

학교의 교실 하나를 따로 "문화의 섬(cultural island)"으로 조성하는 것이 좋을 것이다. 앞에서도 언급했지만, 여유 교실이 없으면 복도 게시판이나 교실의 게시판도 좋다. 교사가 그 섬에 정기적으로 다양한 문화 소스를 제공하면 그 섬을 방문하는 학생들은 다양한 타 문화를 접하는 기회를 갖게 될 것이다. 교사는 주기적으로 게시판의 문화 공간에 게시할 내용을 교실마다 제공함으로써 모든 학생이 그 내용에 접할 수 있게 하는 것이다. 물론 문화 공간에 들어갈 내용은 가능하면 교과서 각 단원에서 다루는 주제와 관련지어 제공하는 것이 좋을 것이다. 구체적으로 어떤 내용을 올릴 것인가에 대해서는 물론 같은 학년을 가르치는 교사들 간의 협력이 필요하다.

학생들의 개인차가 있듯이 교사들도 개인차가 없을 수 없다. 현재의 상황으로는 문화 지도의 질이나 양이 전적으로 교사 개인에 달려 있다. 이는 학생들이 제공받는 문화 교육이 교사에 따라 다를 수 있다는 뜻이 된다. 따라서 모든 학생에게 보다 균등하고 공평한 교육이 제공되게 하기 위해서는 교사의 개인차를 줄이는 방안도 필요하다. 그러기 위해서는 문화 교육을 전적으로 교사 각자가 알아서 하도록 일임하는 것보다는 교사들에게 수업에서 사용할 자료나 학습 활동, 문화 공간에 들어갈 내용 등에 대한 좀 더 구체적이고 풍부한 정보를 제공함으로써 문화 지도에 대한 부담을 줄여주는 것이 필요하다. 현재로서는 교사양성 과정에도 교과서용 교사 지침서에도 그런 정보는 매우 부실하다.

4. 문화 이해도 평가

1) 평가 목적

평가의 주요 역할 중 하나는 학생들이 학습 목표를 제대로 성취했는지 판단하기 위한 자료를 제공한다는 점이다. 물론 그 역할을 제대로 할 수 있기 위하여 평가의 내용이 학습 내용을 반영하여야 할 것이다. 학습한 내용을 제대로 반영하지 않는 평가나 학습하지 않은 내용을 다루는 평가는 학업 성취에 대한 제대로 된 평가라고 할 수 없을 것이다. 이처럼 평가는 학생들의 학습이 제대로 되었는지 점검하기 위한 수단이기도 하지만 또 한편으로는 학생들의 학습 습관을 유도하기 위한 수단이기도 하다. 따라서 학생들이 나아가야 할 학습 방향을 제시하고 학습 목표를 달성할 수 있도록 평가를 활용한다는 것은 매우 중요한 일이다.

학생들의 문화 능력을 객관식 문항으로 이루어진 지필고사로 제대로 평가하기란 쉽지 않다. 단편적인 지식 테스트가 되기 쉽기 때문이다. 다행히 요즘은 학교 교육에서 수행 평가를 반드시 실시해야 하므로 이를 적극적으로 활용하는 방법도 좋을 것이다. 언어 학습에서 문화 이해도를 높이는 것이 중요하다고 학자들이 아무리 강조해도 평가에 반영되지 않는다면 학생들의 주의를 끌기 힘들므로 어떤 형태로든 반영하는 게 좋다. 하지만 문제는 문화 능력을 어떻게 평가해야 하는지에 대한 학자들의 공통된 의견은 없다는 것이다(Schulz, 2007). 실제 의사소통 상황에서는 언어 능력이 높은 것보다 상대방의 문화에 대한 이해가 높은 것이 상대방에게 훨씬 좋은 인상을 줄 수 있고, 이는 또 다른 부분에 좋은 결과로 연결될 수 있다는 점을 기억할 필요가 있다.

2) 평가 종류

학생들의 문화 이해도는 다양한 방법으로 평가할 수 있다. 평가는 지필 고사 문항이나 개별적 또는 모둠별 과제 수행평가 등 다양한 방법으로 가능하다. 다음은 지필고사에서 문화 이해도를 측정하기 위한 평가 문항의 예들과 수행평가의 예이다.

(1) 지필 고사를 통한 개별 평가

① True/False Type

※ 다음 각 문장의 내용이 옳은지 그른지 판단해 보세요.

1. (T F) In North America an older person should be introduced to a younger person, a superior to a subordinate.
2. (T F) In North America passengers prefer to sit at least one seat from another person and avoid touching.
3. (T F) In North America men and women and people of all races and religions are to be treated equally.

② Matching

※ 다음 그림은 서양 사람들의 손 제스처입니다. 그림과 의미를 연결해 보세요.

<table>
<tr><td>
( )</td><td>
( )</td><td>
( )</td><td>
( )</td><td>
( )</td><td>
( )</td></tr>
<tr><td colspan="3">1. Come here.
2. to stop or reject something
3. It's no good. / Failure.</td><td colspan="3">4. Fingers crossed. / Good luck!
5. I don't know. / I don't care.
6. to ask for a ride</td></tr>
</table>

③ Multiple-choice Question

※ Decide which of the following questions is NOT acceptable in the first meeting between people in North America.

A. Do you like your work?

B. What is your study area?

C. Are you used to the foods here?

D. How much money do you make a month?

E. When does your vacation start?

④ Guessing the Meaning

※ People often use the short forms of words, phrases, or sentences to express their feelings and thoughts quickly. Can you guess the full word, phrase, or sentence for each of the short forms given?

B4 ________________________	〈정답〉 before
NM ________________________	Never mind.
J/K ________________________	Just kidding.
RUOK? ________________________	Are you OK?
CUL8R ________________________	See you later!

⑤ Cloze Test

Publish or Perish

On Sunday, November 8, the Dallas Chronicle published an exclusive front-page story about a 72-year-old retired oil engineer who had been a Soviet ① ________ and an FBI double ② ________ . Although the engineer, R. J. ③ ________ admitted his espionage activities ④ ________ the Chronicle, he repeatedly ⑤ ________ suicide if exposed. Seven ⑥ ________ before the presses were ⑦ ________ roll, R. J. called the ⑧ ________ and learned the story ⑨ ________ running.

"Well, I guess ⑩ ________ know that leaves me ⑪ ________ choice but to kill ⑫ ________ in the morning," he ⑬ ________ to the city editor. The ⑭ ________ morning, as the Chronicle ⑮ ________ being tossed on Dallas ⑯ ________ , R. J. went into the ⑰ ________ of his Wilmette, ILL. home ⑱ ________ , according to the police, shot ⑲ ________ .

〈정답〉 ① spy ② agent ③ had ④ to ⑤ threatened ⑥ hours ⑦ to ⑧ Chronicle ⑨ was ⑩ you ⑪ no ⑫ myself ⑬ said ⑭ next ⑮ was ⑯ doorsteps ⑰ study ⑱ and ⑲ himself

⑥ Reading & Writing

※ Read the following scenario and answer the questions.

Maria and Sue are students rooming together at a US university. They are from different countries. Maria loves hanging out with her friends and invites them to the room to talk and eat. They almost always leave after midnight. However, Sue is irritated because in her culture, staying late at someone's place is not normally acceptable. In contrast, Maria doesn't mind her friends staying late since in her culture, getting along well with other people is a high priority. Sue considers directly telling Maria that her friends should not outstay their welcome. Not wanting to create an unpleasant situation, however, she instead decides to go to the library when her roommate's friends visit. 출처: 한국교육과정평가원

A. What caused the cultural conflict in the scenario?

____

B. What would you do if you were in Sue's shoes?

____

위의 ⑤와 ⑥의 예는 읽기, 쓰기 능력과 문화적인 지식까지도 포함하는 통합적인 능력을 요구하는 문항들이다. ⑤의 경우 마지막 부분의 괄호는 언어 지식이 풍부하더라도 미국의 집 형태에 대한 문화적 지식이 없으면 정답을 쓰기 곤란한 부분이다. 또한 ⑥의 경우에는 문화 차이에 대한 읽기 지문을 이해하고 자신의 생각을 영어로 써야 한다는 점에서 수준이 높은 형태의 문항이라고 할 수 있다. 하지만 이처럼 어려운 문항이 아니더라도 앞서 소개한 바와 같이 문화적 내용에 대해 직접 묻는 형식의 지필 고사 출제 문항도 가능한 만큼, 한두 문항이라도 시험에 포함시켜 의사소통에 중요한 문화 이해도도 측정하고 학생들에게 문화 학습도 중요하다는 인식을 심어주는 것이 필요하다.

(2) 수행평가

수행평가는 숙제 제출을 통한 개별 평가로 할 수도 있고, 모둠별 프로젝트를 통한 모둠 평가로 할 수도 있을 것이다. 개별적인 평가든 모둠별 평가든 수행평가는 수행해야 할 과제(task)가 주어지는데, 아주 단순한 차원에서부터 창의적인 정신기능이 관여하는 고차원적인 수준까지 학생들이 수행해야 할 과제는 그 형태나 범위가 매우 다양하다. 예를 들어 세계 여러 나라의 음식 문화에 대해 모둠별로 소개하는 과제를 수행한다고 가정하자. 이때 교사는 교실에서의 모둠 활동을 위해 과제 전 활동으로 학생들이 익혀야 할 어휘나 표현을 미리 가르쳐주고 이를 학습했는지, 모둠 활동을 위해서 개인이 각자 맡은 바를 제대로 준비했는지 등을 평가에 반영해야 할 것이다.

개별 활동이든 모둠 활동이든 평가 시 교사로서 기억해야 할 것은 학생의 현재 언어 능력이 평가 대상의 모든 것이 되어서는 안 된다는 점이다. 현재 언어 능력이 낮은 학생도 노력만 하면 좋은 점수를 받을 수 있도록 동기 부여를 함으로써 그들의 적극적인 참여를 이끌어 낼 수 있어야 한다. 또한 모둠 평가의 경우에도 모둠 전체의 수행에 대한 평가만 할 것이 아니라, 개별 학생의 참여도도 평가에 포함함으로써 모둠에 속해 있다는 이유만으로 적극적인 참여 없이 다른 구성원들과 같은 점수를 받는 무임승차가 없도록 해야 할 것이다.

예를 들어 '예식'이라는 주제 아래 타 문화의 결혼 풍습에 대해 고등학교 수준에서 모둠별로 과제를 수행하는 형태의 수업이라고 가정하자. 그러면 대체로 다음과 같은 절차로 수업이 진행될 수 있을 것이다.

Step 1. 교사는 학생들을 몇 팀의 모둠으로 나눈 후 모둠별로 결혼 풍습에 대해 알아볼 국가를 정하게 한다(예: 스페인, 태국, 남아프리카 등). 이 과정에서 중복이 있다면 교사가 조정한다.

Step 2. 각 모둠의 구성원들은 각자 자기 팀 해당 나라의 어떤 결혼 정보를 가져올 것인가에 대해 정한다. 이 부분에 대해서는 교사가 알려줘도 상관없다. 예를 들면 신랑 측은 어떤 준비를 하는지, 신부 측은 어떤 준비를 하는지, 하객은 어떻게 처신해야 하는지, 결혼식은 어디서 하며 순서는 어떤지 등. 정보는 시각 자료를 포함하여야 한다는 것도 교사가 미리 알려준다.

Step 3. 문화 수업에만 초점을 맞춘다면 모둠 활동이나 발표를 한국어로 하도록 허용해도 되지만, 영어 시간이고 따라서 문화와 영어 학습이 통합되는 것이 바람직하기 때문에 모둠 활동과 발표는 영어로 하게 한다. 이때 교사는 결혼식과 관련한 어휘들을 미리 준비하여 모둠 활동이 진행되는 수업 전에 학생들이 그 어휘를 학습하게 함으로써 모둠 활동 시 보다 원활하게 영어로 말할 수 있게 한다. 또한 결혼 관련 읽기 자료를 준비하여 수업에서 다룬다. 이 읽기 자료도 결혼 관련 내용이기 때문에 어휘나 표현 면에서 학생들 모둠 활동에 도움이 될 것으로 본다.

Step 4. 모둠 활동 당일 수업에서는 먼저 간단하게 퀴즈를 실시한다. 숙제로 내주었던 어휘 리스트와 수업 시간에 다루었던 읽기 자료에서 쉽고 간단하게 문제를 낸다. 잘하고 못하는 학생들을 가리기 위한 것이 아니라, 학생들이 어휘와 표현을 미리 공부하게 함으로써 모둠 활동 준비를 유도하기 위한 것이기 때문에 미리 공부를 했는지 확인하는 차원이라고 생각하면 된다. 퀴즈에서 모두가 만점을 받아도 상관없다.

Step 5. 퀴즈 결과물을 걷고 난 후 모둠 활동을 시작하게 한다. 이때 모둠의 구성원들은 자신이 준비해 온 정보를 구성원들과 공유하고 모둠 리더는 구성원 각자가 가져온 정보들을 취합하여 모둠 발표 준비를 한다. 발표는 구성원들이 역할을 분담해서 하는 것이 좋다. 영어 능력이 보다 나은 학생이 좀 더 부담스러운 역할을 하게 하는 것이 좋다.

Step 6. 학생들이 각 모둠의 발표를 잘 듣고 모둠 활동을 보다 진지하게 하도록 하기 위해 발표가 끝나고 난 뒤 모둠 활동과 관련하여 숙제를 낸다. 숙제는 물론 제출하게 하고 평가에 반영하여야 한다.

〈숙제의 예〉

※ Answer the following question in a passage consisting of at least 10 sentences.

Q: What do you think is an ideal wedding? Why?

A: ______________________________

____

____

※ 다음은 교사가 준비한 결혼식 관련 어휘 리스트와 읽기 자료, 그리고 평가의 예이다.

약혼/결혼식 관련 어휘(Words for Engagement & Wedding)

arranged marriage	중매결혼	matchmaker/go-between	중매인
bouquet	부케	matchmaking	중매
bride	신부	marriage(wedding) band(ring)	결혼반지
bridal shower/wedding shower	신부 샤워, 웨딩 샤워	page boy	신부의 시동
※ 결혼을 앞둔 여성에게 여자 친구들이 가정용품 등을 미리 선물하는 파티		※ 종종 신부의 드레스나 반지를 옮기는 일도 병행함	
bridegroom	신랑	proposal of marriage	청혼
bridesmaid	신부 들러리	remarriage	재혼
bridesman/best man	신랑 들러리	ring bearer	반지를 들고 가는 사람
engagement	약혼	※ 보통 사내아이들이 역할을 맡음	
engagement ring	약혼반지	wedding(ceremony)	결혼식
flower girl	화동	wedding date	결혼일
※ 결혼식에서 신부에 앞서 꽃(부케)을 들고 들어가는 소녀		wedding gown(dress)	결혼복
go-between/matchmaker	중매인	wedding hall	결혼식장
international marriage	국제결혼	wedding guests	결혼식 하객
interracial marriage	인종 간 결혼	wedding invitation	결혼식 초대장
love match(marriage)	연애결혼	wedding ring	결혼반지
		wedding vows	결혼 서약

Muslim Wedding Vows

Ring exchange rituals vary greatly among different Muslim cultures with many taking place during the engagement festivities rather than the wedding. For Arab Muslims, the newlyweds make a show of changing their rings from the right hand to the left during the zaffe, or grand entrance of the reception. For South Asian Muslims, the wedding ring may be presented before the wedding during the mahr, or dowry reveal. More contemporary or fusion ceremonies include a ring exchange during the nuptials.

Traditionally, the Muslim wedding ceremony, or nikkah, does not include vows. Instead the imam, or cleric, will provide a short sermon and marital blessing and the newlyweds will offer their consent. If Muslim brides and grooms do choose to include a vow exchange, it typically follows the recitation below.

Bride: "I, _____, offer you myself in marriage in accordance with the instructions of the Holy Quran and the Holy Prophet, peace and blessing be upon him. I pledge, in honesty and with sincerity, to be for you an obedient and faithful wife."

Groom: "I pledge, in honesty and sincerity, to be for you a faithful and helpful husband."

위의 읽기 자료를 수업 시간에 다루기에 시간적인 제약이 있다면 교사는 자신의 웹페이지를 통하여 문화적으로 생소할 수 있는 어휘에 대한 설명이나 문장 해석을 제공함으로써 학생들이 스스로 공부하게 하고 수업 시간에는 질문을 받는다든가 이해도 확인만 하는 방식으로 수업 시간을 절약할 수도 있을 것이다.

다음 평가표는 모둠 활동에 대해 학생 개인에게 주어지는 평가표이다. 표에서 알 수 있듯이, 개인 구성원의 활동과 모둠 전체 활동을 모두 평가에 반영하였다. 그렇지 않을 경우, 열심히 참여하지 않고 무임승차하려는 학생들이 있기 때문이다. 열심히 참여하는 학생과는 분명히 구분되어야 한다. 평가에서 구체적으로 어떤 부분에 초점을 맞출 것이냐, 어떤 부분에 배점을 어떻게 할 것인가 등은 해당 활동에 따라 교사가 결정할 수 있다.

Evaluation Form for Each Student

<table>
<tr><th>Activity</th><th>Focus of Evaluation</th><th>Type</th><th>Performer</th><th>Score</th></tr>
<tr><td rowspan="3">Pre–task</td><td>Preparation Effort</td><td>Homework</td><td>Individual</td><td>/4</td></tr>
<tr><td>Knowledge of Vocab. & Expressions</td><td rowspan="2">Quiz</td><td>Individual</td><td>/4</td></tr>
<tr><td>Comprehension of Reading Materials</td><td>Individual</td><td>/4</td></tr>
<tr><td rowspan="4">Task</td><td>Participation in the Group Task</td><td>Observation</td><td>Individual</td><td>/4</td></tr>
<tr><td rowspan="2">Efforts to Communicate in the TL</td><td rowspan="2">Observation</td><td>Individual</td><td>/4</td></tr>
<tr><td>Group</td><td>/4</td></tr>
<tr><td>Oral Presentation</td><td>Observation</td><td>Group</td><td>/4</td></tr>
<tr><td rowspan="2">Post–task</td><td>Summary of the Task</td><td rowspan="2">Homework</td><td rowspan="2">Individual</td><td>/4</td></tr>
<tr><td>Passage Writing</td><td>/4</td></tr>
<tr><td colspan="2" rowspan="2">NAME: ______________________</td><td colspan="2">TOTAL SCORE</td><td>/36</td></tr>
<tr><td colspan="2">CONVERTED SCORE</td><td>(   )</td></tr>
</table>

이상과 같은 모둠 활동을 통한 과제 수행에 대한 평가와 관련하여 한 가지 언급하고 싶은 것은, 대학 입시가 멀지 않은 고등학생 교실의 경우 모둠 활동을 권장하기가 사실상 어려워 보인다는 것이다. 아마도 학생들뿐만 아니라 교사도 모둠 활동을 하면서 시간을 쓰기보다는 좀 더 입시에 도움이 되는 효율적인 교수법을 선호할 것 같기 때문이다. 모둠 활동을 통한 과제 수행이 의사소통능력을 기르고 문화적 이해도를 높이는 데 효과적인 것은 분명함에도 불구하고, 입시를 앞둔 현재 우리나라 고등학교 학생들에게 적용할 것을 주장하기도 어렵고, 또한 주장한다고 해도 학교 현장에서 그것을 받아들일 것 같지 않다는 게 솔직한 저자의 생각이다. 결국 이상과 현실 사이에 괴리가 있다는 점을 인정하지 않을 수 없다. 하지만 교사가 몰라서 아예 못하는 것과 알지만 사정상 안 하는 것은 다르다. 알고 있으면 어떤 식으로든 교육에 활용할 수 있는 방안을 모색할 가능성이 있기 때문이다.

CHAPTER 3
문화 수업 절차

교실 상황에 따라서 같은 교수법도 다른 효과를 나타내는 게 사실이다. 어떤 교수법이라도 교수·학습 상황을 고려하지 않는다면 긍정적 효과를 거두기 힘들다. 그런 의미에서 여기서는 정해진 수업 절차를 제시하기보다 교사들이 필요로 하는 정보를 제공하는 것에 초점을 맞추고 구체적 세부 사항은 교사 스스로 교수·학습 상황을 고려해서 정할 것을 제안한다.

1. 교수·학습 상황의 고려

교수·학습 상황이 프로그램마다 매우 다를 수 있기 때문에 문화를 가르치는 데 필요한 어떤 정해진 지침이나 제안이 모든 상황에 적용될 수는 없다(Pesola, 1991). 문화를 가르치고자 하는 의도나 목적은 같을 수 있지만, 실제 교실에서 사용하는 교수기술은 여러 가지 다른 교수·학습 상황을 고려한 뒤에 정해져야 한다. 예를 들어 학생들 수준이 다르다든가 학생 수가 달라도 교수기술은 달라져야 할 것이며, 필요한 기자재가 있느냐 없느냐에 따라서 사용할 수 있는 교수기술도 달라져야 할 것이다. 교실 상황을 가장 잘 아는 사람은 바로 교사 자신이기 때문에 학생들에게 맞는 교수 목적과 교수 절차, 학습 자료 및 활동 등을 정하는 것도 궁극적으로 교사가 해야 할 일이다. 이러한 제반 사항들을 정하는 데 영향을 미치는 요인들은 크게 학습자 요인(learner factors)과 학교 요인(school factors)으로 나눌 수 있을 것이다. 전자에는 학습자의 나이, 언어 수준, 필요, 흥미 등이 포함되며 후자에는 커리큘럼, 교실의 설비나 기자재, 학생 수, 교실 공간, 교사 요인 등이 포함된다.

2. 교수 목표 설정

외국어로 의사소통하는 능력이 암기로 성취될 수 있는 것이 아니듯 문화 능력도 교사가 제공하는 문화적 사실을 암기한다고 성취될 수 있는 것이 아니다. 학생들이 피상적으로 나타난 사실의 기저에 있는 문화적 가치(deep culture)를 알게 하기 위해서는 이러한 문화적 사실을 해석하는 데 학생들이 감정적으로나 지적으로 가담할 수 있게 만드는 것이 중요하다.

이는 목표 문화에 대한 직접적인 경험이 없고 문화 관련 참고서적을 통해서만 목표 문화에 접한 학생들이 그러한 서적에서 볼 수 있는 "표면에 나타난 문화(surface culture)"의 피상성(superficiality) 아래에 있는 태도, 믿음, 가치를 알게 하는 데 필요하다(Heusinkveld, 1985).

대부분의 우리나라 학생들은 교실에서 목표 언어를 배우며, 비록 장래에 다양한 상황에서 그 언어를 사용하게 되더라도 적어도 고등학교 때까지는 목표 언어를 배우는 목적이 거의 같다고 할 수 있을 것이다. 따라서 문화 교수 목적에는 다음과 같은 것이 포함된다(Choi, 1998).

1) 학생들이 목표 문화를 이해하는 것을 돕기 위해서
2) 학생들의 시야를 넓히기 위해서
3) 학생들이 자신의 문화를 보다 잘 이해하게 하기 위해서
4) 학생들의 목표 언어 사용 기술을 향상시키기 위해서
5) 학생들 자신의 문화에 대한 국수적 태도를 줄이기 위해서

따라서 문화 지도를 위해 교사가 사용하는 학습 자료나 학습 활동은 이러한 교수 목적을 고려해야 할 것이다. 하지만 종종 교실에서의 문화 지도는 교사가 문화 관련 참고서적 등에서 얻은 지식으로 학생들에게 목표 문화에 대한 사실적 정보(factual information) 전달에 그침으로써 이러한 교수 목적이 달성되지 못하는 경우가 많다. 물론 문화 이해를 위해서는 사실적 정보도 필요하지만, 그것만으로는 위와 같은 교수 목적을 달성하기란 어렵다. 사실적 정보 밑에 있는 타 문화 사람들의 사고방식이나 가치관까지도 이해할 수 있어야 한다.

일단 문화 교수의 목적이 정해지고 나면 실제 수업에서 구체적인 지도 목표와 그 목표를 달성하기 위한 주제 선정과 가르쳐야 할 기본 가치 선정은 교사에게 달렸다. 다음 절에서는 문화 수업을 위한 주제 선정과 더불어 다루어야 할 기본 가치에 대해 언급하고자 한다.

3. 문화 주제와 가치관 선정

1) 문화 주제 선정

문화 주제는 체계적으로 제시되어야 한다. 다양한 주제 중 무엇을 먼저 제시할 것인가의

판단 기준은 학생들의 생활과 얼마나 가까운 주제이며 얼마나 최근의 주제인가에 있다고 학자들은 주장한다. 그리고 이러한 주제들이 학생들의 "진화하는 관심(evolving interests)"과 일치하는 것이 이상적이라고 한다(Finocchiaro & Brumfit, 1983). 진화하는 관심이란 학생들의 바뀌는 관심을 의미한다.

우리나라의 경우 이미 만들어진 영어 교과서를 교사들이 선정만 하는 입장이기 때문에, 문화 주제는 이미 교과서 단원별로 주어져 있다고 봐야 할 것이다. 하지만 교과서를 그대로 따라야 할 필요는 없을 것이다. 교과서 내용을 가르치다 보면 단원에서 다루는 주제 외에도 첨가해서 가르치고 싶은 주제가 있을 수 있다. 이럴 때는 같은 교과서로 학습하는 학생들에게 공평한 교육을 제공하기 위해 혼자 결정하기보다는 같은 학년을 가르치는 교사들과 함께 의논하는 것이 좋다.

문화 주제 선정에 있어서 기억할 것은 같은 문화 주제를 주기적으로(cyclically) 다루는 것이 좋다는 것이다. 예를 들어 1학년 교과서에서 다루었던 주제를 2학년 교과서에서 다시 다루는 것을 말한다. 그러기 위해서는 체크리스트가 필요하다. 어떤 주제가 몇 학년 교과서 몇 단원에서 다루어졌는지를 아는 게 필요하기 때문이다. 이를 위해서는 교사들 간의 협력이 필요하다. 왜냐면 과목 담당 교사가 학년과 함께 바뀌는 경우가 많기 때문에 학년별로 다루어야 할 문화 주제나 내용, 학습 활동에 대해 교사들 간에 미리 논의되어 있지 않으면 같은 내용을 반복할 수가 있기 때문이다. 같은 내용을 반복하는 것과 앞서 언급한 대로 같은 주제를 주기적으로 다루는 것과는 다르다. 주기적으로 다루는 이유는 학생들이 그 주제에 대해 익숙해질 수 있도록 하는 데 있지만, 그렇다고 같은 내용을 반복하라는 의미가 아니다. 학년이 높아질수록 학생들의 목표 언어 수준과 인지 기능도 높아지기 때문에 그 수준에 맞는 학습 내용이어야 한다.

저자가 문화 관련 프로젝트를 수행하면서 각종 교과서에서 다루고 있는 문화 내용을 분석해 본 적이 있는데, 아래 표에 나온 주제들을 포함하고 있었다. 그 이후 나오는 교과서들도 이러한 주제들을 크게 벗어나지 않는 것 같다.

교과서에서 주로 다루는 문화 주제

1. Greeting/Leave–taking/Introduction
2. Identification of self and others
3. Age/Sex
4. Name
5. Friend
6. Family
7. Year/Month/Date/Day
8. Season/Weather
9. Body
10. Emotion
11. Time/Punctuality
12. Hobbies
13. Telephone
14. Holidays
15. Physical Condition/Health
16. Physical Appearance
17. Shopping/Price/Money
18. Gift/Card
19. House
20. Clothing
21. School
22. Food/Meals
23. Sports/Games/Exercise
24. Location/Direction
25. Possession
26. Celebration
27. Quantity/Number
28. Quality: Size, Color, Height, Weight
29. Daily routine
30. Politeness/Respect
31. Animals/Pets
32. Permission
33. Leisure/Vacation/Resort Areas
34. Invitation/visiting
35. Thanksgiving
36. Duty/Right
37. Hospital/Clinic/Medicine
38. Career/Job
39. Advice/Suggestion
40. Appointment/Dates
41. Traffic/Transportation
42. Songs/Dances
43. Smoking
44. Forgiveness
45. Body language/Gesture
46. Festival/Party
47. Praise/Admiration
48. Soft drinks and Alcohol
49. Taboos
50. Marriage
51. Hometown/Homeland
52. Science
53. Customs/Manners
54. Travel/Trip
55. The World
56. National Heroes
57. Advertisement
58. Literature/Art/Music
59. Safety
60. Laws/Rules/Regulations
61. Thrift
62. Population
63. Success
64. Environment/Natural resources/Pollution
65. Idioms/Metaphors/Proverbs
66. Help/Cooperation
67. Love
68. Mail/Communication, etc.

2) 가치관 선정

문화 주제의 선정과 더불어 교사들은 주제와 관련하여 학생들에게 소개할 목표 문화권 사람들의 가치관에 대해서도 정해야 한다. 여태껏 적지 않은 교사들이 해 온 바대로 사실적인 정보(factual inofrmation) 전달만으로는 제대로 된 문화 지도를 한다고 볼 수 없다. 교사들이 링구아 프랑카(Lingua Franca)로서의 영어를 가르치고는 있으나 세계의 다양한 문화들을 모두 알 수도 없고 다룰 수도 없다는 한계가 있다. 교사들이 대학에서 교사양성 과정을 거치면서 세계의 몇몇 주요 문화권에 대한 것만이라도 배울 기회가 있었으면 좋았겠지만, 그동안의 우리나라 대학 커리큘럼을 고려해볼 때 그럴 가능성은 매우 낮다고 생각된다. 따라서 현재로서 교사들이 할 수 있는 일은 비록 그동안 많이 다루어 온 영미 문화의 예만 가지고 수업을 하더라도 영미권 사람들뿐만 아니라 세계의 또 다른 문화권 사람들도 가치관에 있어서 우리와 같거나 다를 수 있다는 점을 인식하게 하는 것이다. 물론 교사가 영미 문화뿐만 아니라 다른 문화권에 대해서도 지식이 있어서 학생들에게 소개할 수 있다면 더할 나위 없이 좋을 것이다. 학생들에게 보다 흥미로운 수업을 하기 위해서는 비록 간접적인 방법이라 할지라도 교사가 꾸준히 다양한 문화 지식을 습득해야 할 것이다. 이를 위해 교육 당국에서는 다양한 문화를 다루는 교사 연수를 제공하는 것도 필요하다.

아래 기술된 것은 대표적으로 미국인들의 가치관에 관한 일반적인 사항이다. 물론 지역에 따라, 개인에 따라 차이가 있을 수 있다는 점도 기억할 필요가 있다. 세계의 다양한 문화권 사람들은 이러한 미국인들의 가치관을 공유할 수도 있고 그렇지 않을 수도 있다. 우리나라 사람들의 일반적 가치관과 비교해 가며 학습하는 과정을 통해서 학생들의 타 문화에 대한 이해력을 기를 수 있을 것이다. 문화 지도 시 교사가 기억해야 할 것은 학생들이 특정 문화 사람들에 대한 고정 관념(stereotype)을 형성하지 않도록 해야 한다는 것이다(Drewelow, 2013). 특히 미국의 경우, 본토 아메리칸 인디언들, 미국 인구의 주를 이루는 유럽 이주민들, 남미 출신의 히스패닉들, 아시아인들 등, 문화의 뿌리가 다른 다양한 인종이 모여 사는 나라인 만큼, 그들의 사고방식이나 행동에 차이가 있을 수밖에 없다. 우리가 알고 있는 미국인들의 특성은 일반적인 특성일 뿐이다. 예외는 얼마든지 있을 수 있다는 점을 기억할 필요가 있다.

(1) 개인의 자유와 자립심을 강조한다.

유럽 대륙으로부터 미대륙으로 건너온 초기 정착인들은 왕과 정부, 성직자, 교회, 귀족들의 간섭으로부터 자유로워지기를 원하는 사람들이었고, 그런 점에서 그들은 성공한 사람들이다. 이들 초기 정착인들은 1776년 그들의 모국인 영국으로부터의 독립을 선언하였고, 미국(the United States of America)이라는 새로운 국가를 건설하였다. 그리고 그들은 국가를 통치할 권력은 영국처럼 왕에 있는 것이 아니라 일반 국민에게 있다고 선언하였다. 1778년에는 교회와 국가의 분리를 선언하였으며 그리하여 국가가 교회의 재정을 뒷받침하는 일은 없어지게 되었다. 초기 정착인들의 이러한 역사적 결정은 미국인들의 정서를 결정하는 요인이 되었다. 국가와 교회의 권한을 축소하고 공식적인 귀족사회에 종지부를 찍음으로써 그들은 개인을 강조하는 자유로운 분위기를 만들 수 있었다. 이러한 역사적 배경으로 형성된 미국인들의 기본적 가치와 믿음은 '개인의 자유(individual freedom)'와 '자립심(self-reliance)'으로 요약할 수 있다. '개인의 자유'라는 개념은 미국인들에게 가장 기본적인 가치로서 사람들은 이 가치를 가리켜 종종 '개인주의(individualism)'라고 부르지만, 미국인들은 이를 '자유(freedom)'라고 부른다. 오늘날 미국인들이 가장 가치 있게 여기는 단어 중 하나이다. 프랑스로부터 선물 받아 뉴욕 항구에 세워져 있는 자유의 여신상이 이를 잘 대변한다. 하지만 이 개인의 자유를 위해서는 치러야 할 대가가 있다고 미국인들은 생각한다. 그 대가는 바로 '자립심(self-reliance)'이다. 그들은 스스로에 의존하는 법을 배우지 못하는 개인은 자유를 잃게 된다고 믿는다. 그리하여 성인의 나이(주로 18세에서 21세 사이)에 도달하면 미국인들은 경제적으로 또한 정서적으로 부모로부터 독립해야 한다고 믿는다. 다시 말해서 성인이 되면 자신에게 닥친 모든 문제를 스스로 해결해야 하고 스스로 설("stand on their own two feet.") 수 있어야 한다고 믿는다. 이는 순전히 자신의 노력으로 이룬 성공에 대해서만 인정을 받는다는 것과 연결된다. 부유한 가정에서 태어났다고 해서 인정받는 것은 없다. 부유한 가정에 태어난 것에 대해서는 우연히 그렇게 태어났을 뿐이라고 생각한다. 물론 미국이라는 나라는 사회 제도 자체가 비교적 쉽게 자신의 노력으로 성공을 쟁취할 수 있도록 되어 있는 나라이다. 그래서 비록 자선 단체나 가족, 정부로부터 경제적 도움을 받는 것을 허용은 하지만, 많은 미국인은 그런 개인들이 전체적인 미국인의 특성에 대한 나쁜 예를 만든다고 생각한다. 이런 사고방식은 아무런 노력 없이 거리에 앉아서 구걸하는 사람에 대한 동정심이 별로 없다는 것과 연결된다.

(2) 모든 인간은 경쟁을 위한 평등한 기회를 가져야 한다고 생각한다.

미국인들은 경쟁(Competition)이 개인으로 하여금 인간이 얻을 수 있는 최선의 결과를 만들도록 도전의식을 갖게 한다고 믿기 때문에 궁극적으로는 경쟁을 강요하는 사회가 가장 빨리 발전할 것이라고 믿고 있다. 하지만 이러한 경쟁은 평등한 기회 속에서 이루어져야 한다고 믿기 때문에 '평등(equality)'도 미국인들이 소중히 여기는 가치 중의 하나이다. 그들은 신이 모든 인간을 평등하게 창조하였다고 믿기 때문에 누구든 인생에서 성공할 수 있는, 평등한 기회를 가져야 한다고 믿는다. 자신의 나라에서는 도무지 희망이 보이지 않는 많은 가난한 나라 사람들이 아메리칸드림(American Dream)을 찾아 미국으로 이민 가려는 것도 이와 같은 평등한 기회가 주어지기 때문이다. 실제로 다른 나라에서 이민 온 사람들이 사회적으로나 경제적으로 큰 성공을 거둔 사례를 수없이 목격할 수 있다. 그런데 여기서 '평등한 기회(equality of opportunity)'라는 것은 모두가 평등해야 한다는 뜻이 결코 아니며, 개인이 성공할 기회를 평등하게 가진다는 것을 의미한다.

미국인들은 인생의 많은 부분을 성공을 위한 경주(race)라고 여기며, 평등(equality)하다는 것은 그 경주에 참여해서 이길 기회를 모두가 갖는다는 것을 의미한다. 소위 말하는 금수저 집안(wealthy family)에서 태어났다고 해서 그 경주에서 남보다 유리한 위치에 있어서는 안 된다고 믿는다. 하지만 이런 '평등한 기회'는 그 대가로 '경쟁(competition)'을 거쳐야 함을 의미한다. 인생의 많은 부분을 경주라고 본다면 누구든 이기기 위해서는 경주에서 달려야 한다는 의미이다. 다시 말해서 다른 사람과 경쟁을 해야 한다는 뜻이다. 경쟁에서 다른 사람을 이긴 사람은 승자(winner)로서 존경받는다. 반면에 경쟁하기를 싫어하거나 경쟁에서 진 사람은 패자(loser)로서 불명예를 안는다. 경쟁에 대한 압박감은 미국 사람들로 하여금 에너지 넘치는 사람이 되게 하는 면도 있지만, 한편으로는 그들에게 상당한 정신적 스트레스를 안겨주기도 한다. 그래서 65세가 되어 퇴직을 하면 미국인들은 드디어 경쟁이라는 압박감에서 벗어나는 삶을 살 수 있다. 저자가 미국 여행 중 마주쳤던 한 노부부가 차에 "Just Retired!"라고 써 붙이고 여행 다녔던 이유를 알 것 같기도 하다. 하지만 퇴직을 했다고 해서 모든 문제가 사라지는 것은 아니다. 경쟁에서 이기는 사람에게 많은 특권을 부여하는 사회이다 보니 노인이 되었다는 것은 이제는 사회에서 필요로 하지 않는, 쓸모없는 존재가 되어버렸다는 느낌을 노인들로 하여금 갖게 한다. 실제로 미국의 노인들은 미국만큼 경쟁이 심하지 않은 다른 나라의 노인들보다 존경을 덜 받는 경향이 있는 것도 사실이다.

(3) 물질적 부는 노력의 대가라고 생각한다.

미국인들은 물질적인 부를 자신들이 추구해야 할 하나의 가치로 여긴다. 일반적으로 사람들은 물질적인 소유를 높이 평가하는 것을 가리켜 "물질주의(materialism)"라고 하는데, 미국인들 대부분은 이 말을 매우 기분 나쁘게 생각한다. 그래서 어떤 사람을 가리켜 "물질주의적(materialistic)"이라고 말하면 모욕에 해당한다. 왜냐면 이 말은 그들을 물질만 좋아하는 사람들로 부당하게 몰아붙이는 거라고 믿기 때문이다. 미국인들은 물질적인 부를 이루기 위해 대가를 치른다고 생각한다. 그것은 바로 열심히 노력(hard work)하는 것이다. 이러한 사고방식은 미국 대륙에 처음 정착한 사람들이 비록 자원이 풍부한 미국 대륙에 정착했지만 그 자원을 개발하여 물질적으로 소유하고 편안한 삶을 영위하기 위해서는 열심히 일을 하지 않을 수 없었던 미국의 역사에서 비롯된다. 미국인들에게 있어서 물질은 항상 자신들의 고된 노력의 자연스러운 결과, 즉 보상이다. 이 때문에 미국은 물질적으로 많은 것을 소유한 부자가 존경을 받는 사회이다. 실제로 미국의 부자들은 국가에 세금을 더 많이 내는 사람들로서 가난한 사람들보다 국가에 기여하는 바가 더 크고 또한 일반 사람들도 그렇게 믿고 있다.

(4) 인간이 환경을 통제할 수 있다고 믿으며, 변화를 추구하고 미래지향적이다.

미국인들은 운명의 힘을 믿지 않으며, 그걸 믿는 사람을 후진적이고 원시적이라고 생각한다. 그들에게 운명론자는 미신적이고 게으르며 개선을 하고자 하는 의지가 없는 사람으로 간주되기 때문에 상대로부터 "운명론적(fatalistic)"이라는 말을 들으면 최악의 비판을 받은 것으로 해석한다. 미국인들로서는 인간이 성취하지 못할 것이 있다는 것을 받아들이지 못한다. 그리하여 실제 그들은 인간의 지구적 한계를 받아들이지 않고 달까지 가게 되었다. 한마디로 인간은 환경을 통제할 수 있다고 믿는다. 이렇게 인간이 환경 통제를 비롯해 무엇이든 할 수 있는 능력이 있다고 믿기 때문에 미국인들은 현실에 안주하는 것보다 그 능력을 이용한 변화를 추구한다. 그들에게 있어서 변화는 발전, 개선, 진화, 성장과 밀접한 관계가 있다. 열심히 일하는 것의 가치와 개인이 최선을 다해야 할 책임이 있다는 것에 대한 미국인들의 믿음과 함께 자신들은 무엇이든 할 수 있고 변화는 무조건 좋다는 믿음은 미국이 위대한 성취를 할 수 있게 만드는 원동력이 되었다고 할 수 있을 것이다. 변화에 대한 추구는 미래는 좀 더 나아질 거라는 미국인들의 '미래 지향성(Future Orientation)'과도 관계가 있다. 이런 미래 지향성으로 인해 미국인들은 오늘의 거의 모든 에너지를 보다 나은 미래를 실현하기 위하여 사용하는 경향이 있다. 그들에게 있어서 현재는 보다 나은 미래를 위한 준비일 뿐이다.

(5) 시간을 중시하며 행동지향적이다.

미국인들은 시간을 매우 중시한다. 그래서 미국에서는 약속을 해놓고 사람을 기다리게 하는 것을 대단히 무례한 것으로 여긴다. 시간 약속을 지킬 수 없는 정말 피치 못할 사정이 생기면 10분만 늦어도 반드시 미리 전화를 걸어 사정을 얘기하고 양해를 구해야 한다. 시간을 낭비하고 부지런하지 않은 사람보다 시간을 귀하게 여기는 사람이 더 많은 것을 성취할 수 있다고 믿기 때문에 미국인들에게 시간은 매우 귀중하다. 패스트푸드가 발달한 것도 시간을 중시하는 그들의 성향과 관계가 있다. 미국인들의 이런 성향은 다음 예들처럼 속담이나 명언에서도 잘 나타난다.

예) "Time is gold."
"The future depends on what we do in the present."
"It's really clear that the most precious resource we all have is time."
"The key is not in spending time, but in investing it."
"Time is a non-renewable resource. Once it is gone, it is gone. You will never see the moment again."

미국인들의 시간 중시 경향은 시간을 허비하지 말고 뭔가 행동에 옮기는 것을 중시하는 것과도 연결된다. 전형적인 미국인들의 조언에 "그냥 거기 서 있지 말고 뭔가 하라("Don't just stand there, do something!")는 말이 있다. 이 표현은 행동을 안 하는 것보다는 어떤 행동이라도 하는 게 낫다고 생각하는 미국인들의 '행동 지향성(Action Orientation)'을 잘 반영한다. 미국인들은 여가를 즐기는 데 너무 많은 시간을 써도 안 된다고 생각하며, 빈둥빈둥 그냥 시간을 낭비하는 것은 죄를 짓는 것이라고까지 생각할 정도다. 이런 태도는 많은 미국인을 "일벌레(workholics)" 즉 일에 중독된 사람들로 만들었다. 이러한 일벌레 신드롬은 미국인들이 사람을 처음 만났을 때도 "What do you do?"나 "Where do you work?" 혹은 "What company are you with?" 등과 같이 일과 관련된 질문을 주로 하는 것과 관련이 있다. 그래서 이런 사람들은 휴가를 갈 때도 시간을 최대한 활용하고자 하며 매우 계획적이고 바쁘고 활동적으로 휴가를 보내려고 한다. 그런 의미에서 우리나라처럼 밤에도 밖에서 안전하게 즐길 수 있어 충분히 시간을 활용하며 여행할 수 있는 나라는 여행의 천국이나 다름없다.

(6) 개인주의적이며 프라이버시를 중시한다.

미국인들은 사고와 행동에 있어서 실제보다 더 자신들이 개인주의적이라고 생각한다. 그들은 자신을 같은 사람들이 모인 집단의 한 구성원이라고 생각하지 않는다. 자신은 같은 집단의 다른 사람들과는 좀 다르며, 독특하며, 특별하다고 믿는 경향이 있다. 그래서 그들은 집단에 쉽게 가입하기도 하지만 또한 쉽게 떠나는 경향도 있다. 이런 경향은 미국이라는 나라의 땅이 큰 것과도 관계가 있는 것 같다. 친하던 친구도 다른 주로 이사를 간다거나 직장을 옮기게 되면 자연스레 관계가 멀어지는 경우가 많다. 여건상 우리나라처럼 평생 가는 친구를 가지기가 힘들다. 멀리 떠난 친구는 한번 만나려면 비행기를 타고 가야 하니 경제적으로도 부담이 된다. "Out of sight, out of mind." 그대로인 것 같다.

개인주의(Indivisualism)의 결과라고 할 수 있는 것이 프라이버시(Privacy)인데, 미국인들은 이 프라이버시를 침해당하는 것을 매우 싫어한다. 그래서 친구나 친척 집이라고 예고 없이 방문하는 것은 금물이다. 그래서 저자도 유학 시절 지도 교수의 연구실 앞을 지나가면서도 지도 교수 만날 일을 다음으로 미루곤 했다. 우리나라도 요즘은 이런 방향으로 흘러가는 것 같다. 하긴 휴대폰이 없던 시절에는 지나가다 갑자기 생각난다고 아는 사람 집에 들르는 일도 있었지만, 요즘은 휴대폰이 있기 때문에 본인이 헛걸음하지 않기 위해서도 전화를 미리 하는 세상이 되었다.

(7) 직접적이고 개방적이며, 정직한 것을 선호한다.

우리나라를 위시하여 다른 나라 사람들도 상대방에게 안 좋은 일을 알릴 때는 둘러말하거나 간접적인 방법을 사용하는 경우가 많다. 하지만 미국인들은 그럴 때도 직접적인 방법을 선호한다. 만약 나쁜 소식이나 비호의적인 말을 할 때 간접적인 방법을 쓰는 나라 사람들이 미국인들의 이런 직접적인 방법을 접하게 되면 충격을 받을 정도이다. 예를 들어 병원 환자에게 "당신이 앞으로 살 수 있는 날은 두 달밖에 안 남았다."라고 솔직하게 말해주는 문화이다. 다른 문화권 사람들은 이를 두고 잔인하다고까지 생각할 수도 있을 것이다. 어떻게 보면 가족들도 환자 본인에게 알리지 않아 남은 시간 동안 인생 정리도 하지 못하게 만드는 것보다는 낫지 않나 싶기도 하다. 이렇듯 미국인들은 직접적(Direct)이고 개방적(Open)인 방법을 사용하지 않는 것을 오히려 정직하지 않다거나 진지하지 않다고 여기며, 솔직하게 말하지 않고 의도하는 바에 대한 힌트만 주는 사람을 오히려 신뢰하지 않고 믿지 않는 경향이 있다.

(8) 현실적이고 실용적이며 효율성을 강조한다.

미국인들은 현실적(realistic)이고 실용적(practical)이며 효율적인(efficient) 사람들로 정평이 나 있다. 이는 서구 유럽 사람들과 비교해도 그렇다. 미국에서는 중요한 결정을 내릴 때도 실용적인 면을 가장 우선적으로 생각한다. 이런 사고방식은 미국인들이 형식이나 격식을 따지지 않는 사람들인 것과도 연결된다. 이런 '비형식성(informality)'은 직장에서 사장과 직원 사이의 호칭에서도 느낄 수 있는데, 사장이라고 "Mr."나 "Mrs."와 같은 존칭어를 붙여서 부르면 오히려 불편해하므로 서로 이름을 부르는 게 보통이다. 또한 옷차림에서도 이런 비형식성이 나타나는데, 어떨 때는 충격적이기까지 할 정도이다. 저자도 미국 대학의 언어학과에서 수학 중일 때 교수가 슬리퍼에 반바지 차림을 하고 학과에 나타나서 놀란 적이 있었다. 다른 나라에서도 마찬가지지만 미국에서도 옷은 그 사람의 사회적 지위나 수입, 또는 사회나 자신에 대한 태도를 반영하는 경향이 있다. 하지만 어떤 사람도 직업이나 계층 때문에 어떤 유니폼을 입어야 한다는 등 옷 입는 법에 제약을 받는 경우는 없다. 이처럼 다른 나라에 비해 미국 사회는 덜 형식적이라 할 수 있다. 저자가 경험한 바에 의하면 정말 남이 뭘 입든 신경 안 쓰는 문화인 것 같았다. 그래도 그렇지. 아무리 관광 도시라는 점을 감안하더라도 비키니 차림으로 시내를 돌아다니는 건 좀 심하지 않나 싶기도 했지만 간섭하는 사람은 아무도 없었다. 하지만 이런 미국 사회에서도 형식을 중시해야 하는 경우도 분명히 있다. 예를 들면 남의 결혼식에 가는 사람이 옷을 아무렇게나 편하게 입고 가는 것은 분위기를 훼손하는 일로서 대단한 실례이다. 심지어는 내 돈 내고 가는 음식점도 종류에 따라서는 옷을 차려입지 않으면 출입이 제한되는 곳도 있다.

(9) 대인관계가 수평적이다.

미국 사회에서는 지위의 차이를 나타내는 행위를 하지 않는 편이다. 예를 들어 손윗사람이 들어온다고 해서 아랫사람이 자리에서 일어난다든가 하는 행위는 하지 않는다. 회사에서도 사장과 직원 간에 서로 이름을 부르는 등 격식을 차리지 않고 대하는 경우도 많다. 물론 지역에 따라 다르지만 특히 북부나 서부 지역에서는 존칭에 해당하는 "sir" 같은 말도 잘 사용하지 않는다. 그렇지만 미국에도 사회적인 구분을 의식하는 관습이 완전히 없는 것은 아니다. 예를 들면, 지역에 따라서는 자신보다 윗사람을 대할 때는 좀 더 격식을 갖춘 언어를 사용하는 경향이 있다. 따라서 종업원이 고용주에게 물론 "Hello."라고 인사해도 안 될 건 없지만 그보다는 "Hello, Mr. Ferguson."이라고 말하는 경향이 있으며, 고용주는 종업원에게

"Hello, Jim."과 같이 말하는 경향이 있다. 그리고 남부인들은 손윗사람이나 본인보다 높은 지위의 사람에게 "Yes, sir," "Yes, ma'am." 혹은 "No, sir," "No, ma'am."과 같이 존댓말을 사용하는 경향이 있다. 비록 이러한 표현이 미국 전역에서도 사용되는 존댓말 형식이긴 하지만 북부나 서부 지역에서는 같은 상황에서 "Yes, Mr. Weston." 또는 "No, Mrs. Baker."와 같이 사람의 이름에 존칭을 쓰는 표현이 더 흔하다.

대인관계와 관련하여 미국인들은 자신의 잘못이나 실수를 쉽게 인정하는 경향이 있지만 그렇다고 상대방이 너무 쉽게 그의 실수에 대한 인정에 동의하는 것은 금물이다. 자신의 실수를 스스로 인정하는 것은 괜찮지만 남이 그에 대해 동의하는 것은 거의 모욕(insult)으로 받아들이기 때문이다.

e.g. A: "Sorry, I didn't know I shouldn't do that."
B: "I'd say you need to know that." (X)
"Well, it takes time to get used to a foreign custom." (O)
"Don't worry. It did not hurt anybody." (O)

미국인들은 상대방이 한 일에 대해 칭찬을 잘하는 사람들이다. 바꾸어 말하면 자신을 위해 상대방이 무슨 일을 해주었을 때 감사하다는 말도 잘하는 사람들이다. 가족끼리 해준 조그만 일에도 "Thank you."라는 말을 자주 한다. 그리고 자신이 이룬 성취에 대해 얘기하는 걸 좋아하지만 그에 대한 남의 칭찬에 대해서는 겸손한 태도를 보이는 게 관습이다. 예를 들면 다음과 같이 답한다.

e.g. A: "Congratulations!" (upon getting a promotion to a higher position)
B: "Well, that means I need to work harder."
e.g. A: "That's a pretty hairpin you are wearing."
B: "Oh, thank you. My Korean friend gave it to me as a present."

4. 교수 방법 디자인

앞서 언급하였듯이 문화 지도 내용이 질적으로나 양적으로 교사에 따라 달라지지 않고 모든 학생에게 공평하고 체계적으로 이루어지기 위해서는 교사 간의 협력이 중요하다. 협력을 통해 교사들은 가르칠 문화 주제를 선정하고 그와 관련하여 가르쳐야 할 가치관을 교과서 단원별로 정하고 난 뒤 실제 그것을 어떻게 가르칠 것인가를 결정해야 한다. 즉, 사용할 교수 자료와 학습 활동을 정해야 하는데, 이때 교사들은 자신이 가진 문화 지식과 지도 방법을 다른 교사들과 공유하면서 최상의 방법을 찾는 것이 필요하다. 이때 기억할 것은 학습자 요인과 학교 요인들을 고려하여 방법을 찾아야 한다는 것이다. 또한 학생들이 타 문화뿐만 아니라 모국어 문화도 보다 잘 이해하게 만드는 것이 문화 지도의 목적이라는 것도 잊어서는 안 될 것이다.

문화 지도에 대한 교사들의 협력 결과는 기록 카드(record card)를 만들어 실행하는 것이 좋다. 아래 기록 카드는 하나의 예인데 이 기록 카드를 보면 그해 또는 그 학기에 가르칠 문화에 대한 기본 교수 계획을 알 수 있다. 여기서 기본 교수 계획이라고 것은 같은 교과서를 가지고 가르치는 교사들이 다루어야 할 최소한의 문화를 의미하며, 그 이상을 다루어서는 안 된다는 의미는 아니다. 수업을 진행하다 보면 기록 카드에 없는 문화 주제나 내용도 때로는 소개할 필요가 있을 수 있기 때문이다. 물론 기록 카드에 없는 내용을 가르쳤을 경우, 또는 가르칠 필요가 있다고 판단할 경우, 이에 대해 다른 교사들과 공유하는 것이 학생들에게 공평한 교수 내용을 제공한다는 차원에서 필요하다고 생각된다.

Teachers' record card for cultural instruction

	Unit 1	Unit 2	Unit 3	Unit 4	Unit 5	.	.
Theme/topic	Greetings	Family	Shopping	Health	Food		
Values/beliefs					Convenience & Efficiency		
Materials					photographs of food, Restaurant		
Activities					Comparison b/n Am. & K.		
Evaluation							

교수 방법을 디자인하는 데에는 무엇보다 학습자의 수준이 고려되어야 한다. 이 수준에는 정의적, 인지적 수준이 모두 포함된다. 정의적으로 적절한 수준이란 학습자의 감정이나 정서에 맞아야 한다는 뜻이며, 인지적으로 적절한 수준이란 목표 언어의 난이도가 학습자의 수준에 맞아야 한다는 뜻이다. 학교에 조성할 '문화 섬(cultural island)'의 내용이나 학생들이 수행할 프로젝트의 주제, 수업에 사용할 언어 자료 및 시청각 자료 등 효과적인 학습을 위해서는 이 모두가 학습자의 수준과 맞아야 한다. '문화 섬'은 차트나 그림, 책, 문화 유물 등의 사용을 통해 문화를 소개하는 장으로서, 학교 사정상 문화 섬을 따로 만들 공간이 없으면 교실의 게시판 일부라도 할애하여 학생들이 외국 문화를 접하도록 해주는 것이 필요하다. 프로젝트는 개인 활동이나 모둠 활동으로 수행을 하게 할 수 있는데, 이는 또한 그 내용 관련 토론으로 연결될 수도 있다. 하지만 학생들의 언어 수준에 따라 이 토론을 목표어로 하도록 강요하는 것은 바람직하지 않다. 언어 능력이 문화 관련 토론에 걸림돌이 될 수 있기 때문이다. 솔직히 말하자면 우리나라 일반 고등학생의 수준으로는 영어로 토론이 가능한 경우가 매우 드물 것이라는 것이 저자의 생각이다.

학생들 수준에 따라 사용되어야 하는 문화 자료는 거리의 약도, 시간표, 여행 일정, 빌딩의 층별 안내도, 식당 메뉴, 신문 광고, 뉴스, 드라마 등 다양한 실제 시청각 자료들이 포함될 수 있을 것이다. 시청각적 자료는 수업을 흥미롭게 만들 뿐만 아니라, 단순히 설명만 하는 것보다 내용을 듣고 보게 함으로써 학생들의 기억에도 도움을 주므로 적극적으로 활용하는 것이 좋다. 실제 자료가 문화적인 내용을 풍부하게 포함하고 있다는 것은 주지의 사실이지만 아무리 적절한 자료를 선택한다고 하더라도 때로는 학습자의 수준에서 볼 때 너무 어렵거나 그다지 필요 없는 부분도 포함되어 있을 수 있다. 이때는 자료 속의 모든 내용을 다루어야 한다는 생각보다는 일부라도 문화 이해에 도움이 되는 부분이 있으면 그 부분만 다루어도 무방할 것이다.

문화 지도의 목표는 학생들의 문화적 통찰력을 기르는 것이다. 이 세상에는 다양한 사고방식과 생활 습관이 있으며, 내가 속한 문화는 그중 하나일 뿐이며 옳고 그름이 아니라 서로 다를 뿐이라는 인식을 할 수 있도록 학생들을 도와주고, 다른 나라 사람들의 생활방식에 대해 긍정적으로 대하고 인정할 줄 아는 태도를 기르는 것이 중요하다. 그리하여 장차 우리 학생들이 다른 나라 사람들을 만나게 될 때 친절하고 호의적으로 대할 수 있게 돕는 것이 교사의 역할이다. 요즘 유튜브에 올라온 외국인들의 한국 방문기를 보면 이 점에서 우리나라는 비교적 성공적으로 해왔다는 생각이 든다. 한국에 와서 살고 싶다는 말을 하는 외국인들이 많은 걸 보면 분명 그런 것 같다.

CHAPTER 4

주제별 문화 자료 및 학습 활동

이 장에서는 교과서에 자주 수록되는 문화 주제별 자료와 학습 활동의 예를 소개하고자 한다. 이 예들이 유일한 예는 물론 아니며 최상의 예가 아닐 수도 있지만, 이 예들로부터 교사 자신의 수업에 필요한 아이디어를 얻을 수 있기를 바란다.

1. 인사/소개

1) 인사

저자가 오래전 학교 현장에 연구 수업을 참관하러 갔을 때이다. 수업을 위해 선생님이 입실하니 반장 학생이 일어나서 "Attention! Bow!"라고 말하고 학생들은 "Good morning, Miss xx."라고 하는 아주 어색한 방법의 인사를 했다. 요즘 영어교실에서 그런 식의 인사는 없으리라 믿는다. 영어로 인사하는 표현을 가르칠 때는 영어권 사람들과의 접촉을 염두에 두고 가르치므로, 그 사람들의 인사법을 따르는 게 맞는 것 같다.

문화마다 인사하는 법이 다르다. 아래 표는 세계의 다양한 인사법을 소개하고 있다. 각국의 인사법에서 보듯이 문화권마다 다른 형식의 인사를 하지만 공통되는 것은 그들 자신만의 방법으로 상대방을 반긴다는 점이다. 하지만 여기 소개된 인사법은 일반적인 것이고, 좀 더 세밀한 부분에서는 다를 수도 있다는 점을 기억할 필요가 있다. 예를 들어 악수(handshaking)로 인사하더라도 손에 별로 힘을 주지 않고 악수하면 반가워하지 않는 것으로 간주하기 때문에 손을 꽉 쥐면서 악수하는 문화가 있는 반면, 꽉 쥐는 것을 오히려 공격적이라고 보는 문화도 있다. 악수뿐만 아니라 포옹(hugging)으로 하는 인사도 문화에 따라 받아들이는 게 다를 수 있다. 예를 들면 남미 여러 나라에서는 인사를 할 때 포옹을 하면서 상대방의 등을 몇 번 두드리는데, 신체 접촉을 꺼리는 다른 지역 사람들은 이것을 매우 불편하게 여길 수 있다. 이런 세세한 인사법까지 우리가 모두 알 수는 없다. 따라서 관광객으로 잠시 방문할 때는 현지인들과 인사를 할 일도 없으니 별문제가 없겠으나, 업무 등의 일로 외국을 방문하여 사람을 만나고자 할 때는 최소한 그 나라 말로 제대로 인사하는 법 정도는 숙지하고 가는 게 필요할 것 같다. 언어는 서툴러도 자기 나라 식으로 인사해주는 사람에게 좋은 인상을 갖지 않을 수 없을 것이다.

세계의 다양한 인사법

	나라	인사법		나라	인사법
1	그리스 	오른손은 상대방의 왼쪽 어깨 위로, 왼손은 상대방의 오른쪽 겨드랑이 밑으로 하여 가볍게 감싸 안는다.	7	러시아 	키스를 하고 포옹을 한다.
2	네덜란드 	양쪽 뺨에 키스한다(연인이 아닌 경우 소리만 낸다.).	8	모로코 	오른손을 가슴에 한 번, 입술에 한 번, 머리에 한 번씩 댄다.
3	네팔 	양손을 머리에 얹고 허리를 90도 굽혀 인사한다.	9	몽골 	서로 껴안고 상대의 몸 냄새를 맡는다.
4	뉴질랜드 마우리족 	악수를 하고 손을 잡은 채로 코를 2번 부딪친다(실수로 3번 부딪치면 청혼의 뜻이 되므로 주의!).	10	미국 	악수를 하면서 손윗사람의 경우 격려의 뜻으로 아랫사람의 어깨를 두드리기도 한다.
5	독일 	양쪽 뺨에 키스를 한다(연인이 아닌 경우 소리만 낸다.).	11	미얀마 	양팔을 미라처럼 하고 목례를 한다('상대를 해칠 수가 없다'라는 뜻).
6	라오스 	합장하고 머리를 숙여 인사한다.	12	베트남 	손을 앞으로 모은 후 목을 숙이며 인사한다.

(계속)

	나라	인사법		나라	인사법
13	브라질 	뺨에 가볍게 키스하는 척 소리만 낸다.	20	이스라엘 	서로 마주 서서 상대방 어깨를 주무른다.
14	사우디아라비아 	오른손을 왼쪽 가슴에 얹고 인사한다.	21	이탈리아 	서로 껴안고 두 번 키스한다.
15	스웨덴 	악수를 하거나 어깨를 가볍게 토닥인다.	22	인도 	양손을 입에다 붙였다 떼면서 나아가 서로 끌어안는다.
16	스페인 	1. 양쪽 뺨에 키스를 한다. 연인이 아닌 경우 소리만 낸다. 2. 서로 끌어안고 한 바퀴 돈다.	23	인도네시아 	서로 안수를 한 다음 가슴에 손을 얹는다.
17	아르헨티나 	껴안고 키스를 한 후 친근감의 표시로 어깨를 몇 번 두드린다.	24	일본 	양손을 모으고 여러 번 고개를 조아린다.
18	에스키모 	서로 코를 비비며 인사한다.	25	중국 	오른손은 주먹을 쥐고 왼손으로 감싸고 가슴까지 손을 올린 후 상대방과 눈을 마주 보며 허리를 살짝 굽힌 후 감싸쥔 두 손을 살짝 앞으로 내민다.
19	이라크 	서로 껴안고 뺨을 비비고, 또 서로 왼손을 상대방 가슴에 대기도 한다.	26	콜롬비아 	껴안고 양 볼에 키스를 한 후 친근감의 표시로 어깨를 몇 번 두드린다.

(계속)

	나라	인사법		나라	인사법
27	탄자니아 마사이족 	많은 부족 중 사막에 사는 마사이족은 물을 찾는 행운을 잡으라는 뜻으로 서로의 얼굴에 침을 뱉으며 인사한다.	31	프랑스 	양쪽 뺨에 키스한다 (연인이 아닌 경우 소리만 낸다.).
28	태국 	두 손을 모으고 가슴에 붙인 채 고개를 숙인다. 이때 합장한 손이 올라갈수록 공경의 정도가 커진다.	32	필리핀 	서로 껴안고 뺨을 차례로 맞댄다. 가볍게 등을 톡톡 친다.
29	티베트 	모자를 벗고 친근감의 표시로 자신의 귀를 잡아당기며 혓바닥을 길게 내민다.	33	하와이 	1. 한 사람은 목, 한 사람은 허리를 감고 왼쪽 뺨을 비빈다. 2. 남성은 여성 허리, 여성은 남성의 목을 껴안고 엉덩이를 흔들며 인사한다.
30	칠레 	서로 양 볼을 맞대고 키스한다.	34	한국 	허리를 굽혀 인사하거나 남자들의 경우 악수한다.

2) 소개

나라마다 이름 사용 관습도 조금씩 다르다. 미국과 캐나다에서는 대부분 여성들이 결혼과 동시에 자신의 성을 더는 쓰지 않고 남편의 성을 따른다. 그래서 남편, 아내, 아이들 모두 같은 성을 쓰게 된다. 하지만 스페인이나 남미에서는 여성들이 결혼 전 자신의 성을 그대로 유지하며 아이들은 부모 양쪽의 성을 모두 사용한다. 그런데 최근에는 북미에서도 여성들이 결혼 후 자신의 성을 유지하고 아이들도 부모 양쪽의 성을 모두 쓰는 경우가 생겨나고 있다.

사람들은 자기소개를 할 때 이름을 밝히는데, 많은 영어 이름은 Carpentor, Cook, Clark (clerk or scholar), Fletcher(maker of arrows)와 같이 조상의 직업으로부터 유래된 경우가 많다. 북미에서 가장 흔한 이름에는 Smith가 있는데, 이는 쇠로 말발굽, 칼, 도구 등을 만드는 직업인 "blacksmith"로부터 유래되었다. 또한 Peterson이나 Johnson처럼 어떤 이름은 -son이

붙는데, 이는 남자를 부를 때 그의 아버지를 지칭하는 관습에서 유래한 것이다. 즉, "son of Peter", "son of John"이라는 뜻이다. 이러한 이름들이 실제로는 애칭으로 불리는 경우가 많다. 그리고 같은 이름에 대한 애칭도 다양하게 있을 수 있다. 따라서 상대방을 호칭할 때 어떻게 불러주기를 원하는지 당사자에게 직접 물어보는 게 좋다.

저자는 유학 시절 언어학과 수업 조교(TA: teaching assistant)를 한 적이 있는데, 이 과목은 언어 계통의 전공을 하는 학생들은 의무적으로 수강해야 하고 다른 전공 학생들도 선택할 수 있는 'Introduction to Language'라는 과목이었다. 그런데 첫날 수업에서 출석을 부르다가 이름이 이상하다고 생각되어 학생에게 확인을 한 경우가 있었다. 출석부에 그 학생의 이름이 'KILL'이라고 되어있었고 하필이면 전공도 범죄학(Criminology)이었다. 그래서 그 학생보고 이름이 K-I-L-L 맞느냐고 알파벳 확인을 했고 그 학생도 그렇다고 답을 했다. 다른 학생들 앞에서 자신의 희귀한 이름이 알려지는 것을 그 학생은 아무렇지도 않게 여겼을까. 지금 생각하니 내가 그때 실수를 한 것 같아 그 학생에게 미안하고 마음이 불편하다. 하지만 지금도 그 이름에 대해서는 정말 의아한 생각이 든다.

미국에서는 낯선 사람들이 처음 만났을 때는 인사와 함께 서로 자기소개를 하고 대화를 이어나가는 것이 일반적인데, 서로 잘 알지 못하는 상태이기 때문에 이때의 대화 주제는 가벼운 것, 소위 말하는 'small talk(가벼운 대화)' 정도가 적절하다. 'small talk'란 일반적인 관심사 즉, 날씨, 지역 사회의 사건, 일, 학교 등의 가벼운 주제에 대해 이야기하는 것을 말한다. 소위 말하는 서먹한 상태를 깨기(ice-breaking) 위한 것이다. 가까이 있으면서 서로 말을 안 하고 침묵을 지키는 것도 이 사람들은 불편하게 여긴다. 다음은 small talk에서 자주 사용하는 질문의 예이다.

e.g. What do you do?
How long have you lived/worked here?
Do you like living/working here?
Do you like sports/traveling/foreign films, etc.?

사람을 만났을 때 사용하는 호칭은 같은 문화권에서도 상황이나 관계에 따라 다른 것 같다. 저자는 "honey"란 단어가 가까운 가족끼리나 사용하는 단어인 줄 알았는데, 저자가 미국에서 중일 때 가게 점원으로 일하시는 할머니가 고객인 나한테 "honey"란 단어를 쓰는 걸 경험했다. 아마 손녀딸 같으니까 다정함을 나타내기 위한 표현인 것 같았다. 처음 듣는 말이었지만 듣는 사람인 나로서도 친근감을 느끼게 하는 말이었다. 호칭이 때로는 헷갈릴 때도 있었다. 미국 대학에서는 학과 분위기에 따라 학생들이 교수를 부르는 말도 달랐다. 과 분위기가 비교적 자유분방해서 교수가 반바지에 슬리퍼를 신고 학교에 나타나기도 하는 인문대 언어학과에서는 학생들이 교수를 부를 때 그냥 이름(first name)으로 불렀지만, 사범대학 영어교육과로 전과를 하고 보니 같은 학교인데도 교수들이 정장을 입고 학생들도 깍듯이 Dr. xx라고 불렀다. 그러니 어딜 가나 상황 봐가면서 눈치껏 처신을 해야 할 것 같다.

다음은 미국에서 사람을 처음 만났을 때 일반적으로 지켜야 할 처신이다.

1) 미국 문화에서는 모임에서 당신이 누군지 알리지 않으면 사람들이 불편하게 생각할 수 있으므로 자신을 먼저 소개하는 게 좋다.

2) 격식을 갖춘 자리에서 미국인들은 자기보다 윗사람을 소개할 때는 성(family name)만 말할 수 있다. 그렇지 않을 때는 이름과 성을 모두 말하는 것이 보통이다.

3) 악수는 너무 세게 해서도 안 되고 너무 약하게 해서도 안 된다. 너무 세게 하면 상대방을 당황하게 할 수 있고, 너무 약하게 하면 상대방을 좋아하지 않는다는 인상을 준다. 그리고 악수는 윗사람이나 여성이 먼저 청하는 게 일반적이다.

4) 대화를 할 때 눈맞춤(eye contact)과 적절한 근접성(proximity)도 중요하다. 상대방 눈을 보지 않고 얘기하면 진실을 숨기거나 상대를 좋아하지 않는다고 여긴다. 또한 대화할 때 상대방과 적당한 거리를 유지해야 불편하지 않게 여긴다. 그런데 중동이나 남아메리카 사람들은 대화할 때 다른 나라 사람들보다 가까이 서서 대화하는 경향이 있어서 우리나라를 포함한 다른 문화권 사람들을 당황스럽게 만드는 경향이 있다. 저자도 유학 중 기숙사 사무실에서 일할 때 이집트에서 왔다는 친구가 말을 걸 때마다 너무 가까이 다가오는 게 불편해서 다른 일 때문에 그러는 척하며 자꾸 뒤로 물러난 경우가 있다.

5) 나이, 급여, 몸무게, 결혼 여부, 정치 성향, 종교 등 개인적인 질문은 금기(taboo)시되니 하지 않아야 한다. 나이, 급여, 몸무게, 결혼 여부 등에 대한 질문은 개인 프라이버시에 해당하거니와 상대방의 능력이나 개인적 단점과도 연결될 수 있는 질문이 될 수도 있기 때문이다. 또한 종교와 정치 같은 화제는 흥미로운 화제이기도 하지만 심지어는 친구끼리라

도 자칫 자신의 주장을 내세우다가 심해지면 다툼이 생길 수도 있는 만큼, 처음 보는 사이에서는 당연히 삼가는 게 좋다.

학습 자료 & 활동 - 1

English Names and Nicknames

NAME	NICKNAME
Catherine	Cat, Cath, Cate(Kate), Cathy, Cassie, Katie
Alexander	Alex, Lex, Xander, Sander, Sandy
Andrew	Andy, Drew
Barbara	Barb, Barbie, Babs, Bobbie
Charles	Charlie, Charley, Chuck, Chas, Chic, Chip
Daniel	Dan, Denny
Edward	Ed, Eddy, Eddie, Ned, Neddie, Ted, Teddy
Elizabeth	Betty, Beth, Betsy, Eliza, Elise, Elsa, Elle, Ella, Lisa
Frederick	Fred, Freddy, Rick, Fritz, Freddie
James	Jim, Jimmy, Jimmie
Jason	Jay, Jase, Jake
Jessica	Jess, Jessie
Matthew	Matt, Matty
Michael	Mike
Nicholas	Nick, Nicky
Robert	Bob, Bobbiy, Bobbie, Robbie, Robin, Rob, Robby
Susan	Sue, Susie, Suzy
Thomas	Tom, Thom, Tommy
William	Will, Willie, Bill, Billy, Liam

※ Give the full name of the given nickname.

Nickname	*Full Name*	*Nickname*	*Full Name*
1. Bob	______________	6. Sue	______________
2. Bill	______________	7. Andy	______________
3. Katie	______________	8. Tom	______________
4. Lisa	______________	9. Chuck	______________
5. Nick	______________	10. Jess	______________

〈정답〉 1. Robert 2. William 3. Catherine 4. Elizabeth 5. Nicholas 6. Susan 7. Andrew 8. Thomas 9. Charles 10. Jessica

학습 자료 & 활동 - 2

※ 앞서 소개한 나라의 인사법 외에 다른 나라의 인사법을 알아보게 한다. 교사는 학생들이 아는 나라 이름을 말하게 한 뒤 그 나라 중에서 모둠별로 구성원 수만큼 몇 개씩 나라를 할당해서 조사하게 하고, 다음 수업 시간에 발표하게 할 수 있다.

2. 가족/친척/기타 인간관계

1) 가족/친척

미국의 경우, 독립성(independence)은 가정에서 아주 높은 가치로 여겨진다. 아이들도 이 가치를 존중하도록 길러진다. 대학생들이 대부분 학비와 생활비 충당을 스스로 한다. 저자가 다니던 주립대학교의 학부 학생 중에는 학기당 최소 학점만 수강하고 아르바이트 등으로 돈을 벌어가면서 지내는 학생들이 많았다. 주립대학교는 외국인 유학생을 포함한 비거주민(non-resident)에게는 안 주는 혜택을 그 주의 거주민(resident)에게는 제공하기 때문에 학비가 무척 싸다. 다른 주에서 대학에 다니기 위해 해당 주로 온 학생들도 그 주로 거주지를 옮기면 되니까 사실상 미국민들은 모두 이런 혜택을 받을 수 있다. 그래서 부모가 금전적으로 도와주지 않아도 아르바이트 등으로 얼마든지 돈을 벌어가면서 대학 수학이 가능하다. 학생들이 대학에 다니기 위해서는 집을 떠나 대학이 있는 지역으로 이사 가야 하는 경우가 많기 때문에 물리적으로도 부모와 떨어져 사는 경우가 많다. 그러므로 사실상 대학생들은 경제적으로나 물리적으로나 부모로부터 독립을 하는 셈이다. 또한 미국에서는 자녀가 결혼을 하면 부모와 같이 살 생각을 아예 않는다. 따라서 부모도 자녀에게 의존해서 살지 않기 위해서 자식에게 모든 것을 쏟아붓고 희생하는 삶을 살지 않는다. 부모들은 나이가 들면 요양원(nursing home)으로 간다. 자녀도 부모도 양쪽 모두 서로에게 부담이 되지 않고자 하는 문화이다. 젊은 시절 모든 것을 자식을 위해 다 바친 뒤, 정작 본인이 나이 들었을 때 초라하게 살아가는 노인들이 우리나라에 많은 걸 보면 이제는 우리나라도 미국과 같이 자식을 위해 모든 것을 희생하는 삶에서 탈피하는 것이 현명해 보인다. 이미 현명하게 사는 부모들도 많은 것 같다.

가족 & 친척(Family & Relatives)			
가족 구성원	family member	손자/녀(들)	grandchild(ren)
인척들(처가/시댁 식구들)	in-laws	증손자/녀(들)	great-grandchild(ren)
친척과 친지	kith and kin	증손자	great-grandson
친척들	relatives	증손녀	great-granddaughter
조부모	grandparents	부부	husband and wife
할아버지	grandfather (=grandpa)	배우자	spouse
할머니	grandmother (=grandma)		
증조할아버지	great-grandfather	형제자매	siblings
증조할머니	great-grandmother	형제(지간)	brothers
고조할아버지	great-great-grandfather	자매(지간)	sisters
고조할머니	great-great-grandmother	남매(지간)	brother and sister
부모	parents	이복 형제/자매	half brother/sister
아버지	father (=dad)		
어머니	mother (=mom)	부자(지간)	father and son
편부	single father	부녀(지간)	father and daughter
편모	single mother	모자(지간)	mother and son
편부/모	single parent	모녀(지간)	mother and daughter
의붓아버지	stepfather		
의붓어머니	step mother	백부, 삼촌, 고모부, 이모부 등	uncle
시아버지, 장인	father-in-law	백모, 숙모, 고모, 이모 등	aunt
시어머니, 장모	mother-in-law	사촌	cousin
의붓자식	stepchild	남자 조카	nephew
의붓아들	stepson	여자 조카	niece
의붓딸	stepdaughter	형부, 제부, 매형, 매제	brother-in-law
손자	grandson	올케, 시누이, 처형	sister-in-law
손녀	granddaughter		

2) 기타 인간관계

사람들은 가족과 친척이 아니라도 다양한 상황에서 인간관계를 맺고 살아간다. 공통되는 부분도 물론 있지만, 문화마다 이러한 인간관계를 지칭하는 용어도 다르고 의미도 다를 수 있다.

기타 인간관계(Other Relationships)			
(전문직업의) 동료, 동업자	colleague	지도자, 조언자, 스승	mento
동료, 협력자	co-worker/fellow worker		
친구	friend	고용주	employer
남자친구	boyfriend	피고용인	employee
여자친구	girlfriend	약혼자	fiance
		약혼녀	fiancee
급우	classmate		
학우	schoolmate	모르는 사람, 낯선 사람	stranger
동창생(들)	alumnus (pl. alumni)	아는 사이	acquaintance
		이웃 사람	neighbor

학습 자료 & 활동 - 1

※ Translate the following Korean kinship terms into English.

Korean	English	Korean	English
1. 큰아버지	______	6. 할아버지	______
2. 고모	______	7. 증조 할머니	______
3. 시어머니	______	8. 처남	______
4. 삼촌	______	9. 조카(남자)	______
5. 이모부	______	10. 증손녀	______

〈정답〉 1. uncle 2. aunt 3. mother-in-law 4. uncle 5. uncle 6. grandfather 7. great-grandmother 8. brother-in-law 9. nephew 10. great-granddaughter

학습 자료 & 활동 - 2

※ Here are some words that describe the relationships between people. Match the word with its meaning.

1. acquaintance (　)	A. a person who lives next to you or near you
2. classmates (　)	B. a person who works with somebody, doing the same kind of job
3. co-worker (　)	C. a person that you work with, especially in a profession or a business
4. colleague (　)	D. a person who is or was in the same class as you at school or college
5. neighbor (　)	E. a person that you have met but do not know well

〈정답〉 1. E　2. D　3. B　4. C　5. A

3. 옷차림/음식/음주 문화

1) 옷차림 문화

남의 옷차림에 대해 신경을 안 쓰는 문화도 있지만, 문화권에 따라서는 옷차림에 매우 엄격한 나라도 있으니 남의 나라를 방문할 때는 그 나라 사람들의 눈에 거슬리지 않는 옷차림을 한다는 자세를 가지는 게 좋다. 여성에게 차도르를 입히는 이슬람 국가에서 과다한 노출은 관광객이라도 하면 안 된다. 과거 이슬람 율법이 엄격히 적용되는 한 나라의 공연장에서 관광객 6명이 총에 맞아 죽는 사건이 발생한 적이 있는데, 범행 동기는 서양 관광객들이 노출이 심한 옷을 입고 풍기가 문란하다는 이유였다고 한다. 이처럼 옷차림 때문에 심하면 공격도 받을 수 있으니 조심해야 한다.

요즘 우리나라에서는 남한테 둘의 가까운 관계를 보이기 위한 커플 아이템이 유행하는데 이는 미국 같이 개성을 존중하는 나라 사람들에게는 그다지 좋아 보이진 않는 만큼 남의 나라까지 가서 그럴 필요는 없지 않을까 생각된다. "Do as the Romans do in Rome."이라는 속담이 있듯이 옷차림뿐만 아니라 남의 나라에서 살면서 그 나라 사람들이 받아들이기 힘든 또는 이상하게 여기는 자기 문화를 고집하는 건 삼가야 할 일이라는 생각이 든다. 심한 경우 조롱을 받을 수 있고 공격을 당할 수도 있다.

요즘은 많이 달라졌지만 예전에 한국 대학에서 가르치던 영어 원어민 강사들이 한국의 색다른 풍경에 대해 얘기할 때 빠지지 않는 것이 여학생들의 옷차림이었다. 하이힐 구두에 핸드백을 메고 책은 손에 끼고 캠퍼스를 다니는 모습이 매우 이상하다는 얘기를 했었는데, 내가 생각해봐도 학문을 추구하는 학생들의 옷차림으로는 그다지 어울리지도 실용적이지도 못했던 것 같다. 요즘은 우리나라도 대학생들의 옷차림이 편하고 실용적으로 변했다.

옷차림 얘기가 나왔으니 이 기회에 문신(tatoo)에 대해 조금 언급해 보고자 한다. 최근 저자는 자주 가는 집 근처 마트에서 옷인지 문신인지 모를 정도로 온 팔을 문신으로 덮은 사람을 본 적 있는데, 미국에서는 그런 사람을 간혹 봤어도 한국에서는 처음 보는 거라 이상

했다. 미국에 사는 사람이 잠깐 다니러 온 경우인가 싶기도 했다. 문신은 조폭들이나 하는 걸로 알고 자란 세대라서 그런지 결코 좋게 보이지 않았다. 그런데 우리나라와는 달리 미국에서는 문신이 아주 흔한 것 같다. 저자도 방문을 할 때마다 느끼는 것이 'TATOO'라고 쓰여진 간판이 흔하고 실제로 문신을 한 사람들도 매우 많다는 점이다. 문신에 대한 부정적인 생각만 갖고 있던 저자는 몸 한 곳에 조그맣게 예쁜 무늬로 문신을 한 사람들을 보면서 '문신에 대해 내가 부정적인 선입관을 갖고 있었구나.'라고 생각하기도 했다.

2) 음식/음주 문화

(1) 음식 문화

외국 나가서 음식이 입에 안 맞을 경우 정말 괴롭다. 금강산도 식후경이라고 배고픈 상태에서는 일을 해도 능률도 오르지 않고 하기도 싫어지는 게 인간이다. 저자는 과거 모임에서 중국에 관광을 간 적이 있는데, 우리나라에서도 가끔은 중국 음식을 먹으니까 음식에 대해서는 걱정을 하지 않았다. 하지만 완전 오산이었다. 우리나라에서 먹는 중국 음식은 실제 중국 사람들이 먹는 음식이 아니고 우리나라 사람들 식성에 맞도록 현지화된 음식이다. 한국 사람이 운영하는 식당이 없는 지역을 지나느라 중국 식당에 갔었는데, 20명이 넘는 일행들이 거의 음식을 먹지 못했다. 배는 고팠지만 향도 이상하고 도저히 입에 맞질 않아서 그냥 두고 나오는데, 음식 차리느라 수고한 음식점 직원들에게 미안할 지경이었다. 어떤 음식을 어떻게 먹느냐는 그 나라의 고유문화이다. 남들은 먹지 않는 것을 우리는 즐기는 경우도 있고, 우리는 먹지 않는데 남들은 고급 요리로 여기는 경우도 있다. 예를 들어 중국의 세계적인 6대 요리에는 제비집, 상어 지느러미, 쥐고기탕, 곰 발바닥, 원숭이 두개골, 모기 눈알이 포함되는데, 우리나라 사람들 중에는 이들 중 적어도 일부는 아마 공짜로 줘도 안 먹을 사람들도 있을 것 같다. 이것이 문화 차이다. 서로 다르다고 인정해야 한다.

외국에서 식당에 가면 메뉴의 음식 이름들이 생소할 때가 많다. 이럴 때는 당당하게 직원을 불러서 음식에 대해 물어본다든가, 아예 괜찮다고 생각하는 음식을 추천해달라고 하면 된다. 그러고 싶지 않을 경우에는 "오늘의 특식(specialty)"을 주문하면 대개는 실망하지 않는다. 이 기회에 음식과 관련하여 몇 가지 상식적으로 알아두면 좋은 점들을 언급하고자 한다.

① 음식 주문

우리나라 사람들은 종종 단체로 식당에 가더라도 같은 음식을 주문하는 경우가 있다. 음식을 주문하는 입장에서는 음식 만드는 사람을 수월하게 해주기 위한 좋은 의도로 그렇게 하는 경우가 많은데, 문화권에 따라서는 그 호의가 오히려 이상하게 보일 수도 있다.

② 아동을 위한 주문

특히 고급 식당에 가서 음식을 주문할 때 미국 같은 경우, 다 못 먹어서 남은 음식을 집에 가져갈망정 아이들도 성인과 같이 독립적인 1인분을 주문한다. 적게 먹는다고 해서 둘이 나눠 먹는다는 식의 주문은 일반적으로 하지 않으므로 아이들을 동반하여 미국 음식점에 가서 주문할 때는 이런 문화적 차이를 염두에 두는 것이 좋겠다.

③ 반찬 추가 주문

외국인들이 우리나라에 와서 놀라는 것 중 하나가 식당에 가면 반찬도 많고 공짜도 많다는 것이다. 일본처럼 추가 반찬을 요구하면 따로 돈을 더 지불해야 하는 나라도 많으니 한국식으로 생각해서 추가로 달라고 하다 보면 나중에 계산서를 보고 놀랄 수 있다.

④ 접대용 식당

손님을 접대할 목적으로 식당으로 초대할 때 뷔페는 좋은 장소가 아니다. 뷔페는 제자리에 앉아서 서비스를 받을 수 있는 식당이 아니라 스스로 음식을 갖다 먹는 곳이기 때문이다. 그리고 만약 집으로 외국인을 초대한다면 채식주의자(vegetarian)인지, 육고기는 안 먹지만 생선은 먹는 부분 채식주의자(peskaterian)인지, 돼지고기를 먹지 않는 무슬림인지 정도는 파악을 하고 음식 준비를 해야 할 것이다.

⑤ 각자 지불

요즘은 우리나라도 과거와 달리 특히 젊은이들 사이에는 자리를 함께 하더라도 비용을 각자 지불(Dutch Pay)하는 추세로 바뀌어 가는 것 같다. 과거에는 친구끼리의 이런 행위는 관계를 멀어지게 하기도 했는데, 세월 따라 사는 방식도 달라지는 것 같다. 한쪽에 부담을 주는 과거 방식보다 요즘 방식이 더 합리적이라는 생각도 든다.

⑥ 서양의 정식 상 차리기

양식을 정식으로 먹을 때에는 대개 다음과 같은 구조의 상 차리기를 하므로 정식을 먹는 상황에 대비해서 상식적으로 알아두는 것이 좋을 것이다. 참고로 dinner란 꼭 저녁에 먹는 식사만을 의미하는 것이 아니라 정식 상을 의미하는 경우가 많다.

The formal dinner table setting

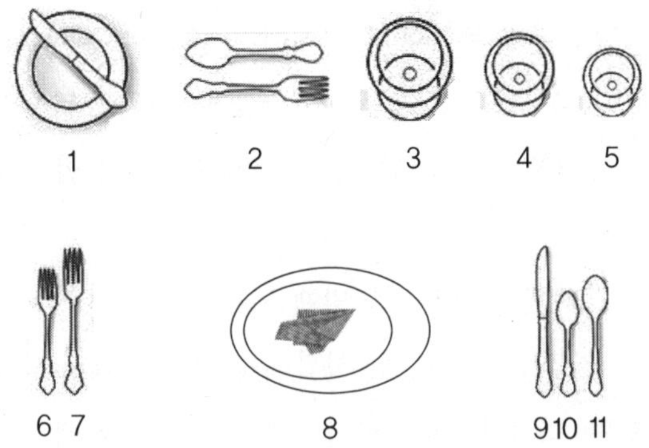

1. butter plate
2. dissert fork and spoon
3. water glass
4. white wine glass
5. red wine glass
6. salad fork
7. dinner fork
8. dinner plate
9. dinner knife
10. tea spoon
11. soup spoon

⑦ 예약 문화

선진국에서는 예약 문화가 생활화되어 있다. 우리나라에서는 아직 일반 병원이나 미용실 등 예약 없어도 볼일을 볼 수 있는 곳이 많은데, 이에 대해 외국인들은 그 편리성에 감탄을 하지만 때로는 많이 기다리면서 시간을 낭비하는 불편을 겪기도 한다. 점차 우리나라에서도 예약 문화가 정착되어 가고 있는 추세인 것 같다.

살다 보면 예약을 취소해야 할 경우도 있는데, 우리나라는 이 점에서는 아직 고쳐야 할 점이 있는 것 같다. 예약 취소를 미리 알려주지 않으면 상대에게 경제적 타격을 주기 때문에 이 점을 반드시 유념해야 할 필요가 있다. 태국에서 한국인이 '떵똥(정신 나간 사람)' 소리를 듣는다는 말이 있다. 식당을 예약한 뒤 사정상 지키지 못할 때는 미리 알려주는 게 당연한데, 이를 지키지 않는 사례가 많아 생긴 말이라고 한다. 국내에서도 이런 일이 종종 있어 음식 장사를 하는 입장에서는 골칫거리라는 뉴스를 접한 적 있는데, 외국까지 가서 이런 행동을 한다는 것은 국가 이미지를 손상시키는 행위이다.

⑧ 팁 문화

국가마다 받은 서비스에 대한 감사의 마음을 표현하는 방법이 다르다. 몇몇 독특한 나라의 경우를 보자. 먼저 일본의 경우에는 팁에 대한 거부감이 있어서 손님이 식당 직원을 위해 다른 나라들에서 하듯이 테이블에 팁을 놓고 가면 쫓아와서 돌려주는 일이 자주 일어난다. 자신의 일에 자부심을 갖고 일하는 사람에게 돈 몇 푼 보다는 감사하다는 말 한마디가 더 큰 힘이 된다고 생각한다. 예외적으로 전통적인 다다미가 깔린 숙박업소 료칸에서는 여행객이 팁을 줄 수는 있지만 이 경우에도 돈을 그냥 건네는 것은 결례이며, 특별히 장식된 깨끗한 봉투에 깨끗한 지폐를 넣어 봉인한 뒤 줘야 한다. 반면에 중국에서는 팁을 주는 행위가 자신이 다른 사람보다 우월하다는 것을 과시하는 것으로 간주되어 오랫동안 금기시되어왔다. 하지만 요즘은 서서히 서구의 팁 문화도 수용되는 등 사회적인 변화가 일어나고 있는 형편이다.

이집트의 경우에는 미리 팁을 주면 예상도 못했던 서비스를 받게 되는 등, 서비스의 질이 달라진다고 할 정도로 팁의 역할이 크다. 가진 자가 가난한 사람에게 자선을 베푸는 것은 이슬람의 다섯 가지 교리 중 하나라고 한다. 그래서인지는 몰라도 이집트에 갔을 때 저자는 거지들이 구걸하는 것을 매우 당연하게 여긴다는 인상을 받았다. 한편 미국은 다른 나라와 달리 팁 문화가 발달해 있다. 서비스를 받는 업종의 경우 계산서에 20~25%나 되는 팁이 자동으로 추가되는 경우도 많다. 서비스라고 받은 것이 없는 것 같은 경우에도 팁을 당연히 내야 해서 고객의 입장에서는 심하다는 생각이 들 때도 없지 않다. 하지만 식당 종업원을 비롯한 많은 서비스 업종의 경우 시간당 임금이 매우 낮아 수입을 팁에 의존하는 경우가 많다. 이럴 경우 고객이 팁을 안 주면 당당하게 요구하기도 한다.

식당에서 식사를 할 경우 팁은 보통 요금의 15~20%를 주는데 직원이 계산서(bill)를 가지고 오면 현금으로 지불할 경우에는 현금을 줘서 일단 지불을 하고 거스름돈을 가지고 오면 받는다. 그리고 식당을 나가면서 테이블 위에 현금으로 팁을 둔다. 카드로 계산을 할 경우에는 직원이 가져오는 계산서에 팁 액수를 적은 뒤 카드와 함께 줘서 지불한다. 계산서를 테이블로 가져오지 않는 경우에는 팁은 테이블 위에 따로 두고 식당을 나가면서 계산대에서 음식값을 지불하는 경우도 있다.

이상과 같이 나라마다 팁 문화가 다르다는 점을 알고 외국 여행 시에는 현지 문화와 맞는 행동을 취하는 것이 중요하다.

⑨ 식사 예절

식사와 관련하여 서양의 식사 예절 몇 가지를 소개하고자 한다. 이런 상식적인 예절을 몰라 상대에게 좋지 않은 인상을 주게 되면 얘기를 나누고 싶지 않은 상대가 될 수 있으니 의사소통에 방해가 된다고 할 수 있다. 다른 문화권의 사람들이라도 같은 인간이라는 점에서 공통점도 많이 있으니 이런 식사 예절은 기본적으로 알아두는 게 좋을 것이다.

첫째, 음식을 먹을 때나 음료수를 마실 때 소리를 내지 않는다.
(Do not make noise when you eat or drink.)

둘째, 잘못하면 튀어나올 수도 있으니 입에 음식이 들어있는 상태로 말을 하지 않는다.
(Do not talk with your mouth full.)

셋째, 트림은 생리적 현상이라 어쩔 수 없이 나오지만 상대방이 눈치채지 않게 한다.
(Avoid belching/burping.)

넷째, 스테이크(steak) 같은 걸 먹을 때 음식을 씹으면서 동시에 고기를 자르지 않는다.
(Don't cut your meat during chewing the food – You look greedy for food!) 이 행동은 음식에 대한 욕심이 많은 사람으로 보인다. 서양 사람들은 식탁에서 대화를 즐기는 편이라 고기를 자를 때는 대개 상대방과 얘기를 한다.
(※ 하지만 캄보디아처럼 식사할 때 말하지 않는 것이 예의인 나라도 있으니 조심!)

다섯째, 바닥에 스푼, 포크, 나이프 등, 뭔가 떨어뜨렸을 때는 주워서 쓸 생각 말고 사람을 불러 다시 갖다 달라고 부탁한다.
(When you drop something on the floor, ask the waiter/waitress to bring another instead of trying to pick it up and use it.)

식사 예절에는 나라마다 공통점도 있지만 다른 점도 있다. 외국에 나가서 현지 사람들과 식사를 할 때 실수하지 않으려면 각국의 식사 예절에 대해 알아두는 것도 필요할 것이다. 학생 지도 시 교사가 강조할 것은 어느 나라를 방문하건 그 나라의 문화에 대해 미리 학습하여 준비하는 자세이다. 요즘은 인터넷을 통해 다양한 분야의 많은 정보를 얻을 수 있는 만큼 준비하는 자세만 있으면 큰 문제는 없을 것이다.

식사 예절과 관련하여 저자의 경험을 바탕으로 언급하고 싶은 것이 있다. 우리나라도 이제 선진국 대열에 올라섰다고 보는 사람들이 많다. 하지만 국민 의식이 아직 못 따라가는 경우를 가끔 식당에서 보게 된다. 같은 한국 사람들의 시각에서도 눈살을 찌푸리게 하는 일은 하루빨리 고쳐야겠다. 몇 가지 예를 들어보자. 식당 종업원이 손님이 식사를 하고 있는 옆 식탁에서 그릇 소리, 수저 소리를 심하게 내며 식탁을 치우면서 손님 귀를 괴롭힌다든가, 심지어는 손님이 식사를 하고 있는 테이블에 와서 양해도 구하지 않고 식탁의 수저통에 수저를 채우는 일, 옆 좌석에서 너무 큰 소리로 웃고 떠드는 손님 때문에 다른 손님의 귀가 괴로운데도 불구하고 제지를 못(안) 하는 주인, 자신의 애들이 식당을 돌아다니며 뛰어노느라 다른 손님들을 방해하는 데도 불구하고 말리지 않는 부모, 참다못한 옆 손님이 조용히 하라고 나무라면 오히려 남의 아이 기죽인다고 항의하는 부모 등등. 우리나라가 진정한 선진국으로 가기 위해서는 이런 건 정말 고쳐야 할 것이다. 실제로 선진국에서는 식당에서 남을 방해하는 행위를 하면 경고를 받고 그래도 안 고쳐지면 쫓겨난다.

(2) 음주 문화

우리나라는 청소년 보호법상 19세 이전의 미성년자에게 술 판매를 금지하고 있으며, 최근에는 등산객들이 산에서 술판을 벌이고 눈살 찌푸리는 행동을 하는 것을 금지하는 법도 시행되고 있다. 다른 나라들도 약간의 차이는 있지만 술에 대한 금지 규칙이 적용되고 있다. 특히 이슬람국가에선 음주는 물론이고 술 생산, 판매도 금지하는 나라도 많다. 이런 나라에서는 외국인일지라도 입국할 때 술을 소지할 수 없다. 미국도 음주 문화에서 우리나라보다 훨씬 엄격하다. 모든 주에서 21세가 되어야 술을 살 수 있고 음주가 허용되지만, 술집에서 술 취한 행동을 하면 바텐더에게 쫓겨날 수도 있다.

우리나라 유학생들이 30이 넘은 나이인데도 가끔 술 파는 상점(liquor store)이나 술집, 레스토랑 같은 데서 술을 사거나 마시려고 하면 ID를 요구하는 경우가 있는데, 이는 외국인들의 나이를 잘 알기 어렵기 때문인 경우가 많다. 어리게 본다고 기분 나빠할 것이 아니라 그럴 경우 ID를 제시해서 증명하면 그만이다. 만약 나이 확인을 않고 미성년자에게 술을 팔았다가 걸리면 면허취소를 당하니 상점으로서는 철저하게 지킬 수밖에 없다. 몇 년 전 한국의 대학 새내기들이 미국에서 경찰에 소환되어 하룻밤을 유치장에서 보내고 벌금까지 낸 후 풀려난 사건이 언론에 보도되었다. 사연인즉, 이들은 어학연수를 위해 미국에 갔었는데, 하루는 술을 사러 갔다가 상점 측으로부터 ID 제시를 요구받아 제시를 했는데 미성년자로 간주되어 거부당하자 인종차별로 오해하고 항의를 하는 소동을 피웠다고 한다. 덕분에 경찰서로 연행되어 유치장 신세를 졌다는데, 이 경우는 문화적 차이에서 오는 오해로 학생들이 당연히 잘못한 것이다. 우리나라에서는 대학생이면 신분증 나이에 상관없이 술을 마셔도 된다고 생각할 수 있지만, 미국에서는 신분증에 있는 생일을 기준으로 만 나이를 계산해야 한다.

술과 관련하여 미국의 많은 지역에서는 "open-container law"가 적용된다. 길이나, 공원같이 열린 장소에서 술을 마실 수 없다는 법인데 어기면 체포되니 명심해야 한다. 혹 한국에서 잠시 다니러 간 사람들이 공기 좋은 공원에서 음식과 함께 음료수 정도로 맥주를 먹고 마시며 소풍을 즐기다가 자신도 모르게 법을 어겨 낭패를 보는 일은 없어야 하겠다. 미국 사람들은 신고 정신이 투철한 편이라 공원에서 술 마시는 걸 보고 신고를 해 어느새 경찰이 들이닥칠 수 있다. 공원에서 즐겁게 놀고 돌아가다 신고를 당하면 음주 운전까지 걸리게 되니 아주 큰일이다.

미국의 경우 음주 운전을 상대의 목숨을 앗아갈 수 있는 행위로 간주하고 무겁게 벌을 내리고 있다. 이때의 죄목은 음주 운전인데 영어로 DUI(Driving Under the Influence) 또는 DWI(Driving While Intoxicated)라고 한다. 그래서 술이 있는 파티에서는 술을 마시기 전 파티 참석자들이 집으로 돌아갈 때 차를 운전해 줄 사람을 미리 정하는데 이를 가리켜 "designated driver(지명운전자)"라고 한다. 주로 술을 못 마시는 사람이 그 역할을 하게 되는데, 만약 파티를 즐기겠다고 너도나도 술을 마신다고 하면 누군가 양보하거나 아니면 따로 운전자를 구해야 한다.

남의 나라에 가서 몸을 못 가눌 때까지 술을 마시는 행동을 할 사람은 별로 없겠지만, 술을 마시고 주정을 한다든가 등 이성을 잃는 행동은 절대 삼가야 한다. 미국에서는 바텐더가 손님이 마음에 안 들면 추방할 수도 있다. 내 돈 내고 술 마시러 갔다가 쫓겨나는 신세가 되지는 말아야 할 것이다. 그리고 차에 뚜껑 딴 술병이 있다거나 차 안에 빈 맥주 깡통을 싣고 가는 일도 삼가는 게 좋다. 주마다 법이 다르긴 하지만 단속 시 차에서 음주하고 운전한 것으로 간주할 수 있기 때문이다. 차에 술을 싣고 가야 할 사정이라면 트렁크에 싣는 게 좋다.

즐거운 일이 있으면 사람들이 모여서 먹고 마시는 걸 함께 하는 우리나라와는 다르게 독일처럼 음식과 술을 같이 안 드는 나라도 있고, 헝가리처럼 술을 권할 때 서너 번 거절하는 시늉을 한 후 받아들이는 것이 전통적인 예의인 나라도 있고, 여성은 음주 자체가 금지된 나라도 있으니, 다른 나라 문화권에서 사람들과 접촉할 때는 이 부분에서 그 나라 사람들의 문화에 맞게 행동할 필요가 있다. 모르면 미리 정보를 찾아보고 대비하는 게 좋다. 참고로 〈부록 1〉에는 세계의 다양한 식사 예절을 소개하였다.

학습 자료 & 활동 - 1

※ Compare the specials in the two restaurants and make three comparative sentences.

e.g. The chicken sandwich is cheaper at McDonald's./

The chicken sandwich is more expensive at Wendy's.

	〈McDonald's〉	〈Wendy's〉
SANDWICHES		
Chicken	$ 4.65	$ 4.75
Egg salad	$ 4.50	$ 4.35
Tuna	$ 3.95	$ 3.85
Hamburger	$ 4.95	$ 4.75
Cheeseburger	$ 5.50	$ 6.65
DRINKS		
Coffee	$ 2.50	$ 2.60
Tea	$ 2.50	$ 2.60
Milk	$ 2.60	$ 2.60
Soda		
Large	$ 3.00	$ 2.90
Medium	$ 3275	$ 2.70
Small	$ 2.50	$ 2.40

학습 자료 & 활동 - 2

※ Fill in the blanks with suitable words and complete the action series.

Action Series: Eating out

1. Go to the restaurant and wait for the host at the door.
2. ① ______ the host to the seat.
3. ② ______ the menu and look for something good.
4. The waitress comes. ③ ______ what you like.
5. ④______the napkin and put it on your ⑤ ______.
6. The food comes. Take a ⑥ ______ of water.
7. Enjoy your meal.

〈정답〉 ① Follow ② Pick up ③ Order ④ Unfold ⑤ lap ⑥ sip

※ 위 액션시리즈 자료의 경우 학습자의 언어 능력에 따라 빈칸 채우기 외에도 다양한 방법으로 할 수 있을 것이다. 예를 들면, 모둠 활동으로 첫 문장만 제시한 뒤 나머지 여섯 단계를 섞어서 제시하고 모둠 구성원들이 힘을 합쳐 순서대로 나열해 보라고 할 수 있을 것이다. 또는 학생들 수준이 좀 더 높은 경우 모둠별로 각 구성원에게 한 개의 단계씩 준 뒤, 자신이 가진 문장을 모둠 구성원들에게 보여주지 않고 말로만 전달함으로써 단계를 맞추게 할 수도 있다. 그리고 단계가 완성되고 난 후에는 전체 액션시리즈를 모둠의 대표가 구두로 말하게 하는 것도 가능하다. 먼저 완성한 팀에게 발표의 기회를 제공함으로써 모둠 간의 경쟁을 유발할 수도 있다.

---

[1] Go to the restaurant and wait for the host at the door.

☐ The food comes. Take a sip of water.

☐ Unfold the napkin and put it on your lap.

☐ Enjoy your meal.

☐ Follow the host to the seat.

☐ Pick up the menu and look for something good.

☐ The waitress comes. Order what you like.

학습 자료 & 활동 - 3

※ Complete the action series with the proper word in each blank.

How to make Kimchi

1. Prepare the ________ (radish, red pepper powder, fish sauce, scallions, and garlic) for the filling of kimchi. (재료)

2. Make the filling by ________ together strips of radishes and scallions, minced garlic and red pepper powder. (섞음)

3. Cut the cabbage ________ , salt and put it aside for one night. (반으로)

4. On the following day ________ the cabbage well and drain the excess water ________ . (헹구다, 물을 배출하다)

5. The cabbage is then ready for the ________ . (속)

6. Place the filling ________ between each ________ of cabbage. (균일하게, 잎)

7. Wrap the entire cabbage with the ________ leaf and allow it to ________ for about one week. (가장 바깥의, 발효하다)

8. ________ the fermented kimchi and place it in a dish for everybody to enjoy. (썰다)

〈정답〉 1. ingredients 2. mixing 3. in half 4. rinse, away 5. filling
6. evenly, leaf 7. outermost, ferment 8. cut

4. 쇼핑/세금

1) 쇼핑

(1) 세일 용어

Term	Meaning
Thrift store	주로 옷이나 가정용품 등, 중고 물건을 싸게 파는 상점
Clearance sale	재고 처리를 위해 아주 싼 가격으로 새 상품을 파는 것을 말함.
Swap meet	쓰던 물건을 서로 교환하는 임시 장터
Flea market	벼룩시장이라고 불리는 이곳은 상품을 아주 싼 가격으로 파는 임시 장터이다. 이곳에서 사람들은 골동품이나 중고 제품 또는 새 물건을 싼 가격으로 구입할 수 있다. 이런 장터에서는 물건값을 깎아달라고 흥정을 할 수도 있다.
Good Will	미국에서는 전국적으로 이런 가게가 있는데 기부받은 중고 물건들을 팔아서 이윤을 주로 가난한 사람들을 돕는 데 쓰는 상점으로, 말 그대로 좋은 뜻을 가진 상점이다. 수입을 공공기관에서 관장하며, 이곳에서 물건을 살 때는 세금(sales tax)이 없다. 같은 의도를 가진 다른 이름의 상점들도 도시마다 존재하는데, 국가기관이 아니라 개인이 하는 경우도 있다. 이런 경우에는 세금이 붙는다.
Garage sale, yard sale, lawn sale, porch sale, household sale	가정에서 더는 사용하지 않는 물건들을 자신의 집 차고나 마당, 잔디, 현관 등에서 판매하는 것을 말한다. 이런 세일은 주로 직장을 쉬는 주말에 하는 경우가 많은데, 속옷까지도 팔려고 내놓기도 한다.
Farmer's market	농부들이 직접 재배한 상품들을 판매하는 곳으로 대체로 상점에서 구입하는 상품보다 신선하고 가격도 싸다. 우리나라의 지역 농산물 직거래장에 해당한다.

쇼핑과 관련하여, 우리나라에서는 가게에 손님이 왔을 때 서비스 차원에서 점원이 계속 따라다니는 경우가 있는데, 사실 이는 손님으로서는 불편할 수 있다. 마음 편하게 상품을 살펴보기가 어렵기 때문이다. 만약 미국에서 점원이 이런 행동을 한다면 손님으로서는 자신을 의심해서 따라 다닌다고 생각하기 때문에 매우 불쾌하게 여길 수 있다.

(2) 환불/추후 판매 보증서

선진국에서는 신용사회이기 때문에 물건을 구입하여 마음에 들지 않으면 보증(guaranty) 기간 내에는 언제든지 환불이 가능하다. 단 반드시 영수증이 있어야 하고 물건을 산 사람의 잘못으로 인한 경우에는 안 된다. 간혹 세일 중에 판 물건 중 환불은 안 되고 교환만 되는 것들이 있는데, 이럴 경우 팔기 전에 미리 밝혀둔다. 또한 세일 물건이 동나서 못 샀을 경우 'rain check'를 발부해주기도 한다.

① Refund

환불. 산 물건을 반납하고 물건값을 되돌려 받는 것을 의미함. 환불을 받기 위해서는 반드시 물건을 산 영수증(receipt)이 있어야 한다.

② Rain check

원래 우천으로 인해 게임이나 공연 등이 취소되었을 때 나중에 다시 볼 수 있는 권리를 부여하는 티켓을 의미했으나, 지금은 보다 확장된 뜻으로 쓰인다. 흔히 싼 가격으로 세일을 할 때 물건을 사러 갔으나 물건이 이미 동이 났을 때, 판매자 측에서 손님에게 rain check를 주는 경우가 있다. 즉, 다음에 다시 오면 세일을 안 하는 경우라도 그날 세일했던 가격으로 물건을 주겠다는 증서이다.

(3) 지불 방법

① 현금 사용

미국 같이 돈의 흐름이 비교적 선명한 선진국에서는 돈을 많이 버는 사람은 곧 능력이 있는 사람으로 간주된다. 국가에 세금을 그만큼 더 내기 때문에 국가에 대한 기여도가 높다고 간주하여 오히려 존경의 대상이 된다. 캐나다에서 어떤 한인이 식당을 해서 돈을 많이 벌었는데, 주로 한국인들인 손님들로부터 현금을 많이 받으면서 세금은 제대로 안 냈다고 한다. 그렇게 번 돈으로 식당은 다른 한국인에게 팔고 본인은 모텔을 사서 20년간 운영하고 있었다고 한다. 그 식당을 산 한국인은 꼬박꼬박 세금을 내고 장사를 했는데, 같은 식당에서 세금 납부액이 많이 달라진 것을 이상하게 여긴 세무서에서 식당을 판 사람이 운영하는 모텔에 와서 한 달 이상 문 열 때부터 닫을 때까지 감시를 하였다고 한다. 그동안 세금을 제대로 안 낸 사실이 발각되어 20년간의 세금을 추징당하고 모텔 사업도 접고 알거지가 되었다고 한다.

우리나라 사람들은 받는 사람의 입장에서는 현금을 좋아하는 경향이 있지만, 미국에서는 그렇지 않은 것 같다. 특히 한국인들을 포함한 외국인 관광객들이 100달러짜리로 물건을 사면 진짜 돈인지 불빛에 비춰가며 체크를 하는 경우가 많다. 저자는 20달러짜리 지폐로 물건을 사는데도 불에 비춰보는 행동을 하는 걸 여러 번 경험했다. 100불짜리를 내면 아예 잔돈이 없는 상점도 적지 않다. 특히 호텔 같은 데서 묵은 뒤에는 신용카드로 지불하는 것이 정상이다. 저자 일행이 한번은 미국 여행 중에 호텔에서 묵었는데, 갖고 있던 현금을 모두 써버릴 셈으로 호텔료로 현금을 내놓았더니 현금은 안 받는다고 했다. 나중에 알고 보니 손님이 가고 난 뒤에 방에 훼손된 물건이 있다든가 등 사태가 벌어졌을 때 추적이 가능해야 하기 때문이란다. 그리고 대부분 호텔에서는 체크아웃(check-out)을 할 때 돌려주는 보증금(security deposit)도 체크인(check-in) 때 받아둔다.

현금으로 물건을 사면 거스름돈을 주는 방법에서도 문화적 차이를 느낀다. 예를 들어 20달러로 16달러의 물건값을 지불하면 거스름돈을 줄 때 1달러씩 주면서 17, 18, 19, 20이라고 세면서 지불한다. 참고로 〈부록 2〉에는 세계의 화폐를 소개하였다.

② 현금 외 결제 수단

오늘날에는 우리나라에서도 현금 대신 신용카드(credit card)로 결제하는 것이 일반화되었는데, 이 신용카드를 또한 plastic money라 부르기도 한다. 아래에 소개된 것처럼 신용카드 외의 결제 수단도 다양하다.

Ways to Pay	What You Should Know
개인 수표 (Personal checks)	은행에서 발행되는 수표로 은행에 수표를 입금할 때 수표 액수의 일부를 현금으로 찾을 수 있는 수표이다. 이 개인 수표로 값을 지불할 때는 반드시 신분증을 제시하여 본인임을 증명하여야 한다. 비즈니스에 따라서는 그 지역의 은행에서 발행한 개인 수표만 받는 곳도 있다.
여행자 수표 (Traveler's checks)	대부분의 비즈니스는 은행에서 발행한 여행자 수표를 받는다. 신분을 증명하기 위해 여권 등의 신분증을 제시해야 한다. 물건을 살 때까지는 여행자 수표에 결코 미리 사인해서는 안 된다. 사용하는 여행자 수표에 대한 기록을 남기는 게 좋다.
신용 카드 (Credit cards)	가장 흔하게 사용되는 국가적 신용 카드에는 Visa, MasterCard, and Discover Card가 있다. 이 카드는 신용이 높은 고객에게 은행에서 발부한다. 시어스(Sears)나 제이시페니(J. C. Penny) 같은 백화점들은 자체에서 고객에게 발급한 신용카드가 있다. 이런 카드는 자기네 고객에게 신용카드를 발급하는 상점에서만 사용할 수 있다. 구매한 제품에 대한 가격 지불이 제때 안 되면 연체 이자율이 10~27%로 다양하다.

신용 카드를 만들 형편이 안 되는 유학생들은 대개 돈을 은행에 예치(deposit)해 놓고 개인 수표(personal check)를 사용하는데, 이 수표는 자신의 계좌가 있는 은행에서 50장짜리, 100장짜리 등의 check book으로 돈을 지불하고 살 수 있다, 수표에 주인의 주소와 이름이 새겨져 있어 본인만이 사용할 수 있다. 개인 수표로 값을 지불할 때에는 현장에서 구매 내용을 적고 서명을 한다.

여행자 수표(traveler's check: T/C)는 은행에서 돈을 주고 교환하는데, 현금을 가지고 다니는 경우에는 분실을 하면 찾을 방법이 없지만 T/C의 경우에는 은행에 빨리 분실신고를 하면 되니까 안전하다. 외국에 유학 가는 경우 T/C를 갖고 가는 경우도 있는데, 도착하면 가능한 한 빨리 가까운 은행에서 계좌를 만들어 입금(deposit)하는 것이 안전하다.

2) 세금(Tax)

(1) **판매세**(Sales tax) & **사용세**(Use tax)

나라마다 물건을 구입할 때 세금을 부과하는 방법이 다를 수 있는데, 미국의 경우에는 판매세(Sales Tax)와 사용세(Use Tax)라는 게 있다. 미국의 판매세 제도는 한국의 부가가치세와 비슷한 개념이다. 연방 정부(fedral government)에서 걷는 세금이 아니고 주 정부(state government)나 지역 정부(local government)에서 걷는 세금이다. 판매세는 판매자가 소비자에게 물건을 팔 때 물건값에 붙여 징수하여 정부에 납부한다. 우리나라의 경우 물건에 매겨진 가격에 이미 이 세금이 포함되어 있지만, 미국의 경우에는 표시된 가격표에 따로 세금이 붙기 때문에 가격표대로의 돈만 가지고 물건을 살 생각을 하면 낭패를 볼 수가 있다. 판매세 비율은 4~10% 정도로 주마다 다르고 같은 주 내에서도 지역마다 다르다. 예를 들어 알래스카주에서는 주 정부 세금은 없는 반면, 그 주 안의 각 지역에서 매기는 세금은 지역에 따라 다르다. 하지만 델라웨어주, 몬타나주, 뉴햄프셔주, 오리건주의 경우는 주 정부나 각 지역 정부에서 매기는 세금이 아예 없어서 상품에 붙은 가격표대로만 지불하면 된다. 또한 인디애나주, 켄터키주, 메인주, 매사추세츠주, 미시간주에서는 주정부 세금은 있지만, 그 주 안의 각 지역에서 매기는 세금은 없다. 그런데 요즘같이 전자상거래가 활발한 상황에서 판매자와 구입자가 서로 다른 주에 있다면 판매세를 내지 않아도 된다.

미국에는 또한 판매세와 비슷한 개념의 사용세(Use tax)라는 것도 있다. 판매세와 사용세는 둘 다 최종적으로 소비자가 부담한다는 공통점이 있다. 그러나 이 세금을 누가 납부하느냐가 다르기 때문에 서로 다른 이름으로 불린다. 즉, 판매세는 과세대상 물건을 판매한 판매자가 최종 소비자에게서 세금을 징수하여 정부에 납부하는 반면, 사용세는 최종 소비자가 과세대상 물건을 구입한 후 해당 세금을 따로 과세 당국에 직접 납부하는 점이 다르다.

나라가 크니 불편한 점도 있다. 세금 징수뿐만 아니라 주마다 다른 법이 많으니 미국뿐 아니라 다른 큰 나라를 방문해서 거주 시에는 이런 점도 세심하게 알아볼 필요가 있다.

(2) 연말 정산(Tax return)

우리나라에서 연말에 연말 정산을 하는 것과 마찬가지로 미국에서도 연말이 되면 "tax return"을 하는데, 이는 주 정부나 연방 정부에 1년간의 수입과 지출을 보고함으로써 세금 조정을 받는 것을 말한다. 저자의 경우 유학 시절에 기숙사에서 시간제 아르바이트를 하며 지냈는데, 연말에 tax return으로 몇백 달러씩 돌려받는 게 괜히 공돈 생기는 것처럼 기분 좋았었다. 사실은 학생으로서 시간제로 일하면서 생긴 적은 수입에서도 꼬박꼬박 내야 했던 세금을 도로 돌려받는 것임에도 불구하고 말이다. 참고로 유학생의 경우, 캠퍼스 밖에서는 일할 수 없고 캠퍼스 안에서는 주당 20시간까지 시간제 아르바이트가 가능하다.

학습 자료 & 활동 - 1

Return Policy

ROSS
DRESS FOR LESS

RETURN/EXCHANGE POLICY

Ross Stores values your business and is committed to providing you with low prices on best brands.

Refunds, Credit Vouchers, or exchanges WILL NOT be given on merchandise that is used, worn, or altered.

Full refund on merchandise accompanied by receipt within 30 days of purchase.

Merchandise returns with a receipt older than 30 days will be exchanged or credited with a Ross Credit Voucher.

Merchandise returns WITHOUT A RECEIPT WILL BE EXCHANGED ONLY at the item's current selling price.

Any purchase with a Ross Gift Certificate or Credit Voucher having change due in excess of $5.00 will have change issued in the form of a Credit Voucher.

Gift Certificates are redeemable for merchandise only.

학습 자료 & 활동 - 2

※ Based on the information in the check, answer the following questions.

Q1. Whose check is this?

Q2. When did the owner use the check?

Q3. What did the owner of the check buy?

Q4. Wher did the owner buy them?

Personal Check

Wilson, Linda
4747 30th Ave NE
Seattle, WA 98105

October 5, 2023

PAY TO THE ORDER OF *University Bookstore* $ *150.25*

One hundred Fifty and 25/00 Dollars

FOR *books*

Linda Wilson

학습 자료 & 활동 - 3

A Rain Check

※ rain check(우천 교환권):

비로 옥외 경기가 중단될 때 관람객에게 다음 경기를 관람할 수 있도록 나누어 주는 표로서 원래는 야구 경기에서 나왔지만 지금은 의미가 확대되어 상품의 재고 등이 없을 경우 후일 우선적으로 상품(서비스)을 제공한다는 보증권이다. 옆 rain check는 실제로 저자가 미국에서 세일하는 약을 사러 갔다가 상품이 다 팔려 헛걸음했다고 생각하고 있었을 때 점원이 내게 rain check를 원하면 주겠다고 해서 받은 것이다. 세일 기간이 끝나고 정상 가격으로 파는 날 다시 가서 이날의 세일 가격으로 약을 살 수 있었다.

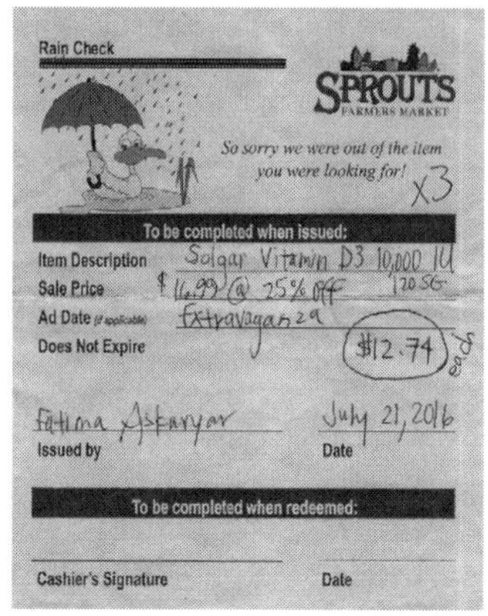

※ 교사는 rain check 내용에 대해 학생들에게 질문을 던짐으로써 학생들의 이해도를 파악하고 모르는 부분이 있으면 설명해준다. 그리고 다음과 같은 표현도 함께 가르친다.

1. 다음 기회로 미루어도 될까요? Can I have a rain check?
2. 그것을 다음 기회로 미루어 주십시오. Please give me a rain check on that.
3. 나중에 하지요. I'll take a rain check.

※ 또는 짝 활동으로서 rain check의 정보를 바탕으로 다음과 같이 질문과 답을 하는 형식으로 대화 연습을 하게 할 수도 있을 것이다.

A: Yesterday, I went to buy some vitamins on sale but only got a rain check.
B: Which store did you go to?
A: ______________________________
B: What kind of vitamin did you want to buy?
A: ______________________________
B: How many bottles did you want to buy?
A: ______________________________
B: What was the regular price?
A: ______________________________
B: What about the sale price?
A: ______________________________

학습 자료 & 활동 - 4

Shopping with Coupons

※ 쿠폰은 대부분 다음과 같은 정보를 포함하고 있다. 이를 바탕으로 아래 질문에 답하게 할 수 있다. 교사가 전체 학생을 대상으로 할 수도 있고, 짝 활동으로 할 수도 있다.

1. The product or service you can purchase with the coupon
2. How much you can save when you use the coupon
3. Where you can use the coupon
4. When you can use the coupon
5. Who can use the coupon
6. Restrictions on the use of the coupon, such as an expiration date

Q1. What kind of product or service can you buy with the coupon?

A1. ______________________________

Q2. How much can you save with this coupon?

A2. ______________________________

Q3. Where can you use this coupon?

A3. ______________________________

Q4. When can you use the coupon?

A4. ______________________________

Q5. Who can use the coupon?

A5. ______________________________

Q6. When is the expiration date?

A6. ______________________________

5. 병원/약국/건강

1) 병원/약국

사람들이 일시적으로든 장기적으로든 남의 나라를 방문할 때 신경 쓰이는 일 중 하나는 건강 문제일 것이다. 특히 미국 같이 의료비가 비싼 나라에서는 병원 가기도 부담되는데, 우리나라에서처럼 의료 보험이 적용되는 것도 아니고 주위에 가족마저 없으면 정말 난감할 것이다. 실제로 의료 보험 없이 미국에서 큰 병에 걸리거나 큰 사고를 당하면 병원비 때문에 가정이 파산하는 수도 있다. 따라서 외국을 방문할 때는 여행자 보험을 들어 만일의 사태에 어느 정도는 대비가 되도록 해두는 것도 필요할 것이다. 참고로 유학생의 경우에는 학비에 의료 보험료가 포함된다. 오래전 일이지만 저자도 유학 중 재학하는 대학교의 부속 병원에서 수술을 받은 적이 있는데, 이런 의료 보험 덕분에 몇백 달러만 내는 것으로 의료비 처리가 가능했다. 수업 조교(TA) 한 달 급여가 팔백 달러 가까이 되는 때였으니까 크게 부담은 되지 않았던 기억이 난다.

미국의 의료비가 비싼 것은 널리 알려진 사실이다. 이러한 비싼 의료비가 부담되어 실제 미국 사람들도 어지간하면 병원에 가지 않고 집에서 상비약으로 해결하는 경우가 많다. 또한 요즘은 이런 상비약 외에도 다양한 대체적인 방법을 이용하는 사람들도 늘어나는 추세이다. 그중에는 자연 치료 요법, 침, 마사지 등도 포함된다.

		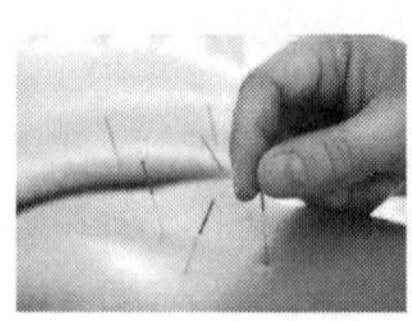	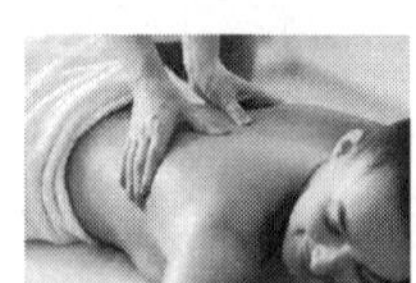
Conventional Western Medicine	Natural Healing with Herbs and Animal Products	Acupuncture	Massage Therapy

미국 사람들의 경우, 어지간한 증상은 가정에서 상비약으로 해결하는데 미국에서 상비약을 구하고자 하면 Pharmacy나 Drugstore에 가면 된다. 전자는 약사가 상주하면서 의사의 처방전으로 약을 조제받을 수도 있고 증세를 얘기하면서 조언을 구할 수도 있는 곳인 반면, 후자는 조제용 약은 팔지 않고 상비약만 살 수 있는 곳으로 다른 생활용품도 함께 파는 잡화점이다. 보통 대형 마트에 가면 선반에 상비약이 진열되어 있고 Pharmacy도 있어 약사의 조언을 구할 수도 있다.

2) 건강

사람들은 생활에 여유가 생기면 자연히 건강에 관심을 많이 갖게 된다. 문화권마다 사람들의 건강관리 방법은 다를 수 있지만, 선진국 사람들의 공통되는 관심사는 비만 퇴치인 것 같다. 비만은 건강을 해치는 주요 위험요인이자 만성질환의 주요 원인으로 여겨지고 있기 때문이다. 비만은 가공식품의 과다 섭취와 신체 활동의 부족으로 발생한다고 알려져 있는데, 경제 발전과 생활방식의 변화가 맞물려 발생하는 구조적인 현상으로서 소위 선진국에서는 사회적 고민거리일 정도다. 질병관리청에 의하면 2021년 현재 우리나라 남자 비만율은 46.3%이고 여자 비만율은 26.9%라고 한다. 우리나라에서는 체질량지수 25 이상을 비만으로 규정하지만, 국제적으로는 체질량지수 30을 초과할 때 비만으로 분류한다고 한다. 국제 기준에 따르면 주요 국가들의 비만율은 미국 43.5%, 캐나다 26.7%, 호주 31.5%, 영국 27.0%, 독일 18.1%, 프랑스 13.5% 등이며, 우리나라는 6.2%로 아직은 서구 선진국에 비해 낮은 수치지만 현재 추세대로 서구식 생활방식이 계속 확산된다면 우리나라도 앞으로 비만율이 높아질 가능성이 크다고 한다. 실제로 요즘은 걱정스러울 정도의 비만 증세를 보이는 젊은이들을 거리에서 종종 볼 수 있다. 미국에서 보았던 이미 손을 쓸 수 없을 정도의 초고도 비만을 가진 사람을 우리나라에서도 보게 되다니 걱정스럽다. 비만으로 인해 사회 활동도 힘들 것 같은 사람들을 보면서 어릴 때부터 비만을 초래할 수 있는 음식을 피하도록 교육하는 것이 절대적으로 필요하다고 생각되었다. 전통적인 우리나라 먹거리로는 아무리 배불리 먹어도 그 정도의 초고도 비만이 초래되지는 않을 거라는 생각을 지울 수 없다. 비만을 야기하는 음식 문화는 받아들여서 결코 좋을 것이 없다. 미국에서는 건강에 해로운 junk food라고 배척하는 음식들을 한국에서는 로열티까지 물어가며 소비하고 있다. 최근 젊은이들에게 인기 있다는 탕XX, 마XX 등은 국민의 건강을 생각하면 들여와서는 안 되는 메뉴가 아닌가 생각한다.

우리가 섭취하는 음식은 건강과 직결된다. 음식으로 인해 발생하는 건강상 문제의 하나로 비만을 들 수 있는데, 비만으로 인한 법적 분쟁까지 발생하는 세상이다. 체구가 작은 남성이 몸집이 큰 옆자리 승객 때문에 끔찍한 비행을 했다며 항공사에 손해배상 청구 소송을 낸다든가 반대로 과체중 승객이 항공사로부터 허리둘레를 측정 당한 뒤 좌석 2개분의 요금을 내는 수모를 당했다며 소송을 제기하는 등, 세계적으로 비만 때문에 유사한 소송 사건들이 많이 생기고 있다. 저자는 미국을 방문할 때마다 느끼는 게 초고도 비만이 너무 많다는 것이다. 식문화를 개선하지 않고는 해결책이 없다는 생각이 들었다. 너무 살이 쪄서 혼자서는 아무것도 할 수 없을 것 같은 사람들을 보게 되면 어쩌다 저 지경까지 되었을까 하는 생각이 든다. 문제는 우리나라서도 요즘은 예전에는 전혀 볼 수 없었던 초고도 비만 체중을 가진 젊은이들을 거리에서 심심찮게 보게 된다는 것이다. 학교에서도 학생들의 비만을 방지하기 위해 좀 더 적극적으로 교육하는 게 필요한 것 같다. 학생들에게 자신의 체질량지수를 스스로 자주 체크하면서 비만이 오지 않도록 관심을 갖게 하는 것도 필요하다.

※ 체질량지수(BMI, Body Mass Index): 신장과 체중을 이용하여 비만도를 나타내는 지수로, 체중(kg)을 키(m)의 제곱으로 나누어 산출한다. 예를 들어 몸무게가 48kg이고 신장이 160cm인 사람의 체질량지수는 다음과 같다.

$$48 \div (1.6)^2 = 18.75$$

학습 자료 & 활동 - 1

※ Select the name of the ailment for the given definition from the box below.

1. ________ : a common sickness in winter with some of these symptoms: sore throat, cough, runny(stuffy) nose, and tiredness; colds are contagious, which means you catch them from others.
2. ________ : a very common sickness in winter, similar to a cold, but more severe and faster in its attack, often with a fever; it is contagious.
3. ________ : an irritation of the throat which causes a person to make a rasping sound
4. ________ : the common condition of excessive frequency and looseness of bowel movements
5. ________ : a body temperature that is higher than normal (When it goes up, you shiver and feel cold. When it goes down, you sweat.)
6. ________ : the common condition in which elimination from the bowels is infrequent and difficult.
7. ________ : pain in the head; it is a very severe headache, often with pounding, sensitivity to light, and vomiting (throwing up the contents of your stomach)
8. ________ : marks or spots on the skin, often red in color
9. ________ : a painful feeling in your throat
10. ________ : pains in your stomach
11. ________ : to injure or damage by fire or something with the effect of fire
12. ________ : coming from old age; showing the weakness of body or especially of mind connected with old age
13. ________ : loss of feeling in and control of all or some of the body muscles
14. ________ : a stroke or blow with a sword or knife, etc.
15. ________ : to damage (a joint in the body) by sudden twisting

a. sprain	b. flu	c. senile dementia	d. constipation	e. rash	f. migraine
g. cough	h. sore throat	i. paralysis	j. cold	k. diarrhea	l. fever
m. burn	n. stomachache	o. cut			

〈정답〉 1. j　2. b　3. g　4. k　5. l　6. d　7. f　8. e　9. h　10. n　11. m
12. c　13. i　14. o　15. a

학습 자료 & 활동 - 2 Pair Work

※ Give the definition of each given ailment so that your partner can fill in the blanks.

A.

①	② sprain	③	④
⑤ diarrhea	⑥	⑦ senile dementia	⑧ cough
⑨ migraine	⑩ flu	⑪	⑫ burn
⑬	⑭	⑮ fever	

B.

① paralysis	②	③ constipation	④ cold
⑤	⑥ sore throat	⑦	⑧
⑨	⑩	⑪ rash	⑫
⑬ stomachache	⑭ cut	⑮	

학습 자료 & 활동 - 3

※ Match the doctor with the area of speciality.

Doctor	Area of Speciality
1. Anesthesiologist ( )	a. A doctor who treats problems specific to women
2. Dentist ( )	b. A docotr who straightens teeth
3. Dermatologist ( )	c. A doctor who performs cosmetic surgery
4. General practitioner ( )	d. A doctor who treats only children
5. Gynecologist ( )	e. A doctor who treats bone problems
6. Neurologist ( )	f. A doctor who treats skin diseases
7. Obstetrician ( )	g. A doctor who puts patient to sleep prior to surgery
8. Ophthalmologist ( )	h. A doctor who takes care of feet
9. Orthodontist ( )	i. A doctor who is not limited to a speciality
10. Orthopedist ( )	j. A doctor who cares for pregnant woman
11. Pediatrician ( )	k. A doctor who treats problems related to nerves
12. Plastic surgeon ( )	l. A doctor who treats eye problems
13. Podiatrist ( )	m. A doctor who treats urinary-tract problems
14. Urologist ( )	n. A doctor who specializes internal medicine
15. Veterinarian ( )	o. A doctor who cares for teeth
16. Internist ( )	p. An doctor who treats only animals

〈정답〉 1. g 2. o 3. f 4. i 5. a 6. k 7. f 8. l 9. b 10. e 11. d 12. c 13. h 14. m 15. p 16. n

※ 다른 자료와 마찬가지로 위 자료도 짝 활동으로 한 학생은 전공 분야에 대해 읽어주는 역할을 하고 다른 학생은 해당 의사를 찾는 역할을 하게 함으로써 듣고 말하기 연습을 하게 하는 것도 가능하다. 교사는 이 활동을 위해 학생들에게 일방적으로 듣는 역할이나 말하는 역할만 하는 게 아니라, 서로 의문이 생길 경우나 잘못 알아들었을 경우 질문을 하고 반문하는 등, 상호작용을 하는 것이 가능하다고 미리 알려줄 필요가 있다.

학습 자료 & 활동 - 4

Dental Terms	Meaning
1. Braces ( )	a. The process of removing something, especially by force
2. Cavity ( )	b. A cord of thin filaments used in interdental cleaning
3. Crown ( )	c. A dental procedure that relieves pain caused by an infected tooth
4. Dental floss ( )	d. A small amount of metal or plastic that a dentist puts in a hole in a tooth to prevent further decay
5. Extraction ( )	e. A cap for a damaged tooth
6. Filling ( )	f. A sticky substance made from leftover food particles
7. Plaque ( )	g. A hole, or area of tooth decay
8. Root canal ( )	h. A device for straightening teeth

〈정답〉 1. h　2. g　3. e　4. b　5. a　6. d　7. f　8. c

학습 자료 & 활동 - 5

※ Match each term with its definition.

Illness			Definition
1. Rash	•	•	a. An overstrained joint
2. Nausea	•	•	b. Throwing up
3. Sprain	•	•	c. An influenza virus
4. Cavity	•	•	d. Redness on a portion of the skin
5. Dizziness	•	•	e. Pain when swallowing
6. Vomit	•	•	f. Hole in a tooth
7. Sore throat	•	•	g. The feeling you want to vomit
8. Fever	•	•	h. Loose and frequent bowel movement
9. Diarrhea	•	•	i. Feeling that the room is spinning
10. Flu	•	•	j. High body temperature

〈정답〉 1. d 2. g 3. a 4. f 5. i 6. b 7. e 8. j 9. h 10. c

6. 환경 보호/동물 보호

1) 환경 보호

지구온난화로 금년 여름도 참기 힘들 정도로 덥다. 더위로 목숨을 잃는 사람들 숫자가 해마다 늘어가고 있다. 그뿐인가. 가뭄, 홍수, 산불로 전 지구가 몸살이다. 선진국조차도 이런 자연 현상에는 속수무책이다. 남태평양의 작은 섬나라 팔라우 대통령이 바닷물 속에 몸이 반쯤 잠긴 상태로 해수면 상승을 직접 몸으로 보여주면서 세계의 지도자들에게 지구온난화에 대한 대책을 호소하는 장면은 뇌리에서 쉽게 지워지지 않는다. 아니, 지워져서도 안 될 일이다. 환경 훼손으로 인한 지구온난화의 책임은 사실 발전한 나라들에게 있지만 피해는 자연이 주는 것에만 의존해 먹고 살던 사람들이 더 많이 보고 있는 것 같다.

인류의 존재 자체를 위협하는 환경 훼손으로부터 환경을 보호하자는 캠페인이 전 세계적으로 벌어지고 있고 그에 상응하는 협약도 생겨났지만, 아직도 실감하지 못하고 그에 반하는 행동을 하는 사람들이 있는 것 같다. 그것이 후진국도 아닌 선진국에서 벌어지는 일이라면 놀라울 따름일 것이다. 저자가 미국에 대해서 이해할 수 없는 것은, *Good Will*이나 *Savers* 같은 재활용 가게는 발달되어 있으면서도 미국 가정에서는 분리수거를 안 한다는 것이었다. 분리수거를 안 해도 환경 훼손하고 관련이 없다고 생각하는 것인지, 안 쓰는 땅이 많아서 아무렇게나 파묻어도 지장이 없다고 생각하기 때문인지, 아니면 다른 이유가 있는 것인지, 하여튼 이해가 안 간다.

나라마다 환경 보호나 자연 보호 대상은 조금 다를 수 있다. 따라서 외국을 방문하는 경우에는 자기 나라에서 하던 식으로 행동하다가는 자신도 모르게 법을 위반하는 경우가 있으니 조심해야 할 것이다. 예를 들면 우리나라의 경우 주인 없는 땅에서 쑥이나 나물 캐는 행위는 자연 훼손이라고 보지 않지만, 미국의 경우는 자연 훼손 행위로 신고당할 수 있다. 주인 없는 야생화도 함부로 꺾으면 안 된다. 싱가포르 같은 나라에서는 껌을 길에 뱉는 것은 물론이고 껌을 소지하는 것조차도 걸리면 벌금을 물어야 한다. 관광객은 껌을 소지해도

〈미국의 생활용품 재활용 매장의 예〉

봐준다는 얘기는 들었다. 우리나라에서 함부로 길에다 껌 뱉는 습관을 못 버린 사람은 그런 나라에 가면 낭패를 볼 수 있다.

환경 보호를 위해 우리는 자원을 재활용하고 이를 위해 분리수거도 한다. 그런데 저자가 미국을 방문할 때마다 의문이 생기는 것은 왜 이런 선진국에서 아직도 쓰레기 분리수거를 제대로 하지 않는 것인가라는 점이다. 물론 옷을 비롯하여 생활용품을 재활용하는 것은 활성화되어 있다. 그 규모도 우리나라의 대형 마트처럼 큰 곳도 많다.

그런 매장에서는 티셔츠 한 장을 만드는 데 물이 몇 갤런이 든다는 등에 대해 홍보하면서 환경 보호에 동참할 것을 독려한다. 하지만 이와는 대조적으로 대도시를 제외한 일반 도시의 대부분 주택 형태인 단독주택에서는 아직 쓰레기를 우리나라 가정에서처럼 분리배출하지 않는다. 모두 한 통에 넣어 집 앞에 내어놓으면 쓰레기 수거 차가 와서 통을 비워주고 간다. 물론 통을 비우는 것도 기계화되어 있다. 패스트푸드를 많이 소비하는 음식문화를 생각하면 하루에 나오는 비닐이나 플라스틱 쓰레기만 하더라도 그 양이 엄청날 텐데 어떻게 처리하는지 정말 궁금하다. 우리나라와는 달리 땅이 넓어서 주민들의 저항 없이 쓰레기를 매립할 수 있는 곳이 많아서인지, 하여튼 이 부분에서는 사람들이 기대하는 선진국의 모습과는 많이 다른 것 같다. 어느 나라 국토건 아니건 간에 지구의 일부이다. 우리가 잠깐 쓰고 버리는 다음과 같은 종류의 물품이 분해되는 데 걸리는 엄청난 시간을 감안하면 이대로 가서는 안 된다. 안 만들고 줄이며 살아가는 방안을 강구해야 한다.

Time needed to biodegrade

plastic bag	plastic straw	plastic bottle	plastic mask
	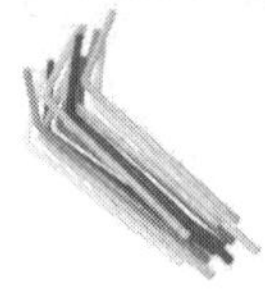		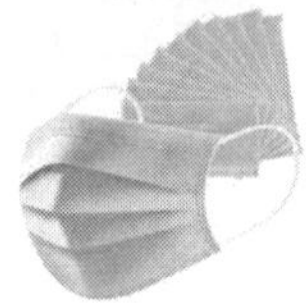
20 years	200 years	450 years	450 years

우리나라가 IMF 위기를 맞았을 때 학교에서 '아나바다' 운동이 일었었다. 아껴 쓰고, 나눠 쓰고, 바꿔 쓰고, 다시 쓰기를 하면서 전 국민이 허리띠를 졸라매던 때였다. 우리가 사는 환경을 보호하고 지구를 구하기 위한 노력으로 이 운동이 일상화되기를 기대해 본다. 지금도 나름 노력들은 하지만 아직 많이 모자라는 것 같다. 환경에 대한 경각심을 훨씬 더 가져야 한다. IMF 사태, 태안반도 기름 유출 사태 등의 수습 과정에서 보듯이 우리나라는 세계가 인정하는, 한다면 하는 나라가 아닌가. 학교 교육에서부터 이 부분에 대한 강조가 더 필요하다.

환경 보호와 기후는 밀접한 관계에 있다. 최근에는 세계적으로 산불, 홍수, 가뭄 등이 전례 없는 강도로 인간의 생존을 위협하고 있다. 최근에 발생한 캐나다나 하와이의 산불, 세계 각지의 불볕더위, 홍수 등으로 많은 인명과 재산 피해가 났고, 한반도에 도달하는 태풍도 점점 그 강도가 세지는 경향이 있다고 한다. 정말 지구의 위기를 실감한다. 참고로 태풍 외에도 세계 몇몇 지역에서 나타나는 폭풍의 특징을 살펴보면 다음과 같다.

바람 종류	특징	비고
태풍(Typoon) 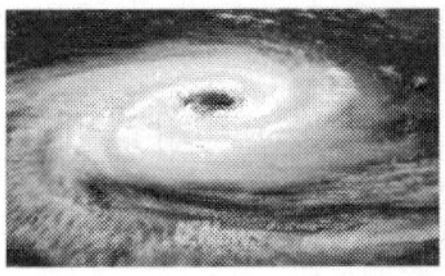	여름과 가을에 걸쳐 열대 태평양에서 발생하여 아시아대륙 북쪽으로 이동하는 저기압으로, 바람뿐 아니라 엄청난 폭우를 동반하며 홍수를 일으킨다.	등급(Category) (소용돌이 직경에 따라) 소형: 200km 미만 중형: 200~300km 대형: 300~600km 초대형: 600~900km
사이클론(Cyclone) (회오리바람) 	인도양 벵골만, 아라비아해에 발생하는 강한 열대성 저기압. 태풍과 같은 성질을 지닌다.	
토네이도(tornado) (용오름 현상) 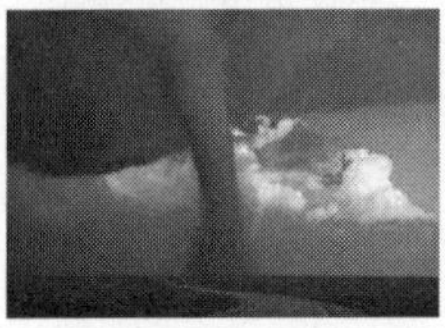	미국, 유럽, 동북아시아 등 온난 지역의 여름에 주로 발생하는 강력한 바람의 일종이다. 뇌우를 동반하며 우박도 내린다. 1시간에 40~64km를 이동하면서 상상하기 어려운 위력으로 모든 것을 날려버린다. 발생 조건은 뇌우 등과 유사하다고 알려져 있으나 자세한 것은 아직 수수께끼이다. 우리나라의 경우 육지에서 이런 바람은 없고 아주 드물게 바다에서 관찰되기도 한다.	등급(Category) ※ EF: Enhanced Fujita Scale) EF0: 초속 18~32m EF1: 초속 33~49m EF2: 초속 50~69m EF3: 초속 70~92m EF4: 초속 93~116m EF5: 초속 117m이상
허리케인(hurricane) 	허리케인(hurricane)은 북동태평양 및 중태평양, 북대서양에서 발생하는 열대성 저기압을 가리킨다. 일반적으로 시속 120~320km로 불고 시속 16~32km로 이동하며 직경이 약 1,000km에 이른다. 소멸 시간은 1주일 내외이다.	등급(Category) 1등급: 초속 33~42m 2등급: 초속 43~49m 3등급: 초속 50~58m 4등급: 초속 59~69m 5등급: 초속 70m 이상

환경 보호와 관련하여 한 가지 언급할 것은 미국의 경우 아무 데서나 낚시를 해서는 안 된다는 것이다. 낚시를 하기 위해서는 허가증이 있어야 하고 잡아서는 안 될 물고기 크기에 대한 규정 등이 있기 때문에 괜히 지나가다가 낚시하기 좋아 보인다고 낚싯대를 드리웠다간 큰 낭패를 볼 수 있다. 만약 무면허나 규정 위반으로 걸리면 경우에 따라 모든 낚시 장비를 그 자리에서 몰수당하고 거액의 벌금 고지서를 받는 데다 때로는 법원까지 가야 하는 번거로움을 겪게 되니 조심해야 한다. 마찬가지로 지천에 널려있는 쑥을 보고도 함부로 캐서는 안 되는 게 미국이다. 미국뿐만 아니라 그 나라의 법을 잘 모른다면 남의 나라에 가서는 무

조건 우리나라에서 아무렇지도 않게 하던 행위를 그대로 해서는 안 된다는 점을 기억할 필요가 있다.

환경과 관련하여 지금은 더 이상 필요하지 않아 시행하지 않는 정책이지만 오랫동안 우리나라는 해마다 식목일(4월5일)에 학생들까지 동원하여 학교 수업 대신 민둥산에 나무를 심는 정책을 폈었다. 그 결과 황폐했던 산들이 지금은 온통 숲으로 뒤덮혀 스위스가 부럽지 않은 놀라운 결과를 가져왔다. 이제는 다른 나라 산림 정책을 도와주는 나라가 되었다니 너무나 고맙고 자랑스러운 일이다.

2) 동물 보호

우리나라도 요즘은 동물 보호에 대한 관심이 크다. 젊은이들이 결혼을 해도 자식은 낳지 않고 애완동물을 자식처럼 기르는 세상이다. 유모차에 아이가 아닌 애완동물을 싣고 다니는 광경은 이제 낯설지 않다. 동물을 가족처럼 여기는 이런 광경은 선진국에서 주로 볼 수 있었던 걸 생각하면 우리나라도 선진국 맞는가 보다. 이러다 곧 동물 수가 인구보다 많아지지 않을까 살짝 염려가 되기도 한다.

선진국의 특징 중 하나가 반려동물을 위해 많은 돈을 쓴다는 점이다. 그만큼 여유가 있다는 뜻일 것이다. 이런 나라에서는 당연히 동물 학대는 법으로 금지되어 있으며 동물을 함부로 대했다가는 학대죄로 벌금을 내거나 심하면 감옥에 갈 수도 있다. 동물을 돌보는 것이 너무 비싸서 반려동물을 위한 보험을 파는 나라도 있다. 반려동물이 죽으면 종종 동물 전용 묘지에 묻어주고, 심지어 유산을 상속하는 사람이 있는가 하면, 죽으면 자신도 반려동물 옆에 묻히는 사람도 있다. 개나 고양이를 가족이 먹는 식탁에 같이 앉혀서 식사하는 집도 있다. 그만큼 반려동물을 가족으로 생각하는 사람들이 많다. 심지어 길에서 구걸하는 거지도 멋진 개를 옆에 두고 구걸하는 경우를 보았다. 개가 주인 따라 거지가 된 셈이다. 반려동물은 주인이 거지라도 배신하지 않는다는 것을 보여주는 것 같았다.

어느 날 미국에서 저자가 타고 가는 버스에 한 흑인 여자가 올라탔다. 개를 가방에 넣어서 버스에 오르고 난 뒤 버스 안에서는 개를 가방에서 꺼내어 내 자리 바로 옆 복도에 두었다. 버스 기사는 그녀가 버스를 탈 때는 알아차리지 못했으나 정류소에 버스가 정차하는 동안 버스 안을 둘러보다가 개를 복도에 내놓은 것을 보게 되었다. 우리나라라면 그럴 승객도 없을 거라고 생각되지만 만약 개를 복도에 둔 걸 버스 기사가 보게 되면 뭐라고 할까 생각해 보았다. 개를 복도에 두면 다른 승객들에게 방해된다고 말했을까? 아마도 기사님에 따라서는 역정을 내시는 분도 없지 않을 것 같다. 우리나라 사람들의 사고방식으로는 다른 승객을 생각 안 하는 행위라고 여길 수 있기 때문이다. 그런데 그 미국 기사는 의외로 다음과 같이 말했다. "You might be arrested. Don't put animals in the bag."

학습 자료 & 활동 - 1

※ 다음은 미국의 한 지역 버스 회사에서 버스 안에 붙인 더위 극복 방법이다. 어떤 조언을 하는지 알아보자.

DEFEAT THE HEAT

RTC TRANSIT

The RTC wants to help you DEFEAT the HEAT by raising awareness of heat danger. Download the *rideRTC* app to plan your ride and track buses so you don't wait too long in the heat.	
▶ WEAR SUNSCREEN Don't forget to apply every two hours.	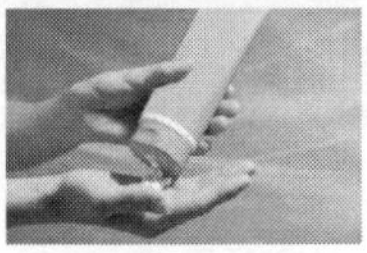
▶ AVOID DIRECT SUNLIGHT Minimize your wait time by arriving at your stop no more than 10 minutes before the scheduled stop time.	
▶ STAY HYDRATED Don't wait until you're thirsty to drink fluids.	
▶ DRESS APPROPRIATELY Wear lightweight, light-colored clothing.	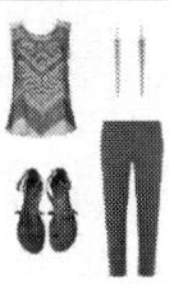

**RTC: Regional Transportation Commission*

학습 자료 & 활동 - 2

※ The following pictures show the natural disasters we can face. Choose the name of each disaster from the box and answer the questions below.

Natural Disaster

1. (   )

2. (   )

3. (   )

4. (   )

5. (   )

6 (   )

flood, volcano, earthquake, tornado, tsunami, drought, fire, wind, beach, ash, building, shift, burn, rain, explode, heat, lava, water, drown, tidal wave, cloud, shake, pressure from under the earth, destruction

Q1. What causes each disaster?

____

Q2. How can each disaster affect our lives?

____

Q3. What should we do to prevent or escape from the disaster?

____

〈정답〉 1. flood   2. volcano   3. earthquake   4. tornado   5. tsunami   6. drought

※ 학생들을 모둠별로 나누어 재해 종류를 정하여 프로젝트 수행을 하게 하는 것도 좋을 것이다. 자신들이 선택한 재해에 대해 왜 이런 재해가 일어나는지, 이런 재해들은 우리의 삶에 어떤 영향을 미치는지, 이런 재해를 피할 수 있는 방법은 없는지, 재해가 닥쳤을 때 어떻게 대처해야 하는지 등에 조사하고 발표하면서 여러 재해에 대한 정보를 공유할 수 있다.

학습 자료 & 활동 - 3

※ Below is a guideline to be followed when a tornado strikes. Acting quickly is key to staying safe and minimizing impacts. Decide which place each guideline is for.

1. ____________ : If you are in a tornado warning, go to your basement, safe room, or an interior room away from windows. Don't forget pets if time allows.

2. ____________ : Follow your tornado drill and proceed to your tornado shelter location quickly and calmly. Stay away from windows and do not go to large open rooms such as cafeterias, gymnasiums, or auditoriums.

3. ____________ : Seek shelter inside a sturdy building immediately if a tornado is approaching. Sheds and storage facilities are not safe. Neither is a mobile home or tent. If you have time, get to a safe building.

4. ____________ : The best course of action is to drive to the closest shelter. If you are unable to make it to a safe shelter, either get down in your car and cover your head, or abandon your car and seek shelter in a low lying area such as a ditch or ravine.

〈정답〉 1. At Your Workplace or School 2. Outside 3. In a vehicle 4. At Your House

7. 여행/교통

1) 여행

(1) 여행허가서

단체로 해외여행을 갈 때는 가이드가 거의 모든 일을 대신 처리해주지만, 개인적으로 여행을 할 때는 스스로 준비하고 신경 써야 할 것도 많다. 우선 어느 나라를 여행하건 자신의 신분을 확인시키기 위해 우리나라에서 발급하는 여권이 있어야 할 것이고, 입국할 나라에서 발급하는 비자가 있어야 할 것이다. 서로 협약이 된 나라끼리는 무비자로 여행을 할 수 있어서 편하지만 그렇지 않으면 비자 발급을 받아야 하는데, 비자에도 여러 가지 종류가 있다. 대표적으로 유학생, 취업인, 단순 방문객 등이 있다.

저자가 미국에 유학 갔던 수십 년 전은 비자를 받기 위해 사람들이 서울의 미국 대사관 앞에서 밤을 새우면서 줄을 서서 기다리던 서러운 시절이었다. 지방에 있는 사람들은 대리인을 세워 줄을 서기도 했다. 요즘은 우리나라의 위상이 그때와는 비교도 안 될 만큼 높아져 여행하는 게 매우 편리한 세상이 되었다. 우리나라 사람들이 미국을 단순 방문할 때는 비자 없이 ESTA(Electronic System for Travel Authorization: 전자여행허가)를 발급받아 관광 등을 할 수 있다. 인터넷으로 수수료만 내고 신청한 뒤 기다리면 미 대사관 쪽에서 신원조회를 하여 이상 없으면 발급을 해준다.

(2) 입국 심사

남의 나라를 방문할 때는 일단 도착지에서 입국 심사를 받게 되는데, 미국의 경우 다음 중 어느 하나에 해당하면 입국 거절을 당하는 게 보통이다.

첫째, 과거에 미국 체류 기간을 넘겼던 전례가 있는 사람의 경우이다. 미국에서는 체류 기간을 넘기고 체류하였다고 해도 나갈 때는 문제가 되지 않지만, 다시 들어올 때는 문제가 된다.

둘째, 돌아가는 항공권(Return Ticket)이 없는 경우이다. 이는 불법 체류를 의심하게 하는 요인이 된다.

셋째, 목적에 맞지 않는 비자 종류를 가진 경우이다. 예를 들어 단기 어학연수를 가는 학생이 F1 비자가 아니라 ESTA(전자여행허가)로 가는 경우가 여기에 해당한다.

넷째, 거짓말을 하는 경우이다. 에둘러 말하지 않는 것이 좋다. 의심을 키우는 요인이 될 수 있기 때문이다. 심사관의 질문에 맞게 간결하게 답하는 것이 좋다.

다섯째, 돈을 벌러 왔다는 의심이 드는 경우이다. 결혼한 딸 집에서 손자를 돌봐주고 딸로부터 용돈을 타는 경우도 해당한다. 공항에서 입국 심사를 받을 때 여행 목적을 물으면 그냥 딸 집을 방문한다고 하는 것이 좋다. 단순 방문객이 미국에서 일하다 걸리면 5년 동안 미국 입국이 금지된다.

여섯째, 테러위험 국가(이란, 이라크, 시리아, 수단, 리비아, 소말리아, 예멘 등)를 방문한 전력이 있는 경우이다.

(3) 수화물

입국 심사를 통과하고 나서 사람들이 가는 곳이 '수화물 찾는 곳(Baggage Claim Area)'인데, 이곳에서 승객들은 비행기 탑승 시에 맡겼던 본인의 수화물을 찾는다. 그런데 이곳에서 간혹 실수하는 사람들이 있어서 남에게 피해를 주는 경우가 있다. 본의 아니게 남의 가방을 들고 나가는 것이다. 공항 직원들도 대부분 나가는 승객의 짐에 별로 신경 안 쓰는 것 같다. 이미 공항을 떠나버렸다면 가방을 잃은 사람은 큰 낭패를 당하기도 한다. 따라서 여행 시 반드시 자신의 수화물에 눈에 띄도록 리본을 맨다든지 등 나름의 표시를 하는 게 좋다. 저자는 예전에 미국 공항에 도착해서 사람들이 거의 다 빠져나갈 때까지 짐이 안 나와 당황했던 적이 있었는데, 알고 보니 다른 승객이 내 짐을 자기 짐으로 착각하여 갖고 나간 것이었다. 다행히 그 사람이 공항을 떠나기 전에 짐이 바뀐 것을 알아차리고 스스로 돌아와 줘서 큰 낭패를 피할 수 있었다. 간혹 연결 비행기(connecting flight)를 타는 경우 공항 측 착오로 다른 공항으로 가는 비행기에 짐이 실려 가는 경우가 있는데, 이럴 때는 신고를 하고 목적지에 가 있으면 자신들 잘못이니까 공항 측에서 목적지까지 짐을 가져다 준다. 저자도 그런 경험을 한 적이 있는데, 짐을 찾게 되어 다행이었지만 찾기까지 마음이 불안한 건 어쩔 수 없었다.

미국의 경우 대부분 공항에서 스스로 작성한 세관신고서만 내고 수화물을 찾아 공항을 빠져나올 수 있다. 공항 검색대를 통과하면서 불법 소지품은 대부분 걸러졌기 때문에 다시 검사할 필요가 없다. 그런데도 간혹 수화물을 찾아 공항을 나가려는 마지막 단계에서 다시 검사를 받아야 하는 경우가 있다. 다른 사람들은 작성한 세관신고서를 제출하고 무사통과하는데 따로 저쪽으로 가서 줄 서라고 하면 짜증이 나기도 하지만 그대로 따를 수밖에 별도리가 없다. 처음 겪는 사람은 무슨 일인가 싶어 당황할 수도 있을 것이다. 하지만 불법 소지품이 없다면 걱정할 필요는 없다. 세관 측 나름대로 다시 검사해봐야 할 이유가 있어서일 것이다. 저자도 방학 때마다 한 달 정도를 체류하는 일정으로 방문했었는데 짐이 많아서 그런지 여러 번 재검사를 당한 적이 있지만 한 번도 문제가 있었던 적은 없다.

여행객의 수화물과 관련하여 이 말은 하고 넘어가야 할 것 같다. 최근 수도권 지역 한 도시의 시 의원들이 연수차 말레이시아를 방문하는 과정에서 허용된 양을 넘는 과도한 술을 몰래 수화물 속에 넣고 가다 공항에서 억류당한 뒤 세금을 물고 풀려났다는 기막힌 뉴스가 있었다. 국제선을 타고 남의 나라를 방문하는 공인들이 여행 전 방문국 문화에 대한 사전 학습도 하지 않았나 보다. 말레이시아는 이슬람 문화권 나라로서 술에 대해 엄격하다는 것과 공항 검색대에서는 수화물 속 내용물을 엑스레이로 확인할 수 있다는 건 상식이다. 이걸 몰랐다니 나라의 녹을 먹는 사람들의 국제적 감각이 상당히 의심스럽다. 해외여행 경험이 없어서 몰랐다는 것도 변명이 안 된다. 그렇다면 더더욱 미리 정보를 얻고 준비하는 자세가 필요했다. 참고로 〈부록 3〉에는 미국의 세관신고서 양식을 수록하였다.

(4) 탑승객의 의무

다양한 국적의 사람들이 탄 비행기 안에서는 자신의 잘못된 행동이 나라 전체에 대한 부정적 이미지로 각인될 염려가 있으니 개별적인 행동에 조심을 해야 한다. 또한 수백 명의 승객이 탄 비행기이기 때문에 안전을 위해서라도 정해진 규칙은 철저히 따라주어야 한다. 그런 면에서 몇 년 전 미국 하와이주 호놀룰루를 출발해 일본 도쿄로 향하던 유나이티드(UA) 항공기 내에서 "요가 난동"을 부리다 미국연방수사국에 체포된 70대 한국인의 행위는 국가적인 망신이다. 그는 기내식이 제공될 때 자리를 떠나 비행기 뒤편으로 가서 명상과 요가를 실시하고 승무원과 부인이 말리는 데도 불구하고 고함을 지르며 승객을 위협했으며 제지하던 미국 해병대원 2명을 깨물고 박치기를 시도했는데, 그의 이상행동을 보고받은 조종사가 급히 기수를 호놀룰루로 돌렸고, 그는 공항에서 긴급 체포되었다. 이후 유나이티드항공에 3년간 4만 4235달러(약 4974만원)를 배상하라는 판결을 받았다. 같은 비행기에 탑승한 한국인들은 물론 온 국민을 창피하게 만든 사건이었다. 우리나라 인천 공항은 세계 최고의 공항이다. 한국에 처음 입국하는 사람들을 공항에서부터 압도하는 시설을 갖추고 있다. 세계 최고의 공항을 보유한 나라 국민답게 모두가 탑승 매너도 세계 최고가 되도록 노력해야 할 것이다.

2) 교통

(1) 버스

미국에서는 버스에 타면 "Please offer your seat to an elderly or disabled person."이라는 문구를 보게 된다. 미국의 버스에서는 일반인도 노약자 자리에 앉을 수 있다. 하지만 일반인들이 노약자석(priority seat)에 앉았다가도 노약자가 타면 당연히 일어난다. 우리나라 전철에서는 노약자석이 비어 있어도 일반 사람들은 아예 앉을 생각을 못 하는데, 괜히 자리를 비워두고 서서 가는 것보다는 노약자가 없을 때는 다른 사람도 앉아 갈 수 있는 미국 방식이 더 합리적인 것 같다.

미국의 대도시에는 버스 노선이 잘 되어있는데, 휠체어를 타고 버스에 오르는 장애인들을 종종 보게 된다. 이러한 장애자들을 위해서 대부분 버스는 kneeling bus이다. 즉, 휠체어를 타고 올라갈 수 있도록 버스 기사의 조작으로 ramp(경사로)가 내려올 수 있도록 만들어진 버스이다. 대도시에서는 버스가 2층으로 되어있거나 단층 버스 2량이 연결되어있는 경우가 많은데 후자의 경우 3명까지의 장애인들을 한 버스에 태울 수 있다. 3명의 장애인이 탈 경우, 일반인 11명의 좌석 공간 정도를 차지한다. 이러한 공간은 장애인들이 이용하지 않을 때는 접었던 의자를 펴서 일반인들이 앉는 공간으로 사용한다.

휠체어가 버스 정류소에 기다리고 있으면 다른 모든 승객들은 먼저 탈 생각을 말아야 한다. 일부 승객들이 휠체어가 있는 줄 모르고 버스에 먼저 올라타더라도 도로 내리게 한다. 장애자가 먼저 타고 운전기사가 그의 휠체어 안전벨트를 완전히 고정할 때까지 나머지 승객들은 40도가 넘는 땡볕에서도 불평 없이 기다리는 걸 보며 우리나라 사람들이었다면 이미 다른 출입문을 이용하게 해달라고 요구도 하고 또한 버스 기사도 허용했을 거라고 생각되었다. 하지만 미국에서는 그런 경우를 본 적이 없다. 일단 운전기사는 휠체어가 버스에 올라오면 안전벨트 고정을 해주어야 하며, 장애자 태우는 것에 대해 어떤 경우에도 불평을 해서는 안 된다는 것이 법으로 정해져 있다. 그래서인지 저자는 지금껏 미국에서 버스 기사 중 누구도 장애인을 태우면서 귀찮다는 듯한 표정조차 짓는 경우를 본 적이 없다. 또한 차에 올라온 장애자가 휠체어를 제자리에 놓으려고 이리저리 애쓰며 운전할 때에도 버스 기사가 지켜보기만 할 뿐 조금이라도 도와주는 것을 본 적도 없다. 이것도 법에 있는지 궁금하다.

우리나라와는 달리 미국 버스는 자전거를 버스 앞에 실을 수 있다. 자전거 주인이 내릴 때는 일반 STOP 버튼 대신 자전거가 그려진 STOP 버튼을 눌러 자전거 승객이 내린다는 사실을 버스 기사에게 알린다. 우리나라는 도로 사정상 이런 제도를 도입하기는 어려워 보인다. 여러 대의 차들이 한 정류소를 공유하는 상황에서는 자칫 안전사고로 이어질 수가 있을 것이다.

직행버스(Express Bus)는 시간 절약을 위해서 버스에 오를 때 버스표를 체크하지 않는다. 승객들은 여러 개의 승하차 문으로 자유롭게 타고 내린다. 버스 기사의 공간은 아예 문으로 차단되어 있어서 승객들의 공간과 분리되어 있다. 그래서 미국을 잠시 방문한 외국인 관광객들이 딴 승객들이 그냥 타고 내리는 걸 보고 공짜인 줄 알고 표 없이 따라서 타다가 낭패를 당하는 경우가 있다. 시간 절약을 위해서 표 검사를 안 할 뿐이지 사실은 모두 표를 가지고 탄다. 하지만 무임승차하는 사람들 때문에 간혹 불심 검문을 하는 안전 요원(security guard)이 아무 버스 정류소에서나 올라타고는 승객들에게 버스표를 보자고 하는 경우가 있다. 이때 버스표를 내보이지 못하면 무임승차가 된다. 이런 경우 사실은 몇 배의 벌금을 물어야 하지만 라스베이거스 같은 관광지의 경우에는 외국인들이라 몰라서 그랬다고 생각하고 버스 안에 설치된 버스표 판매 기계에서 즉시 표를 구매하도록 요구만 하고 봐준다. 하지만 다른 지역에서는 그렇지 않을 수 있다.

미국의 버스를 이용하면서 정말 부러운 점은 버스를 타려고 버스가 정차하는 지점까지 사람들이 이리저리 움직이지 않아도 된다는 점이다. 그리고 버스 운행 시각이 정해져 있어서 버스 도착 시각에 맞추어 정류소로 가면 많이 기다리지 않고도 탈 수 있다. 우리나라에서는 사람들이 버스를 타려고 이리저리 옮겨가야 하는 경우가 많다. 그러다가 심하면 버스를 놓치는 경우도 있다. 이는 우리나라의 도로 사정상 같은 버스 정류소를 여러 노선의 버스들이 공유하기 때문에 복잡해서 정확한 지점에 세우기 쉽지 않은 탓도 있고, 또한 버스들이 정류소에 오래 지체할 수도 없기 때문인 경우가 많다. 이러다 보니 승객들도 버스가 정차하기 전에 미리 자리에서 일어나서 출구 가까이로 나가서 서 있는 경우가 많다. 반면 가로 세로로 죽죽 뻗어있는 미국의 길에는 대부분 길마다 한 개 노선버스만 다닌다. 그래서 밀릴 일도 없고, 정확한 지점에 세우는 것도 당연하며, 장애자를 승차시키느라 시간이 오래 걸려도 다른 버스에 지장을 초래하는 일도 없다. 그러다 보니 이층 버스의 위층에 있는 승객조차 미리 아래층 출구에 내려와 있지 않고 버스가 정차하면 그제야 자리에서 일어나 아래층으로 내려오는 사람들도 많다.

미국의 도로 사정이 좋다 보니 처음 오는 사람들도 노선 지도를 보고 얼마든지 어렵지 않게 여러 버스 노선들을 이용해가며 도시를 둘러볼 수 있다. 주소만 있으면 어느 곳이든 찾아가는 것이 어렵지 않은 것은 바로 동서(avenue), 남북(street)으로 잘 정돈된 도로 덕분이다. 또한 길이 곧게 뻗어있으니 두세 구역 전 멀리서 정류소에 정차하고 있는 버스가 보이기까지 한다. 하지만 저자는 더 이상 미국의 이런 도로를 부러워하지 않게 되었다. 왜냐면 언제부터인가 우리나라 버스 정류소마다 몇 번 버스가 몇 분 후에 도착하는지 알 수 있는 전자 시스템이 구축되었기 때문이다. 타야 할 버스가 언제 오는지도 모르고 무작정 기다려야 하던 과거와는 달리 너무도 편리해졌다. 더구나 버스 전용 도로까지 있어 바쁜 출퇴근 시간에 승용차보다 빨리 갈 수도 있고 대중교통 환승제도가 있어 한 번의 요금으로 버스를 3대까지 바꿔 탈 수도 있다. 한국을 방문한 외국인들에게는 이런 교통 인프라도 감탄할 사항이다.

※ 참고로 미국에서 버스표를 사서 처음 사용할 때 버스 요금 기계에 넣어 정당한 표임을 확인(validate)하면 승차를 시작한 날짜와 시각이 찍힌다. 예를 들어 1일 승차권이면 그 시각부터 24시간 동안 쓸 수 있다는 뜻이다. 버스표를 사서 처음 탈 때는 기사에게 "Validate it, please." 또는 "It's a new one."이라고 하면 버스 기사가 기계에 넣어서 날짜와 시각을 찍어 준다.

(2) 지하철

우리나라를 방문하는 외국인들이 한결같이 놀라고 부러워하는 것 중 하나가 지하철이다. 깨끗하고 쾌적하고, 노숙자도 없고 안전하다. 저자는 뉴욕에서 지하철을 타 본 적이 있는데, 우리나라 지하철과는 비교도 안 될 정도로 여러 면에서 부족했다. 안전하지 않은 기분도 들어 두 번 다시는 타고 싶지 않았다. 혼자서는 절대 못 탈 것 같았다. 또 하나 우리나라를 방문해 본 외국인들이 이구동성으로 놀라는 것은 지하철역마다 구비되어 있는 깨끗한 무료 공중화장실이다. 고속도로 휴게실도 호텔 화장실 못지않다고 감탄한다. G7국가라는 영국의 수도 런던 시내에서 요금까지 지불하며 시설도 안 좋은 화장실을 이용해 본 저자로서는 충분히 공감이 간다.

(3) 승용차

여행을 하다 보면 렌터카를 이용해야 할 경우도 있는데, 운전 시 그 나라의 교통규칙을 숙지할 필요가 있다. 나라에 따라서는 일본이나 영국처럼 운전대가 차량의 우측에 있고 차량이 좌측통행을 하는 나라도 있으니 헷갈리지 않도록 해야 한다. 그리고 미국의 경우에는 운전 시 무조건 사람이 우선(무단 횡단 또는 빨간 불에 지나가더라도)이며, 앞차가 빨리 안 간다고 뒤에서 빵빵대는 경우는 거의 없다는 점, 두 차선이 교차되는 곳에서는 각 차선에서 한 대씩 교대로 지나간다는 점 기억하는 것이 좋다. 우리나라처럼 한쪽 길의 차들이 한번 지나가기 시작하면 끊어지지 않고 계속 지나가는 바람에 다른 차선의 차들이 오래 기다려야 하는 일은 드물다.

우리나라에서는 그동안 초등학교 근처에서 차 사고가 나는 어처구니없는 일이 종종 벌어지곤 했다. 이는 미국과 매우 비교되는 현상이다. 한번은 저자가 미국에서 신호등 없는 길을 건너려고 하는데 할아버지들이 차와 사람을 통제하는 깃발을 들고 있었다. 저 멀리 40~50m나 떨어져 있는 곳에서 자전거를 밀며 천천히 걸어오고 있는 학생을 위하여 건널목 이쪽에서 할아버지들이 차들을 모두 세웠다. 차들이 다 지나가고도 남을 시간이라 지나치다 싶을 정도였다. 이렇게 학생들을 극도로 보호하는 정책은 학교 버스에 대한 대우에서도 마찬가지이다. 학교 버스가 일단 정차를 하면 양방향으로 달리던 차들이 모두 멈춘다. 그만큼 학생 보호에 철저한 걸 경험하면서 학교 주변에서 종종 사고가 발생하는 우리나라와 많이 비교되었다. 물론 좁은 국토에 도로 사정이 여의치 않은 점을 감안하면 미국처럼은 못하더라도 학교 주변에서의 교통사고 예방에 좀 더 관심을 기울이는 건 필요한 것 같다. 다음은 미국에서 자주 볼 수 있는 영어 교통 표지판이다.

Traffic Signs & Road Symbols

1. Turn left ahead 	2. Road work ahead 	3. No motor vehicles 	4. Railroad crossing 
5. End of median strip 	6. End of road work 	7. No cycling 	8. One way traffic 
9. Falling rocks 	10. Wild animals 	11. Maximum speed 	12. Crossroads ahead 
13. Yield 	14. No parking 	15. No U turn 	16. Slippery road 
17. Uneven road 	18. No horn 	19. No overtaking 	20. Round about 
21. Speed limit 	22. School zone 	23. Merge 	24. Winding road 

학습 자료 & 활동 - 1

※ Complete the word in the blank so that the sentence could have the Korean meaning.

Expressions Related to Bus Riding

1. bus pass, k______ bus, front door, back door
(버스표, 승강장을 낮출 수 있는 노약자, 장애자용 버스, 앞문, 뒷문)

2. "Now we are a_________ Convention Rd." (접근 중)
"다음 정류소는 컨벤션 로드입니다."

3. "Please move forward to the rear of the vehicle for additional p_______."
"더 많은 승객을 태울 수 있도록 버스 뒤쪽으로 나아가 주세요."

4. "Please stand c_______ when the door is opening or closing."
"문이 열고 닫힐 때는 비켜서 주세요."

5. "Please use rear stairway to return to the lower d_______."
(이층 버스에서) "아래층으로 내려올 때는 뒤쪽 계단을 이용해주세요."

6. "Please offer your seat to an elderly or d_______ person."
"노인이나 장애인을 위해 자리를 양보해 주세요."

7. "It is a misdemeanor c_____ to possess a graffiti implement on this vehicle."
"이 차량 안에서 낙서용품을 소지하는 것은 경범죄에 해당합니다."

8. "F_______ law prohibits standing in the stairwell."
"연방법에서는 (버스의) 계단에 서는 것을 금지하고 있습니다."

9. "Do not push or l_______on doors."
(버스 문) "밀거나 기대지 마세요."

10. O________: $3.00, 2-hr. pass: $5.00, one day pass: $7.00
(1회 승차권: 2달러, 2시간 승차권: 5달러, 1일 승차권: 7달러)

11. "Cross the street and _______ to 201 East."
"길을 건너서 201번으로 갈아타세요."

12. Eastb ______(동쪽 행), Westb ______(서쪽 행)

13. All bus routes and schedules are c________ as of June 1, 2023.
(모든 버스 노선과 스케줄은 2023년도 6월 1일 현재 통용됩니다.)

14. Riding without a transit pass may result in a f_______ .
(표 없이 승차하면 벌금을 물 수 있음)

15. full fare, r_________ fare (정상 요금, 할인 요금)

16. V________ it, please. ((승차권을) 확인해주세요)

〈정답〉 1. kneeling 2. approaching 3. passengers 4. clear 5. deck 6. disabled 7. crime 8. Federal 9. lean 10. one way 11. transfer 12. Eastbound, Westbound 13. current 14. fine 15. reduced 16. Validate

학습 자료 & 활동 - 2

※ Match each traffic sign with its English and Korean meaning.

Traffic Sign		Meaning	
1.	 •	• Uneven road •	• 기찻길 건널목
2.	 •	• No U turn •	• 낙석 조심
3.	 •	• Road work •	• 유턴 금지
4.	 •	• Railroad crossing •	• 도로공사 중
5.	 •	• Falling rocks •	• 도로면 고르지 않음
6.	 •	• Wild animals •	• 야생동물 조심

〈정답〉 1. Falling rocks, 낙석 조심
2. Uneven road, 도로면 고르지 않음
3. Railroad crossing, 기찻길 건널목
4. Wild animals, 야생동물 조심
5. No U turn, 유턴 금지
6. Road work, 도로공사 중

학습 자료 & 활동 - 3

※ In the following are two notices that the passengers on a cruise boat received on two different days. According to each notice how do you have to change the given time on each day?

LEGEND OF THE SEAS

TIME
CHANGE!
PLEASE DO NOT FORGET
TO SET YOUR CLOCK
ONE HOUR
AHEAD
BEFORE
RETIRING TONIGHT!

RoyalCaribbean
INTERNATIONAL

10:30 ⇨ ____________________

LEGEND OF THE SEAS

TIME
CHANGE!
PLEASE DO NOT FORGET
TO SET YOUR CLOCK
ONE HOUR
BACK
BEFORE
RETIRING TONIGHT!

RoyalCaribbean
INTERNATIONAL

11:45 ⇨ ____________________

〈정답〉 11:30

〈정답〉 10:45

8. 전화/통신/인터넷

1) 전화/통신

요즘은 해외여행을 하더라도 자신의 가족과 휴대폰으로 바로 연락을 할 수 있는 편리한 세상이 되었지만, 혹시라도 휴대폰에 문제가 생겼을 때를 대비하여 공중전화로 연락하는 방법도 알아두는 것이 좋다. 또한 방문국에서 긴급한 일이 생겼을 때 긴급 전화는 몇 번에 걸어야 하는지 등도 알아두는 것이 필요하다. 아래에는 다른 나라에서 사용하는 비상 전화번호이다. 용무에 따라 번호가 다른 나라도 있고 휴대폰으로 가능한 번호도 있다. 하지만 이런 걸 다 알 필요는 없을 것이고, 외국 여행을 한다면 떠나기 전 방문할 국가의 비상전화번호를 알아두면 될 것이다.

세계의 비상 전화번호(Emergency Numbers Around the World)

Number	Country
119	한국(구급차, 화재), 일본(구급차, 화재)
112	한국(경찰) 대부분 유럽연합국(EU) (스페인, 프랑스, 이태리 포함) 러시아, 인도, 케냐 호주 & 남아프리카(휴대폰 사용시)
1339	한국(외국인을 위한 긴급 의료)
110	일본(경찰)
911	미국, 캐나다, 멕시코(구급차, 경찰, 화재), 케냐
999	영국, 홍통, 미얀마, 카타르, 케냐
10177	남아프리카(구급차, 화재)
10111	남아프리카(경찰)
000	호주(모든 전화사용 가능)

다음은 공중전화로 한국에서 미국으로, 미국에서 한국으로, 또는 미국 내에서 다른 주로 전화하는 방법의 예들이다.

예1) 한국에서 미국 오하이오주 콜럼버스에 있는 집(123-4567)으로 전화할 때
001-1-지역번호-집 전화번호 ⇨ 001-1-614-123-4567
※ 001: 한국에서 거는 국제전화, 1; 미국의 국가번호, 614: 오하이오주 콜럼버스 지역번호

예2) 미국에서 서울의 집(123-4567)으로 전화할 때
011-82-2-집 전화번호 ⇨ 011-82-2-123-4567
※ 011: 미국에서 거는 국제전화, 82; 한국의 국가번호, 2: 서울의 지역번호

예3) 미국 내 다른 주의 집으로 전화할 때
1-지역번호-집 전화번호
※ 한국에서 장거리 전화는 0 + 지역번호를 누르지만 미국에서는 1 + 지역번호를 누른다.

전화/통신 관련 영어 어휘

공중전화	pay phone/public phone
공중전화 박스	phone booth (box)
전화교환원	phone operator
국제 직통 전화 걸기	IDDD (international direct distance dialing)
다자간 전화통화	conference call
도청 방지	telesecurity
도청 장치	wire tapping device
무료 통화	toll-free call
무선전화	cordless phone
문자 메시지	text message
분류에 따라 구성된 비즈니스 전화번호부	Golden Pages/Yellow pages
분야별 상호 안내를 포함한 전화번호부	classified phone directory
비상 전화	emergency call
수신자 지불 통화	reversed charge/collect call
수신자 지정 통화	person-to-person call
수화기	(phone) receiver
안내 서비스	directory service
안내 서비스를 받은 통화	directory assistance call
안부 전화	courtesy call
자동 응답기	answering machine
잘못된 번호	wrong number
잠 깨우는 전화	wake-up call
장거리 전화	long distance call
장난 전화	crank call/prank call
전화 가설	phone fixtur e
전화 요금	phone charges
전화 카드	phone card/calling card
전화국	phone office
전화 가입자	(tele)phone subscriber
전화 발신인	telephoner
전화번호부	phone directory (book)
전화선	phone wire/phone line
전화수신인	telephonee
주소, 전화번호 등을 써놓은 '인명록'	Silver pages/White pages
집 전화	house phone
통화 대기 중	call waiting
해외 전화, 국제전화	overseas call/international call
회신 전화	return call
휴대 전화	cellular phone/cell phone/ mobile phone

2) 인터넷

외국인들이 한국을 방문하고 감탄하는 것에는 여러 가지가 있는데 그중에서 공공장소에서 무료 와이파이가 제공되며 또한 와이파이가 잘 터지는 것도 포함된다. 실제 유엔 산하 ICT 전문기구인 국제전기통신연합(ITU: International Telecommunication Union)에서는 세계 ICT 시장 발전 현황을 분석하기 위해 'ICT 발전지수(IDI)'를 통해 국가별 종합순위를 공표해 왔는데, 한국은 2021년 인구 기준 LTE 커버리지 100%, 국민 휴대폰 보급률 98%, 인터넷 접속 가구 비중 100%, 개인 인터넷 이용률 98%로 주요 정보통신기술(ICT) 지표에서 G7국가(미국·일본·독일·영국·프랑스·캐나다·이탈리아)들을 따돌리고 세계 선두권을 지켰다. 국민의 한 사람으로서 자부심을 가져도 좋을 것이다.

요즘 많은 사람들, 특히 젊은이들이 온라인으로 연락하면서 그들의 감정이나 생각을 빨리 표현하기 위해서 단어나 문장 전체를 사용하지 않고 '이모티콘(emoticon)'이나 '두문자어(acronym)'로 대신하는 경우가 많다. 이모티콘은 키보드의 여러 활자들을 다양한 방법으로 활용하여 쓰는 사람의 감정이나 어조를 표현하는 데 쓴다. 반면에 두문자어는 단어나 구, 문장을 간편 형태로 간략하게 나타내는 데 쓴다. 예를 들면 다음 표에 나오는 것과 같다.

Language Used in On-line Communication

Emoticon	Meaning	Emoticon	Meaning	Acronym	Meaning
:-)	happy	:-*	Oops!	B4	before
:-(	sad	)(///)(	sweets	THX	Thanks.
):-(	mad	8-)	wearing glasses	NM	Never mind.
:-0	surprised	:*	a kiss	J/K	Just kidding.
:-6	exhausted	:*-(	crying	RUOK?	Are you OK?
				CUL8R	See you later!
				HAND!	Have a nice day!

학습 자료 & 활동 - 1

※ 다음은 미국에서 사용하는 한 전화카드의 내용이다. 교사는 학생들과 함께 카드 내용을 보면서 다음 질문에 학생들이 답을 할 수 있는지 점검하고 설명이 필요하면 제공한다.

Q1. When the phone number starts with 1-800, what does it mean?

Q2. What is PIN #?

Q3. If you want to make a call from the U.S. to Canada, is it an international call or simply a long-distance call?

Q4. After you finish a call and want to make another call, do you have to hang up? If not, what can you do?

Q5. When is your call automatically disconnected?

A calling card

From any touch-tone phone:

1. Dial number: 1-800-236-4035 (Listen for instructions)
2. After voice prompt enter
   PIN# 7931 054 5508
3. Dial 1 + Area Code and Phone Number you wish to call
   (U.S., Canada, Puerto Rico, Jamaica, U.S.V.I.) or
   011 + Country Code + City Code + Phone Number (International)
4. You will be notified one minute before your time expires and your call is automatically disconnected.

To place another call, Do Not Hang Up.
Press # Key twice and wait for instructions.
For assistance, call Customer Service at: 1-800-938-4949

※ 전화 카드를 사면 PIN#는 가려져 있으므로 동전 등으로 긁어내어야 함.
PIN: Personal Identification Number

학습 자료 & 활동 - 2

※ Here are different types of calls. Fill in the blanks to make the English term mean the given Korean.

1. 다자간 전화통화	________ call
2. 잠 깨우는 전화(모닝콜)	________ call
3. 무료 통화	________ call
4. 비상 전화	________ call
5. 수신자 지불 통화	reversed charge call = ________ call
6. 수신자 지정 통화	________ call
7. 장거리 전화	________ call
8. 해외(국제) 전화	________ call = international call
9. 회신 전화	________ call

〈정답〉 1. conference 2. wake-up 3. toll-free 4. emergency 5. collect
6. person-to-person 7. long distance 8. overseas 9. return

학습 자료 & 활동 - 3

※ Match each telephone term with its meaning on the right.

1. Person-to-person call ( )	A. Broken; not working
2. Wrong number ( )	B. The three-digit number preceding a telephone number that indicates the city and area in which it is located
3. Toll-free number ( )	C. A call charged to the person who receives the long-distance call
4. Area code ( )	D. A long-distance call that the caller dials without help from the operator
5. Operator ( )	E. A number that is not the number you wished to reach
6. Unlisted number ( )	F. A telephone number that is neither listed in the telephone book nor available from the operator
7. Receiver ( )	G. An employee of the telephone company who assists people in making calls
8. Party line ( )	H. A telephone call made from your calling area, fo which there is no charge
9. Long-distance call ( )	I. The part of the telephone that you hold against your ear to speak and listen
10. Local call ( )	J. A call made outside your calling area and usually costing more and requiring you to dial 0 or 1 plus the number of the person you're calling
11. Out of order ( )	K. A telephone connection that is shared by two or more customers and costs less than a private line, which is used by only one customer.
12. Busy signal ( )	L. A long-distance call that is free of charge to the caller (many large businesses and hotels provide such a number, which usually begins with 1-800)
13. Station-to-station or direct-dial call ( )	M. A call made with operator assistance to a particular person
14. Collect call ( )	N. A beeping noise that indicates someone is talking on the phone
15. Call waiting ( )	O. Enables you to answer a second call while placing your first call on hold
16. Call forwarding ( )	P. Lets you send your calls to another number

〈정답〉 1. M 2. E 3. L 4. B 5. G 6. F 7. I 8. K 9. J 10. H 11. A 12. N
13. D 14. C 15. O 16. P

학습 자료 & 활동 - 4

※ Match each acronym with its meaning on the right.

Acronym	Meaning
1) ASAP ( )	a. Laughing out loud
2) BBL ( )	b. Be right back
3) BRB ( )	c. Be back later
4) LOL ( )	d. As soon as possible
5) ROTFL ( )	e. By the way
6) BTW ( )	f. Oh, I see
7) OIC ( )	g. Rolling on the floor laughing
8) CUL ( )	h. On the other hand
9) OTOH ( )	i. Great minds think alike
10) GMTA ( )	j. See you later

〈정답〉 1) d 2) c 3) b 4) a 5) g 6) e 7) f 8) j 9) h 10) i

9. 파티/초대/예식/기념일

1) 파티/초대

미국에서 한국 유학생들이 모이면 여러 가지 문화 차이에 대해 겪은 일들을 얘기하는 경우가 종종 있는데, 그중 파티에 초대받고 한국에서의 파티처럼 많은 음식을 기대했다가 실망한 경험도 빠지지 않는다. 하지만 파티의 종류를 알면 그런 실망을 줄일 수 있다. 다음은 파티 종류별 특징과 즐기는 방식이다. 이에 따라 초대를 받는 사람은 어떻게 행동해야 하는지 알 수 있다.

1. Potluck dinner
파티에 참석하는 사람들이 각자 준비한 음식을 들고 와서 함께 즐기는 파티이다. 편한 복장(casual dress)을 하고 가면 된다.

2. Cocktail Party
초대받은 손님들은 정장 등, 옷을 차려입고 각자 또는 그룹으로 공식적인 파티 시작 후 5분에서 45분 사이에 도착한다. 파티 장소를 떠날 때는 우리나라처럼 파티가 끝난 후 한꺼번에 모두 같이 떠나는 게 아니라 개인적으로 공식적인 파티 마감 시간 전에 떠날 수 있다. 사람들은 대개 사교를 위해 칵테일 파티에 참석하는데, 대부분 서서 이야기하고 먹고 마신다. 이렇게 하는 것이 돌아다니면서 다양한 사람들을 만나는 데 용이하다.

3. Prom
고등학생이나 대학생들의 댄스파티이다. 학생들은 이때 평소에 입지 않던 정장과 드레스를 입고 나타난다. 평소 학생들 복장은 그야말로 공부하는 학생들답게 수수하다. 대부분 청바지 등의 실용적인 차림이다. 그래서 우리나라에 오는 외국인 교수들의 눈에는 대학 캠퍼스에서 하이힐을 신고 한껏 멋을 부린 여학생들의 옷차림이 생소할 것이다.

4. Housewarming party
우리나라에서와 마찬가지로 미국에서도 새집을 사면 집들이를 하는데, 이때 초대받아 가는 사람들은 집에 필요한 선물을 가져가는 것이 예의다. 손님의 선물들이 겹치는 경우도 있어서 아예 집에 필요한 물건 리스트를 만들어서 알리는 주인도 있는데, 우리나라 사람들 사고방식으로는 조금 생소하기도 하지만 한편으로는 합리적이라는 생각도 든다.

5. Surprise party
축하할 사람에게 미리 알리지 않고 열어서 당사자를 놀라게 하는 파티를 말한다. 즐거운 놀라움이다.

6. Mixer
짝을 찾고 싶어 하는 남녀를 위한 파티. 만난 지 얼마 안 되는 사람들이 서로를 보다 알 수 있도록 기회를 주기 위한 파티이며, 복장은 자유롭다.

7. Baby shower
출산을 앞둔 임산부(expectant mother)에게 열어주는 것으로 여자들만 참석하며 참석자는 임산부에게 필요한 선물을 준비한다. 미리 리스트를 만들어 그중에서 고르게 할 수도 있다.

8. Cookout
집 밖 잔디 같은 데서 고기 등, 음식을 만들어 먹으며 즐기는 파티로서 복장은 평상복이다.

파티에 초대를 받았을 때는 참석을 하든 못 하든 답을 하는 것이 예의이다. 참석을 못 하더라도 초대에 감사하다는 표시는 해야 하며, 참석 못 하는 이유를 말하는 것이 보통이다. 또한 파티를 즐기고 난 뒤 파티장을 떠날 때는 주인들이 바빠서 손님들을 일일이 배웅을 할 수 없는 경우가 많다. 이럴 때는 손님으로서 주인에게 오늘 파티가 즐거웠으며 감사하다는 인사를 한 뒤 조용히 파티장을 떠나는 것이 좋다.

다음은 파티에 초대를 받았을 때 유의해야 할 행동이다.

1) 미국인의 집에 식사 초대를 받았다면 초대장에 적힌 시각에서 10분 이내에 도착하는 것이 예의이다.
2) 미국인들이 결혼한 친구를 식사에 초대할 때는 당연히 남편과 아내 모두 초대하는 것이다. 이는 바꾸어 말하면 결혼한 미국인 친구를 한국인이 초대할 때도 적용된다.
3) 아이가 있을 경우, 초대장에 "adults only"가 표시되어 있지 않으면 직접 물어보는 것이 좋다. 만약 그들도 아이가 있으면 함께 놀도록 데리고 오기를 바랄 수도 있다. 만약 "adults only"인 초대의 경우 미국인들은 아이가 12살 아래이면 대개 아이 돌보미(baby sitter)를 고용하는 것이 보통이다.

4) 상대를 축하할 일이 있을 때 축하 카드를 보내거나 선물과 함께 직접 가져가는 경우가 많은데, 우리나라와는 달리 미국의 경우에는 같은 목적의 카드라 할지라도 누구에게 보내느냐에 따라 내용이 다른 경우가 많기 때문에 카드 속 내용을 잘 읽어보고 사야 한다.

2) 예식/기념일

대체로 우리나라보다 훨씬 엄숙하고 의미 깊게 예식을 치르는 것 같다. 다음은 미국 사람들의 경우 인생의 주요 이벤트를 어떻게 보내는지에 대한 내용이다.

(1) 출생(Birth)

출산이 임박한 임산부나 갓 태어난 신생아를 축하하기 위한 것으로 미국뿐만 아니라 요즘은 세계의 여러 나라로 확산되고 있는 행사로 베이비 샤워(baby shower)가 있다. 이 행사에서는 아기 키우는 데 필요한 다양한 물품들을 축하 카드와 함께 선물하는데, 주로 첫째 아이일 때는 성대하게 치르지만 둘째 아이부터는 첫째 아이의 베이비 샤워로 이미 있는 물품도 많아 기저귀 등의 소모품으로 가볍게 하는 경우가 대부분이다. 또한 요즘은 둘째가 없는 집들도 많아 한 번의 베이비 샤워로 끝나는 경우도 많다.

(2) 생일(Birthday)

어른들은 가족과 함께 초와 케이크로 생일을 지내지만 아이들은 파티를 열어 친구도 초대하고, 생일 모자도 쓰고, 게임도 하면서 즐겁게 지낸다. 초대받은 친구들은 비교적 가벼운 생일 선물을 가져온다.

(3) 결혼(Marriage)

① 약혼식(Engagement)

남자 쪽에서 미래의 아내에게 주로 다이아몬드가 박힌 반지를 선물한다. 결혼을 앞둔 신부를 축하하기 위해 가족이나 절친들이 여는 우정 파티로 "브라이덜 샤워(bridal shower)"를 열어 장차 집안 살림에 쓸 물품들을 선물한다. 남자 쪽 친구들은 "총각 파티(stag party)"를 열어서 결혼을 앞둔 친구에게 우정을 표시한다. 이때가 신랑이 결혼하기 전 총각의 몸으로서 친구들과 자유롭게 놀 수 있는 유일한 시간이다.

② 결혼식(Wedding)

손님들은 결혼식에 참석하고 그 후 초대를 받았다면 리셉션에도 참석한다. 손님들은 선물을 하는데, 주로 비싼 은제품 그릇이나 유리잔 세트 또는 돈을 주기도 한다. 결혼반지는 주로 금반지로 왼손 중간 손가락에 끼고 결혼한 사람임을 나타낸다. 결혼한 사람들은 이 결혼반지를 끼는 것이 관례다. 그래야만 파티 같은 데서 남녀가 만나도 임자 있는 사람임을 상대에게 알리는 격이 된다.

우리나라도 요즘은 예식 문화가 많이 바뀌고 있는 것 같다. 부유층을 제외하고는 젊은이들도 부모들도 실용적인 것을 선호하는 경향이 생기고 있다. 사실 남에게 보이기 위한 결혼식을 치르느라 무리하여 결혼 후에도 경제적 후유증이 남는 것은 너무도 어리석은 일이라는 생각이 든다. 성수기에는 시간에 쫓기면서 예식장에서 찍어내듯 진행되는 결혼식이 많다. 그리고 결혼 예식 중 앞에서는 식이 진행 중인데 뒤에서는 소란스럽게 잡담하고 아주 예의 없는 행동을 하는 사람들도 많이 보았다. 우리도 이제 좀 더 엄숙하고 조촐한 결혼식을 많이 볼 수 있었으면 좋겠다.

(4) 결혼기념일(Wedding anniversary)

부부가 함께 시간을 보내거나 친구들과 외식을 한다. 특히 은혼식(silver wedding anniversary)이라고 부르는 25번째 결혼기념일과 금혼식(gold wedding anniversary)이라고 부르는 50번째 결혼기념일에는 가족과 친구들이 부부를 위해 특별 파티를 열어주기도 하고 선물도 한다.

(5) 사망(Death)

① 장례식장(Funeral home)

친구들과 친인척들이 장례식장이나 교회에 모여 고인에게 존경을 표하고 위로를 한다. 그들은 위로 카드(condolence card)와 함께 꽃을 보내거나 고인의 이름으로 된 자선 모금에 돈을 보내기도 한다. 사망 소식은 지역 신문의 부고(Obituary)란에 게재된다.

② 장례식(Funeral)

검은색 세단으로 된 영구차(HEARSE)가 고인의 관을 장례식장(funeral home), 교회(church), 또는 작은 교회(chapel)로 모시고 와서 가족을 비롯한 친인척과 가까운 친구들이 종교의식에 참여한 뒤 존경을 표하기 위해 고인을 묘지까지 동행한다. 종교 의식은 엄숙하며 우는 사람은 별로 볼 수 없다. 눈물을 보이는 것을 피하는 편이며 어쩔 수 없이 눈물이 나올 때에는 "I'm sorry."라고 말할 정도이다. 예전에 이라크 전쟁에서 아들을 잃은 아버지가 장례식에서 조문객들에게 웃자고 제의하는 장면은 문화적 차이를 느끼게 하는 것 같았다. 슬픔에도 불구하고 그 아버지는 죽은 우리 아들은 여러분들이 이제 더 이상 너무 슬퍼하지 말고 웃으시기를 바랄 거라고 하면서 함께 웃어보자고 다음과 같이 말했다. "He wants us to laugh now. Let's try. Ha Ha Ha…" 그리고 조문객들은 실제로 "하하하…"라고 소리 내어 웃었다. 아니, 웃음소리를 냈다고 하는 표현이 맞을 것 같다.

이상은 미국의 경우인데, 장례 문화는 나라마다 좀 다른 것 같다. 아프리카 콩고의 경우, 장례식을 마치 축제같이 치른다. 가족을 잃은 슬픔이 없어서가 아니라, 슬픔을 승화시키는 차원으로 이해해야 할 것 같다.

학습 자료 & 활동 - 1

Social Events

※ Here are some terms used to describe social events or phrases that are used on invitations. (Some hints for proper dress are included.) Match them with the correct definition.

1. B.Y.O.B. ( )	A. Borken; not working
2. R.S.V.P. ( )	B. The three-digit number preceding a telephone number that indicates the city and area in which it is located
3. Regrets only ( )	C. A call charged to the person who receives the long-distance call
4. Cocktail party ( )	D. A long-distance call that the caller dials without help from the operator
5. Prom ( )	E. A number that is not the number you wished to reach
6. Wedding reception ( )	F. A party for an expectant mother to which everyone brings a gift (women only—casual dress)
7. Wedding ceremony ( )	G. A party to introduce men and women (dress varies)
8. Baby shower ( )	H. Bring your own bottles (if you wish to drink wine or liquor)
9. potluck dinner ( )	I. A dinner to which everyone brings a prepared food to share(casual dress)
10. Mixer ( )	J. A formal dance for a high school graduation (formal dress – tuxedo, evening gown)
11. Open house ( )	K. The ceremony at which two people are married suit, nice dress
12. Surprise party ( )	L. The party after a wedding (suit, nice dress)
13. Card party ( )	M. A party at which light refreshments and alchoholic beverages are served (suit, nice dress)
14. Graduation party ( )	N. A party to honor someone who has recently graduated from high school or college (dress varies, but usually casual)
15. Picnic ( )	O. An informal gathering at which meat is cooked over an open fire or outdoor grill and served with salads and potato chips (casual dress)
16. cookout ( )	P. A packed lunch, usually consisting of sandwiches, fried chicken, potato or bean salad, and dessert; eaten in a park or open field (very informal dress)

〈정답〉 1. H 2. E 3. C 4. M 5. J 6. L 7. K 8. F 9. I 10. G 11. B 12. D 13. A 14. N 15. P 16. O

학습 자료 & 활동 - 2

※ Here are some messages of different cards. Match the message with the event.

Message	*Event*
1. Sorry to hear of your loss. (　)	A. Wedding
2. Another year, another gray hair. (　)	B. Death
3. May the bells always be ringing. (　)	C. Birthday
4. You two must have something special. (　)	D. Wedding anniversary
5. Time goes by slowly when you're not here. (　)	E. Golden anniversary
6. Writing doesn't seem to be one of your favorite pastimes, but I	F. Friendship
hope to hear from you soon. (　)	G. Love
7. Here's to another 50 years together. (　)	H. Illness
8. May you soon be out of bed and back on the tennis court. (　)	I. Sympathy

〈정답〉 1. I　2. C　3. A　4. D　5. G　6. F　7. E　8. H

※ 위의 활동 대신 다음과 같이 어떤 상황을 정해 놓고 모둠별로 이럴 때 어떤 말로 상대방을 위로 또는 축하해야 할지 서로 힘을 합해 표현을 만들어 보게 한 뒤, 상황별로 모둠의 발표를 듣는 기회를 갖게 할 수도 있을 것이다.

※ How would you respond in the following situation?

〈상황 예–1〉

Cathy's sister sent her the picture of her new baby. And Cathy showed it to you.

〈상황 예–2〉

Tom's grandpa passed away the night before, but he cannot attend the funeral.

〈상황 예–3〉

Bill won a prize in a national song contest.

학습 자료 & 활동 - 3

※ 다음은 각종 목적의 초대장의 예들이다. 카드별로 각 물음에 관해 학생들이 정보를 제공할 수 있는지 점검하고 필요하면 설명을 제공한다.

※ Check each invitation card and give information on the following questions.

Q: For what? For whom? When? Where?

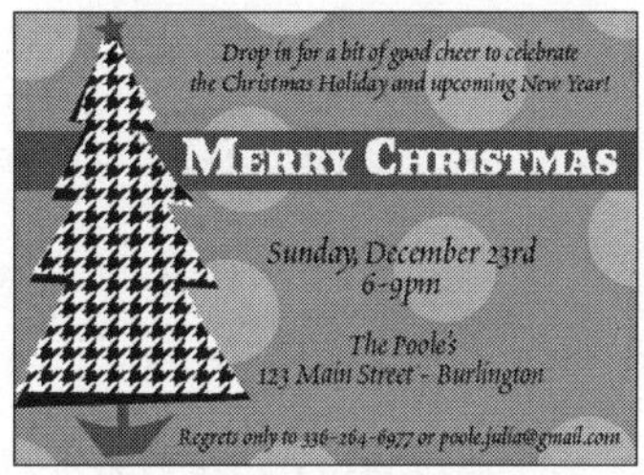

ENGAGEMENT PARTY

SARA & TONY

FRIDAY
DECEMBER 16TH AT 7 P
BLUE CRANE LAKE LODGE
CARDS ONLY PLEASE

R.S.V.P.
123-456-7890

YOU ARE CORDIALLY INVITED TO THE WEDDING OF

Laura Redtree
and
Steven Campbell
Saturday 17, 2022
at 2:00 p.m.

Grace Church
432 Thurston Ave.
Greentown

Reception to Follow

※ R.S.V.P. : 참석 여부를 초대하는 사람에게 알려달라는 뜻이다.

※ Regrets only : 초대에 응하지 못할 경우에만 답변해 달라는 뜻이다.

10. 치안/범죄/신고 문화/공권력

1) 치안/범죄

나라가 큰 것이 항상 좋은 것만은 아닌 것 같다. 우리나라는 곳곳에 CCTV를 설치하여 범죄 예방과 범인 색출에 크게 도움을 받을 수 있지만 나라가 크면 그렇게 하기도 힘들 것 같다. 또한 50개의 주로 이루어진 미국의 경우 주마다 법이 다른 경우가 많아 미국인들도 곤란을 당하는 일이 있다. 모든 미국인에게 똑같이 적용되는 국법 즉 연방법(federal law)을 제외하면 미국인들이 일상생활에서 적용받는 민, 형사법의 90%는 국법(연방법)이 아니라 주법(state law)이다. 그런데 이 주법들은 주마다 다를 수 있기 때문에 같은 미국인들도 자기가 거주하는 주가 아닌 타 주로 갈 때에는 조심해야 한다. 예를 들어 주 경계를 넘어 다른 주로 이사를 가거나 여행을 가는데 신변상의 불안을 느껴 총기를 휴대하고 가고자 한다면 행선지 주에서도 총기 휴대가 가능한지, 현재 소지한 총기 소지 및 휴대 면허증이 그 주에서도 유효한지, 공공연히 총기를 차고 다녀도 되는 건지 아니면 몸 안에 안 보이도록 숨기고 다녀야 하는 건지, 그 주에 도착 후 어떤 행정관서에 총기 소지 신고를 해야 하는 절차가 따로 있는지 등 체류하게 되는 주의 법을 찾아보고 가야 하기 때문에 상당히 번거롭다.

요즘 우리나라 사람들은 예전과 달리 외국 여행을 많이 다닌다. 나라마다 다른 법이 많다. 방문하는 나라의 법을 몰라 낭패를 보는 일이 없도록 떠나기 전 사전 지식을 갖추는 것이 필요한 것 같다. 남의 나라에 가서 나도 모르게 법규 위반으로 경찰서에 가야 한다면 매우 당황스러울 것이다. 예를 들어 미국에서는 담배와 관련해 다음과 같은 점을 염두에 두어야 한다.

1) 공항이나 식당, 업무를 보는 장소 등에서는 흡연이 허용되지 않는다. 흡연 장소가 따로 정해져 있으니 그곳을 이용하여야 하며, 비흡연 장소에서는 흡연을 하지 않아야 한다. 소위 말하는 간접흡연(second-hand smoking)으로 남에게 피해를 주기 때문이다. 이는 우리나라

를 포함한 선진국에서는 모두 적용되는 일이다.

2) 미국의 모든 비행기에서는 흡연이 금지되어 있다. 이는 거의 모든 국제 항공기에서도 마찬가지이다. 흡연 금지 구역에서 담배를 피우다가 걸리면 아주 골치 아픈 일이 벌어진다. 한번은 저자가 탄 미국 비행기에서 한국인 승객이 장거리 여행에 참지 못하고 화장실 안에 들어가 담배를 피우고 나오다 승무원에게 걸렸는데, 그 승무원이 한국인이었지만 사정을 봐주지 않고 보고를 하여 비행기가 착륙하자마자 연행되는 처지가 되었다.

3) 미국에서는 전자 담배를 포함해 담배를 살 수 있는 나이가 2020년 18세에서 21세로 높아졌다. 미국이 21세 미만 소비자에게 담배 판매 전면 금지라는 초강수를 꺼내든 건 전자 담배 흡연이 미국 청소년 사이에 전염병처럼 번지면서 니코틴 중독이 통제 불능 상태가 됐기 때문이다. FDA 조사에 따르면 미국 중고교생 약 500만 명 이상이 전자담배를 흡연한다고 한다. 2022년 기준 공립중고생 수가 약 1,550만 명인 걸 감안하면 엄청난 숫자이다.

4) 남의 집을 방문했을 때 테이블에 재떨이가 없으면 주인이 담배를 피우지 않을 가능성이 크므로 실내에서 담배를 피워서는 안 된다. 만약 꼭 피워야 한다면 주인에게 양해를 구하고 밖으로 나가서 피워야 한다. 그럴 경우에도 담배를 피울 수 있는 장소가 있는지 주인에게 일단 물어보는 것이 좋다.

법과 관련하여 미국은 소송 천국이라는 말이 있다. 오래전 뉴욕의 비만 청소년들이 자신들을 비만 상태로 만들었다는 이유로 맥도날드를 고소한 사건이 있었다. 이 소송 사건을 담당한 판사는 "지나치게 먹지 않는 것은 본인이 알아서 할 일이지 법이 보호해줄 부분은 아니다"라고 일축하면서 그들의 소송을 기각하였고, 패소한 그들에게 각계각층의 비웃음이 쏟아졌다. 하지만 미국에서는 다른 패스트푸드 관련 소송이나 담배 소송 등에서 소비자의 승소 소식이 증가하고 있는 것도 사실이다. 환경단체들은 패스트푸드가 음식을 튀김으로써 지구의 이상고온현상에 기여한다고 주장하고, 교육단체들은 철없는 아이들을 대상으로 무차별적으로 마케팅을 펼침으로써 식품에 대한 올바른 가치관 형성을 저해한다고 비난한다. 그 결과 미국의 패스트푸드 업체들은 비만 소송에 위협을 느낀 나머지 저칼로리 식품을 개발하는 데 열을 올리고 있다.

미국인들은 한국인들로서는 이해가 잘 안 가는 일로도 소송을 많이 하는 것 같다. 변호사들이 부추기는 면도 없지 않다고 한다. 이런 소송에 휘말리지 않기 위하여 회사 측에서는 제품에 주의 사항에 대한 경고문을 붙이는데, 그중에는 정말 희한한 경고문들도 포함되어 있다. 다음은 오래전 일이지만 미시간 소송남용감시단에서 뽑은 엉뚱한 경고문의 예이다.

〈엉뚱한 경고문 리스트의 예〉

"세탁기에 사람을 넣지 마세요."
"유모차를 접기 전에 아이를 먼저 빼내세요."
"성냥을 켜서 연료탱크를 확인하는 일은 절대 하지 마세요."
"휴대 전화를 전자레인지에 넣어 말리지 마세요."
"구입한 복권을 다림질하지 마세요."
"화장실 변기 청소용 솔은 몸을 닦는 데 쓰지 마세요."

(자료: 미시간 소송남용감시단 – 2007년 6월 27일 동아일보)

위 경고문 중에서 "세탁기에 사람을 넣지 마세요."는 엉뚱한 경고문 콘테스트 대상을 받았는데, 이 경고문은 코인 세탁실(coin laundry-동전 넣고 세탁하는 곳)을 운영하는 밥 윌킨슨이라는 사람이 자신의 업소에 있는 세탁기에 왜 이런 문구가 적혀 있는지 궁금했고 알아본 결과 이것이 세탁기 내부에 사람을 넣고 돌릴 경우, 소송이 발생할 우려가 있기 때문이라는 설명을 패티라는 마케팅 디렉터로부터 들었다고 한다. 그녀에 의하면 어린아이들이 코인 세탁실의 세탁기 안에 들어가고 큰아이들이 기계를 작동시킨 사례가 실제 있었으며 이 때문에 몇몇 회사가 소송을 당했다고 한다. 소송 천국이라는 미국에 가면 소송당하지 않도록 매사에 조심해야 할 것 같다. 만약 소송에서 패하면 물어야 할 돈의 액수가 우리와는 비교도 안 될 정도로 어마어마하다.

가끔 우리나라에서도 흉악 범죄가 발생하는 것은 사실이지만 그래도 외국 여행을 해본 우리나라 사람이나 우리나라를 방문해본 외국인들은 이구동성으로 한국만큼 치안이 잘 되어있는 나라가 드물다고 말한다. 경찰로 위장해서 관광객 상대로 범죄를 저지르는 나라도 있는 걸 감안하면 한국은 비교도 할 수 없을 만큼 안전한 나라이다. 또한 여행 중 어려운 일을 당해 본 외국인들은 한국인의 높은 시민의식도 칭찬한다. 외국인들이 부러워하는 것들에는 우리가 당연시하고 누리는 다음과 같은 사항들이 포함된다.

- 밤에 영화관에 가는 것이 가능한 나라
- 밤에 혼자 편의점에 가서 술 마시는 것이 가능한 나라

- 심야 영화 관람하고 새벽에 지하철 타고 귀가하는 것이 가능한 나라
- 밤에 외출하는 것이 위험하지 않은 나라
- 밤에 여자 혼자 조깅하는 것이 가능한 나라
- 깨끗하고 쾌적한 공중화장실을 무료로 사용할 수 있는 나라
- 상점 앞에 물건을 진열해놓고 주인은 안에 있어도 아무도 가져가지 않는 나라
- 무인 편의점을 운영하는 나라
- 24시간 음식점 문을 여는 곳이 있는 나라
- 어디서든 주문하면 음식 배달이 되는 나라

등등.

대부분의 선진국에서도 어두워지면 아예 외출이 불가할 정도로 치안이 엉망인 나라들이 많다는 점에서 야간에도 시간을 충분히 활용할 수 있으니 관광객들에게 우리나라는 천국이나 다름없다. 우리는 대수롭지 않게 행동하는 일이 우리나라를 방문하는 외국인들에게는 놀라움 그 자체라고 한다. 식당에 가서 주인이 바쁜 것 같으니까 직접 냉장고로 가서 술 한 병 가져와서 마시고 나중에 계산하는 경우, 식당이나 카페에서 물건만 두고 볼일 보고 오는 경우 등. 하지만 우리나라 사람들이 외국에 나갔을 때는 이런 행동을 했다가 큰 낭패를 당할 수 있으니 조심해야 한다. 예를 들면 우리나라에서는 줄을 섰다가 물건만 두고 잠시 볼일 보러 다녀와도 괜찮은데, 외국에서는 내 물건 가져가라는 뜻이나 마찬가지인 경우가 많다. 앞뒤로 줄을 서 있던 사람들도 누가 가져가든 내 일이 아니니 신경 안 쓰는 경향이 있다. 또한 우리나라에서는 줄을 설 때 앞 사람과의 거리를 많이 두지 않는데 많은 외국 사람의 눈에는 이것이 충격적이라고 한다. 그들에게는 이런 경우 소매치기를 피할 수 없기 때문이다. 따라서 외국에 가서 줄을 서야 할 경우, 이 점을 유념해야 할 것이다. 너무 가까이 서면 소매치기를 당할 가능성이 있거나, 소매치기할 의도가 있다고 비칠 수 있다.

남의 나라를 방문했을 때는 길을 가다 사고를 당하지 않기 위해서 다음 사항들도 유념해야 한다.

첫째, 위험하고 한적한 지역을 지나는 것은 피하고 길에서는 가능한 한 휴대폰을 꺼내지 말고 누가 따라오는지 앞뒤를 살피면서 걷는 게 좋다. 가방도 털리지 않도록 사선으로 잘 매는 것이 필요하다. 앞만 보고 걷지 말고 주변을 살피면서 누가 따라오는지도 점검해 가며 걷는다. 누가 따라오는 것 같고 뭔가 낌새가 이상하다 싶으면 일단 주변의 안전한 곳(커피숍, 식

당 등)으로 피한다.

둘째, 낯선 사람이 말을 걸어와도 눈을 마주치지 않고 못 들은 척 지나는 것이 상책이다. 여행객 티가 나지 않도록 행동한다. 일행끼리의 말도 가능하면 남이 듣지 못하도록 한다. 자기 나라말을 사용하지 않는 걸 알면 이방인이라 여겨 나쁜 사람들의 표적이 되기 쉬우니 모르는 사람이 있는 곳에서는 말도 가능하면 삼가는 것이 좋다.

셋째, 사람을 쳐다보지 않는다. 쳐다본다고 괜히 시비 거는 경우가 있으니 눈을 마주치지 않도록 한다. 그리고 성희롱적 언행(catcalling)[1]에도 반응하지 않는다. 기분 나쁜 말을 해도 그냥 못 알아들은 척, 쳐다보지도 말고 가던 길을 가는 게 상책이다.

넷째, 해가 지고 난 후에는 아예 외출을 안 하는 게 좋다. 특히 총기 소지가 쉬운 나라는 더욱 그렇다. 많은 외국 관광객들이 우리나라 여행에서 감탄하는 일 중 하나가 사람들이 밤에 돌아다녀도 안전하다는 점이다. 하지만 외국에서는 밤에 안전한 지역은 드물다는 것을 명심해야 할 것이다. 심지어 낮에도 경계의 끈을 늦출 수 없으니 사는 게 피곤하다는 생각이 든다.

미국에서 법을 위반하여 내라는 벌금을 내지 않고 귀국한다면 어떻게 될까? 미국에서 출국할 때는 문제가 없어도 블랙리스트에 오르게 되어 미국을 방문할 경우 공항에서 문제가 된다. 실제 그런 일이 있었는데, 한 한국 유학생이 미국 있을 때 다른 주에 갔다가 교통 위반 딱지를 받았는데 이 학생은 곧 유학을 마치고 귀국할 몸이라 벌금을 내지 않고 버티다 귀국을 해버렸다. 아무 문제 없이 지냈는데 귀국 후 몇 년 뒤에 미국을 다시 방문할 때 문제가 생겼다. 비행기가 미국 땅에 도착한 뒤 공항 입국 수속에서 거절당해 한국으로 되돌아오는 수밖에 없었다. 이 사례에서 보듯이 법적인 문제가 생기면 제때 처리를 하는 게 좋다. 이는 미국뿐만 아니라 어느 나라에서나 마찬가지다.

다른 나라에서는 범죄자 처벌에 있어서 우리나라보다 훨씬 엄격하다. 한 예를 들면, 미국에서는 10대 소녀를 납치해서 18년간 성 노리개로 삼은 남성에게 431년형을 선고했다. 캘리포니아 주의회는 성폭력범이었던 이 남성에 대한 가석방 관리가 제대로 이루어지지 않아 그 10대 소녀가 납치돼 정신적, 육체적 피해를 봤다면서 200만 달러(당시 환율로 한화 245억 상당)의 배상금을 지급했다. 또한 인터넷을 통해 미성년자를 유혹해 성적으로 착취하려던 40

1 cat calling : 서양에서 주로 발생하는 성희롱의 일종. 길거리에 지나가는 여성을 향해 남성들이 휘파람을 불고 추근거리는 말을 한마디씩 던지는 것이다. 말 그대로 고양이를 부를 때 하는 행동을 여성에게 한다고 해서 캣 콜링이라고 부른다.

대 캐나다 남성이 여생을 교도소에서 보내게 됐다. 미 버지니아주 법원은 온라인상에서 미국의 10대 소녀와 대화를 나누며 유혹한 캐나다 온타리오주 윈저시의 전직 학교 버스 운전사인 이 남성에게 110년의 징역형을 선고했다. 우리나라에서는 상상이 안 되는 형량이다.

2) 신고 문화/공권력

미국은 신고 문화가 우리나라보다 활성화되어 있는 것 같다. 예를 들면 낚시를 할 경우 낚시법을 제대로 모르는 외국인에게 고기를 많이 잡았다고 방금 옆에서 칭찬하던 사람이 돌아가면서 낚시법을 위반했다고 경찰에 신고하는 경우도 있고, 지나가던 외국인이 미국의 주택을 구경해보겠다고 단독주택들이 모여있는 지역에 들어갔다가 들이닥치는 경찰을 맞닥뜨리는 경험을 할 수도 있다. 이웃 내에서 범죄 및 파괴 행위를 예방하기 위해 조직된 시민 단체의 활동으로 이웃 감시제(neighborhood watch)라는 게 있어서 자기 동네에 낯선 사람이 들어오면 바로 신고해 버리는 경우가 있기 때문이다.

낚시 얘기가 나왔으니 잠깐 미국의 낚시법에 대해 얘기하자면, 미국은 주마다 낚시법이 다르다. 대부분의 주가 낚시면허증이 있어야 낚시가 가능한데, 금액만 지불하면 낚시면허증을 살 수 있다. 낚시면허증은 동네 낚시점이나 월마트 등 대형매장에서 구입할 수 있고, 낚시면허 규정집도 있어서 낚시법 위반을 피하고자 하면 숙지할 필요가 있다. 낚시법에는 허용되는 개수의 낚싯대, 낚싯대 한 대당 허용되는 바늘의 수, 포획 가능한 고기 수, 크기 제한 등이 기술되어 있다. 물론 많은 사람이 고기보다는 낚시 자체를 즐기기 때문에 잡아도 바로 놔주거나 아니면 규정된 포획 마리 수가 넘으면 작은 것은 놔주고 더 큰 것으로 바꾸는 식으로 낚시를 계속하기도 한다.

요즘 우리나라에서 피의자 인권 보호 차원에서 머그샷(mug shot)[2]을 찍느냐 마느냐에 대해 의견이 분분한데, 인권 존중에 관해 우리보다 앞서는 미국에서도 범죄자에게는 우리보다 훨씬 엄격하다. 저자는 미국 방문 중 주차장이나 길에서 경찰이 용의자의 손을 뒤로 한 채 수갑 채우는 것을 여러 번 목격하였다. 심지어는 길에서 죗값을 치르는 모습도 목격했다. 하루는 대학 도서관에 다녀오다가 사람이 다니는 인도 한쪽 아주 좁은 공간에 사람이 끼어있다시피 앉아 있어서 왜 저러나 했었다. 그런데 다음 날도 또 그러고 있어서 지나가면서 자세

2 머그샷(mug shot) : 정식 명칭은 police photograph로 신원 확인을 위해 체포 후 경찰이 찍는 사진을 말한다.

히 보니 죄를 지었다고 마분지 같은 데 써서 붙여놓은 것을 볼 수 있었다. 이렇듯 범죄자 인권은 우리나라만큼 안 따지는 게 미국인 것 같다.

학습 자료 & 활동

※ Match the crime with its definition.

Crimes & Their Definitions

1. indecent exposure ( )	a. Taking a person
2. kidnapping ( )	b. Driving a car after drinking alcohol
3. assault ( )	c. Stopping someone with the intent to rob him
4. robbery ( )	d. Taking another's belonging without permission
5. mugging ( )	e. A violent attack
6. illegal drugs ( )	f. Destroying the property of another
7. white collar crime ( )	g. To show private parts of the body in public
8. stalking ( )	h. Deceiving someone
9. murder ( )	i. Threatening to reveal information about someone if he doesn't pay
10. harassment ( )	j. Stealing from a company by employees
11. vandalism ( )	k. Continually annoy someone
12. fraud ( )	l. Forcing sex on someone
13. rape ( )	m. To pursue or follow someone
14. blackmail ( )	n. Substance that can change consciousness and can be habit forming
15. DWI/DUI ( )	o. To kill someone

※ DWI: Driving while intoxicated/DUI: Driving under the influence (음주 운전)

〈정답〉 1. g 2. a 3. e 4. d 5. c 6. n 7. j 8. m 9. o 10. k
11. f 12. h 13. l 14. i 15. b

11. 신체 접촉/거리 유지

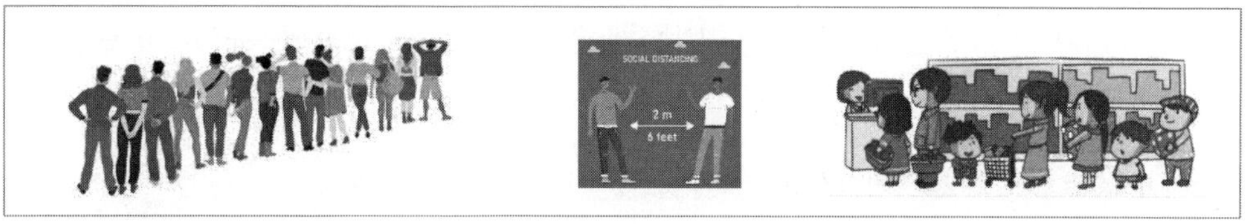

1) 신체 접촉

어떤 문화에서는 신체 접촉을 친근함의 표시로 여길 수 있지만, 문화에 따라서는 성추행으로 여길 수도 있으니 극히 조심해야 한다. 아예 접촉은 안 하는 것으로 생각하는 것이 안전하다. 귀엽다고 남의 아이를 함부로 쓰다듬는다거나 등의 행위는 절대 해서는 안 된다. 요즘은 우리나라에서도 이 부분에 대해 어릴 때부터 교육하지만, 옛날에는 요즘 기준으로 보면 어른들의 순수한 행동이 아이들에게는 성추행에 해당하는 행동들이 많았다.

모르는 사람끼리의 신체 접촉이 있어서는 안 된다는 인식이 강한 미국인들은 남과의 신체 접촉을 극도로 꺼린다. 지나가다 잘못해서 부딪친 경우, "I'm sorry." "Excuse me." 등의 말을 해야 하는 것이 예의이다. 이러다 보니 한국을 방문한 미국인에게 우리나라 사람이 자리를 양보해 줄 좋은 생각으로 이리 와서 앉으라고 말하는 대신 어깨를 두드린다면 매우 놀랄 것이다. 하지만 신체 접촉을 매우 꺼리는 문화임에도 불구하고 친근한 사이의 미국인들은 신체 접촉이 많은 것도 사실이다. 미국에서 자라 한국 문화를 모르는 손녀딸이 한국을 방문하여 할아버지 어깨에 손을 올리고 말하는 행위는 버릇이 없는 게 아니라 친근함의 표시이다.

2) 거리 유지

문화마다 사람들이 편하게 느끼는 거리가 있다. 이를 연구하는 학문 분야가 근접학(Proximics)이다. 이에 따르면 라틴 아메리카나 중동 사람들은 북미(미국, 캐나다) 사람들이나 아시아 사람들보다 가까이서 얘기한다. 저자도 미국에서 유학 중 기숙사에서 함께 일하는 중동 학생들이 너무 가까이 다가와서 말을 하는 바람에 불편한 적이 있다. 북미 사람들은 병원 대기실 등에서 앉을 때 적어도 의자 하나는 띄우고 앉는다. 사람들 사이에 의자가 하나밖에 없을 때는 아예 앉을 생각을 안 하는 사람들이 많다. 모르는 사람과 대화할 때는 3~4피트 떨어져서 얘기한다. 하지만 가까운 사이에는 1.5피트 정도면 된다. 버스 정류소 의자에 앉아서 버스를 기다릴 때 바로 옆에 자리가 하나 비어 있다고 해서 끼어 앉지 않는다. 만약 누군가가 그 자리에 끼어 앉는 사람이 있다면 아마도 먼저 앉아 있던 옆 사람이 일어날 가능성이 크다. 끼어 앉는 사람이 싫어서라기보다는 불편하기 때문인 경우가 많다. 그러니 불편해서 앉아야 하는 경우가 아니라면 사람 사이에 자리가 하나 비었다고 해서 끼어 앉는 것은 피하는 게 좋다.

12. 언어 사용/의성어/바디 랭귀지

1) 언어 사용/의성어

인도에는 1652개의 언어가 있으며 공용어만 18개가 있다고 한다. 다른 나라 사람들도 아니고 같은 나라 사람끼리 말이 안 통한다는 건 참으로 답답한 일이 아닐 수 없을 것이다. 그런 면에서 우리나라는 참 다행스럽다. 세계에서 가장 과학적이고 우수한 언어를 사용하는 민족이다. 조상님들께 감사해야 할 일이다.

문화가 다른 사람들은 언어를 사용하는 방법도 다르다. 저자는 미국 생활을 할 때나 미국을 방문할 때 모르는 사람들로부터 한국 사람들이라면 잘 안 할 것 같은 말을 들은 적이 종종 있었다. 한번은 버스에 오르는데 여자 버스 기사가 "I like your pants."라고 하길래 "Thank you."라고 응답을 했고, 또 한번은 버스에서 엄마랑 같이 가는 4살 정도 된 흑인 아이가 내가 동양인이라 생소하게 보였던지 나를 빤히 쳐다보다가 나와 눈이 마주치자 대뜸 하는 말 "I like your hair." 그래서 나도 미소를 지으면서 "Thank you!"라고 말해주었다. 또 한번은 "I like your shoes. Where did you get them?"이라고 말하는 사람도 있었는데, 이 모든 말들이 우리와는 다소 다른 언어 사용 습관이라는 생각이 들었다.

언어 사용은 개인의 성격에 따라 다를 수 있지만, 지역에 따라서도 다를 수 있다. 저자가 오래전 처음 미국 땅에 도착했을 때 그 지역 사람들이 우리나라 학교에서 열심히 가르치는 'A is different from B'보다 'A is different than B'를 많이 쓰는 걸 보고 느낀 바는 학교에서 배우는 표현이 전부가 아닐 수 있다는 것이었다. 그리고 흑인들이 사용하는 영어는 정말 알아듣기 힘들었다. 물론 나한테 말을 걸 때는 외국인이라는 점을 감안하여 말한다는 느낌을 받았지만 자기네들끼리 하는 영어는 말 자체가 다른가 싶을 정도였다. 나중에 언어학과에서 공부를 해보니 흑인 영어(black English)는 방송 등에서 사용하는 소위 말하는 표준영어(standard English)와는 규칙 자체가 다른 부분도 많다. 독자의 이해를 위해 〈부록 4〉에 흑인 영어 규칙에 대해 간략히 소개하였다.

의사소통을 위한 언어 사용에는 시대상도 반영된다. 요즘같이 약어를 동반한 휴대폰 문자를 의사소통 수단으로 자주 사용하는 시대에는 자주 사용되는 약어에 어느 정도 익숙해지는 것도 필요할 것이다. 한국어 휴대폰 문자에 약어가 많이 쓰이듯이 영어에도 자주 사용되는 약어들이 있다. 예를 들면 다음과 같은 것들이 있다.

Frequently Used Abbreviations in English

Abbreviation	Full Form	Meaning
4	for	~를 위한 (예: 4 sale 판매용)
ADN	any day now	조만간, 며칠 내로
AFAIK	as far as I know	내가 알기로는
AFK	away from keyboard	컴퓨터에서 자리 비움
ASAP	as soon as possible	가능한 한 빨리
ASL	age, sex, locaton	나이, 성별, 거주지
B4	before	이전에
bday	birthday	생일
BFF	Best friends Forever	영원한 최고의 친구 (베프)
BRB	Be right back.	곧 돌아옵니다.
BRO	brother	남자 형제
BTW	by the way	그런데 말야
CUL8R	See you later.	다음에 봐.
CUZ	because	왜냐면
DNT	don't	부정의 뜻
FYI	For your information	당신에게 정보를 주자면
GF	girl friend	여자 친구
HAND	Have a nice day!	좋은 하루가 되길!
LOL	Laughing out loud	크게 웃다
LTNS	Long time, no see.	오랜만이다.
MSG	message	메시지
NM	Never mind.	신경 쓰지 마.
NRN	no reply now	답장 필요 없음.
RUOK?	Are you OK?	괜찮니?
SIS	sister	여자 형제
R	are	(be 동사)
TGIF	Thank God It's Friday.	야호, 금요일이다!
THX	Thanks/Thank you.	고마워요.
TTYL	Talk to you later.	나중에 얘기하자.
U	you	너, 당신
UR	you are	당신은 ~이다
Y	why	왜?
YW	You're welcome.	천만에요.

언어 사용에서뿐만 아니라 문화적인 차이는 소리를 인식하고 표현하는 데에서도 나타난다. 동물이 내는 소리, 자연에서 나는 소리, 사물에서 나는 소리 등 분명 같은 걸 들어도 언어권에 따라 다르게 표현되는 경우가 많다. 다음은 한국어와 영어에서 일반적으로 표현하는 의성어(Onomatopoetic Words) 비교이다. 보다 다양한 의성어 예들은 〈부록 5〉에 수록되어 있다.

영어와 한국어의 의성어 비교

gulp gulp (꿀꺽꿀꺽) 	crunch crunch (바삭바삭) 	ah–choo (에취) 	giggle (낄낄) 	clap clap (짝짝) 
tick tock (똑딱똑딱) 	yum yum (냠냠) 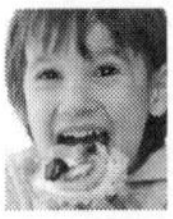	ring ring (따르릉 따르릉) 	chug chug (칙칙폭폭) 	knock, knock (똑똑) 
varoom (우르릉) 	drip drip (주룩주룩) 	splash (첨벙) 	honk honk (빵빵) 	rub–a–dub (둥둥) 
bow wow / yap yap 	tweet tweet 	buzz buzz 	caw caw 	quack quack 
whoo whoo 	chirp chirp 	mow mow 	miaow miaow 	hee haw 
oink oink 	cock–a–doodle–do cluck cluck 	baa baa 	magpie 	cicada 

위에서 제시한 영어와 한글의 의성어 비교에서도 보았듯이 같은 소리에 대해서도 언어가 다른 사람들은 달리 인식하고 달리 표현하는 경우가 많다. 저자는 이런 의성어로 인해 과거 유학 시절 혼자서 큰 곤욕을 치른 적이 있다. 수업 시간에 교수님이 한참 설명을 하시는데 어떤 여학생이 "achoo" 하면서 재채기(sneezing)를 하는 것이었다. 그런데 그 소리가 저자의 귀에는 마치 "어쭈"라고 하는 것 같아서 혼자서 웃음을 참느라 혼이 났었다. 만약 참지 못하고 실제로 웃음소리를 내버렸다면 교실에 있는 다른 사람들이 나를 정상으로 여기지 않았을 일이다. 상대방이 재채기를 하는데 위로는 못할망정 웃어버린다니 이건 미국 문화에서는 대단한 실례이기 때문이었다. 그런데 그 여학생은 교수 설명 중에 세 번씩이나 "어쭈"를 연발했기 때문에 나로서는 정말 웃음을 참기가 힘들었다. 교수가 열심히 설명하는데 학생이 세 번씩이나 "어쭈"라고 반응을 하다니! 천만 다행히 웃음소리를 밖으로 내지 않고 수업을 끝낼 수 있었지만, 나로서는 수업 내내 소리 내지 않고 웃느라 수업 끝나고 나니 배 근육이 결려서 아플 지경이었다.

2) 바디 랭귀지

비언어적 의사소통 수단인 몸짓 언어 또는 바디 랭귀지(Body Language)는 언어를 사용하는 대신 몸동작을 통해서 의사소통하는 형태이다. 그러한 동작에는 얼굴 표정(facial expressions), 몸의 자세(body posture), 제스처(gestures), 눈의 움직임(eye movement), 무언가를 만지는 동작(touch) 등이 포함되는데, 이런 동작을 연구하는 학문 분야를 동작학(kinesics)이라고 일컫는다. 종종 사람들은 바디 랭귀지가 실제 사용하는 언어보다 중요하다는 말을 한다. 왜냐면 만약 누군가 칭찬하는 말을 하면서 빈정거리는 표정을 짓는다면 그것은 칭찬이 아니라 빈정거림이라는 걸 알기 때문이다.

바디 랭귀지 사용에 있어서는 세계적으로 공통적인 것도 있고 문화마다 다른 것도 있다. 예를 들어 기쁨, 슬픔, 놀라움, 혐오스러움을 나타내는 얼굴 표정 등은 다른 문화권이라도 공통되는 부분이다. 하지만 같은 동작도 문화마다 매우 다른 경우가 있기 때문에 바디 랭귀지를 사용할 때 주의를 할 필요가 있다. 예를 들어 가운뎃손가락 사용이다. 우리는 종종 TV에 등장하는 사람들 중에서도 가운뎃손가락으로 사물을 가리키는 걸 목격할 수 있는데, 다른 문화권에서는 그것이 욕에 해당할 수 있기 때문에 그런 동작을 무의식적으로 외국인에게 보였다가는 낭패를 당할 수 있다. 따라서 문화가 다른 사람들 간의 교류가 많아진 오늘날에는 기왕이면 그런 동작은 개인적으로 조금 수정하는 게 좋지 않겠나 하는 생각이 든다. 나라마다 금기시되는 동작이 있다. 총기 사고가 자주 일어나는 미국에서는 총 쏘는 흉내를 내는 것은 금기시되어 있으니 주의를 해야 한다. 실제로 10세 아이가 학교에서 손으로 총 쏘는 흉내를 내다가 3일 정학 당한 사례가 있다.

이 기회에 한 가지 언급할 것은 몸동작을 사용한다고 해서 바디 랭귀지를 사인 랭귀지(sign language)와 혼동해서는 안 된다는 점이다. 우리말로 수화라고 표현하는 사인 랭귀지도 바디 랭귀지와 마찬가지로 몸의 일부인 손과 표정, 입술 모양 등으로 의사전달을 하지만 이 사인 랭귀지는 나름의 복잡한 문법 체계가 있고 실제 언어에 존재하는 근본적인 특징들을 가지고 있다. 반면에 바디 랭귀지는 그러한 문법 체계도 없고 사인 랭귀지와는 달리 각 동작에 부여되는 절대적 의미도 없다. 따라서 의사전달을 한다는 의미에서 랭귀지(language)란 단어가 붙었을 뿐, 바디 랭귀지는 일반적으로 말하는 언어라고 볼 수는 없다. 참고로 다음은 각 사인 랭귀지 동작이 의미하는 한글과 영어 알파벳이다.

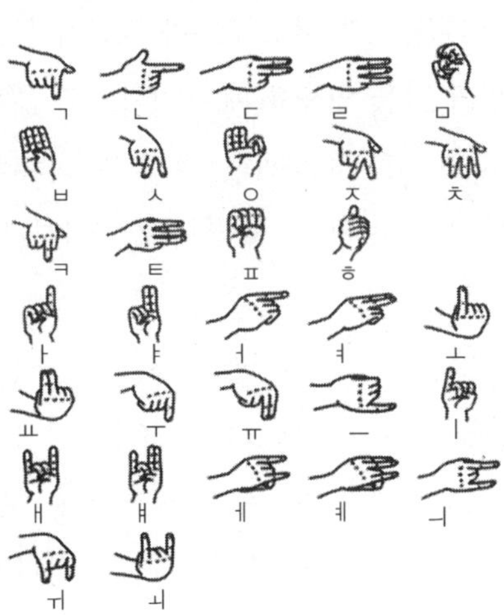

Korean Sign Language

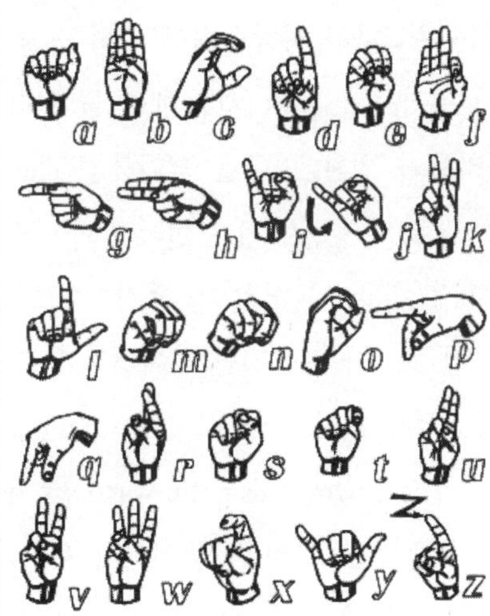

American Sign Language

자세(posture)란 사람이 어떻게 앉거나 서는가를 나타낸다. 앉은 자세나 서 있는 자세는 상대방에 대한 그 사람의 태도를 말해주는데, 문화마다 그 의미가 다르므로 자칫 자신의 문화권에서 하던 방식으로 다른 문화권에서 했다가는 오해를 살 수 있으니 조심해야 한다. 예를 들어 미국에서는 앉을 때 의자나 심지어 책상 위에 다리를 뻗어 뒤로 넘어가듯 앉는다든가 책상에 걸터앉는 것이 상대에 대해 편한 마음을 가졌다는 표현으로서 긍정적으로 여겨지지만, 우리나라에서는 상대에 대한 존경심 부족이나 진지함 부족을 나타내는 단정치 못한 자세로 여겨진다.

같은 언어도 어떤 상황에 있는 사람들이 사용하느냐에 따라 다른 의미를 가지듯이 같은 바디 랭귀지도 어떤 문화권 사람들이 사용하느냐에 따라 그 의미가 다른 경우가 많다. 알다시피 미국 사람들의 경우, '가라'는 뜻과 '오라'는 뜻의 손동작은 우리와 정반대이다. 또한 한국인들이 손윗사람에게 공손함의 표시로 두 손으로 물건을 주거나 받는 행위도 그들에게는 이상하게 비칠 수 있다. 이렇듯 문화마다 손으로 하는 독특한 의미의 제스처가 있다. 미국의 경우에는 다음과 같은 것들이 있다. 우리나라 사람들도 친구끼리 서로 욕을 해도 기분 나쁘게 받아들이지 않듯이 미국인들끼리도 친한 사이에는 일부 이런 제스처를 사용하기도 하지만 미국인들이 자주 쓴다고 해서 따라서 했다간 큰일 날 수 있으니 조심해야 한다. 친한 미국인들끼리의 하는 행동하고 남의 나라에서 동양인이 하는 행동하고는 다르게 받아들여질 수 있기 때문이다.

원래는 우리나라 사람들이 사용하는 제스처가 아니었지만 서로 교류가 많아지면서 공유하게 된 동작들도 적지 않다. 예를 들면 다른 사람의 말을 인용할 때 손가락으로 큰따옴표 만들기라든가, 칭찬, 만족을 의미하는 The Okay sign(원래 우리나라에서는 '돈'을 의미하는 동작이지만 이제는 우리도 칭찬, 만족의 의미로 사용하는 경우도 많음), '훌륭하다, 근사하다'란 의미의 The Thumbs up(엄지 척) 동작이 그런 예들이다.

문화 간 교류가 많아지면서 이렇게 서로 비슷해지는 경우도 있지만 원래 아주 다른 뜻을 가진 동작들도 없지 않다. 심지어는 정반대의 의미를 가진 동작도 있으니 조심해야 한다. 예를 들어 'The downwards palm wave(손등을 위로 하고 아래로 휘젓는 동작)'는 미국, 영국, 호주, 캐나다에서는 "가라"는 뜻이지만 우리나라를 포함한 필리핀, 인도, 베트남, 가나에서는 반대로 "오라"는 뜻이다. 이 외에도 차이 나는 몇 가지 예를 더 들면, 'The thumbs up(엄지 척)' 동작은 미국, 영국, 캐나다, 러시아 등에서는 '인정'이나 '찬성'의 의미로 사용되지만, 남미, 중동, 아프리카 일부 지역, 아프가니스탄 등에서는 욕('Blame it! 빌어먹을!')에 해당한다. 'Fingers crossed'는 미국에서는 '행운을 빈다'는 뜻이지만 베트남에서는 상대방을 '매춘부'라 부르는 것과 같은 욕에 해당한다.

다음은 북미인들을 포함한 서양인들이 흔히 사용하는 제스처와 그 의미이다.

Meanings of North Americans' Gestures

1.  Shrugging the shoulder	2.  Rubbing the eye	3. 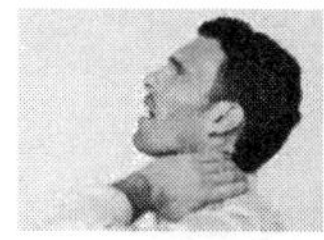 Touching the back of the neck	4.  Rubbing the ear
5.  Looking at the watch	6.  Raising the eyebrows	7.  Scratching the head	8.  Stroking the chin
9.  Touching the nose	10.  Pulling the collar	11.  Scratching the neck	12.  Tilting the head
13.  Covering the mouth with eyes wide open	14.  Crossing the arms over the chest	15.  Shaking the head	16. 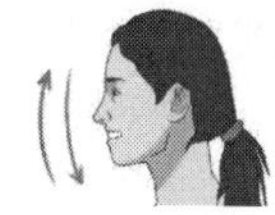 Nodding the head

1. 어깨 으쓱하기 ('잘 모르겠다.' 또는 '신경 안 쓴다.'는 의미)
2. 눈 비비기 (피곤하거나 걱정되거나 스트레스 받음을 의미)
3. 목덜미 만지기 (불안, 초조, 걱정됨을 의미)
4. 귓불 문지르기 (초조하거나 걱정될 때 자신을 진정시키기 위한 동작)
5. 시계 보기 (바쁘니까 빨리 끝내라는 의미)
6. 눈썹 치켜올리기 (놀라움이나 가벼운 반대, 불찬성을 의미)

7. 머리 긁적이기 (혼란스러움, 좌절감을 느끼거나 스트레스 받음을 의미)
8. 턱 쓰다듬기 (깊이 생각함을 의미)
9. 코 만지기 (어떤 상황에 대해 확신이 없거나 불안함을 나타냄)
10. (와이셔츠) 칼라 잡아당기기 (스트레스 받았을 때 남자들이 하는 행동)
11. 목 긁기 (불편함을 느낄 때 자신을 진정시키기 위한 동작)
12. 고개 갸우뚱하기 (불신이나 의심을 나타냄)
13. 눈 크게 뜨고 입 가리기 (놀라움이나 충격받았음을 의미)
14. 가슴 위로 팔 교차하기 (방어적이거나 저항적인 태도)
15. (좌우로) 고개 흔들기 (동의하지 않거나 부정, 거절을 나타냄)
16. (아래위로) 고개 끄덕이기 (동의, 이해, 승인을 나타냄)

이상과 같이 문화권이나 나라마다 같은 동작이 다른 의미로 사용되는 경우도 많으니 실수로 곤경에 처하지 않기 위해서는 익숙하지 않은 문화권에 가서는 안 쓰는 게 안전할 것 같다. 본인은 좋은 뜻으로 사용했는데 상대방이 기분 나빠하면 얼마나 황당한 일인가. 하지만 나는 안 쓰더라도 상대방이 썼을 때 그 뜻을 알아차리는 것은 중요하니 참고로 알아두는 것은 필요한 것 같다. 다음은 우리나라 사람들이 종종 사용하지만 해외에 나갔을 때 무심코 하다가는 오해를 불러일으키기 쉬운 동작들의 의미이다.

동작	의미	
	한국	일부 타 문화
주먹 쥐고 이마에 갖다 대기	"아이고, 골치야!"라는 표현	브라질, 아르헨티나, 페루, 칠레 등에서는 "너 바보 아냐?"라는 뜻
V-사인	승리(victory)	영국과 영국의 식민지 나라들에서 손톱이 상대방 쪽으로 보이게 하는 V-사인은 "꺼져라."의 뜻
엄지손가락 물기	별다른 의미 없는 습관성 행위, 또는 생각에 잠길 때	인도나 파키스탄에서는 엄지를 입으로 물면 상대방의 온 가족을 한꺼번에 욕하는 표현
팔짱 끼기	뭔가 생각할 때 하는 행위	핀란드와 아이슬란드에서는 엄청나게 건방지고 오만한 행위로 여겨짐
엄지 척	잘했다는 칭찬	엉덩이에 엄지를 쑤셔 넣겠다는 표현으로 욕에 해당
OK 사인	'돈' 또는 '좋다'라는 뜻	일부 국가(브리질, 터키, 독일, 루마니아 등)에서는 가운뎃손가락을 치켜세워 욕하는 것과 같은 의미
주머니에 손 넣기	별다른 생각 없이 하는 행위일 수 있음	큰 욕은 아니지만 상대방에게 무례하고 건방지게 보일 수 있음. 영국이나 독일에서는 상대를 매우 불쾌하게 만드는 행위임.

상황에 따라 같은 동작도 다른 의미를 가지는 경우가 있다. 예를 들면 코를 만지는 동작(touching the nose)도 다음과 같이 다양한 의미를 가진다. 따라서 상황에 따른 판단이 필요할 수 있다.

1. 거짓말을 하고 있다. (It could mean that the person is lying.)
2. 깊은 생각에 잠겨있다. (It could mean that the person is deep in thought.)
3. 불안하거나 자신이 없다. (It could mean that the person is nervous or unsure of themselves.)
4. 스스로를 안심시키고자 한다. (It could be a self-soothing gesture.)
5. 상대방의 주의를 끌고자 한다. (It could be an attempt to draw attention to yourself.)

학습 자료 & 활동 - 1

※ Choose the meaning of each hand gesture from the box below.

1. (　　) 	2. (　　) 	3. (　　) 	4. (　　) 
5. (　　) 	6. (　　) 	7. (　　) 	8. (　　) 
9. (　　) 	10. (　　) 	11. (　　) 	12. (　　) 
13. (　　) 	14. (　　) 	15. (　　) 	16. (　　) 
17. (　　) 	18. (　　) 	19. (　　) 	20. (　　) 

① Come here.　② Hi, there!　③ Be quiet, please.
④ I don't know./I don't care.　⑤ Naughty, naughty.　⑥ Good–bye!/See you!
⑦ to ask for a ride　⑧ Stop./No more, please.　⑨ A little bit.
⑩ I am angry!　⑪ What did you say?　⑫ OK!
⑬ Great!/Good job!　⑭ I am surprised!　⑮ It's no good./Failure.
⑯ Victory!　⑰ I made it!/Sucess!　⑱ I'm in a hurry.
⑲ to stop or reject something (finger shaking)　⑳ Good luck! (fingers crossed.)

〈정답〉 1. ④　2. ⑧　3. ⑳　4. ⑯　5. ①　6. ⑰　7. ⑥　8. ⑩　9. ②　10. ⑱
11. ⑭　12. ⑦　13. ③　14. ⑫　15. ⑮　16. ⑨　17. ⑪　18. ⑬　19. ⑤　20. ⑲

학습 자료 & 활동 - 2

※ Match North Americans' gestures with their meanings.

1. Shrugging the shoulder ( ) 어깨 으쓱하기	A. It is a self-soothing gesture when a person feels nervous or anxious.
2. Rubbing the eyes ( ) 눈 비비기	B. It is a sign of anxiety or stress.
3. Touching the back of the neck 목덜미 잡기 ( )	C. It shows the person is confused.
4. Rubbing the ear ( ) 귀 문지르기	D. It shows surprise or mild disapproval.
5. Looking at the watch ( ) 시계 보기	E. It indicates that the person is thinking hard.
6. Raising the eyebrows ( ) 눈썹 치켜뜨기	F. It is to avoid having to look at the face of the person who is being lied to.
7. Scratching the head ( ) 머리 긁적이기	G. It shows difficulty understanding something
8. Stroking the chin ( ) 턱 쓰다듬기	H. It indicates that he/she wants to leave.
9. Touching the nose ( ) 코 만지기	I. It is a way of demonstrating interest or agreement.
10. Pulling the collar ( ) 칼라 잡아당기기	J. It a way of answering "no" or of showing disagreement or refusal.
11. Scratching the neck ( ) 목 긁기	K. It indicates that the person is deep in thought.
12. Tilting the head ( ) 머리 갸우뚱하기	L. It shows "defensiveness".
13. Covering the mouth with eyes wide open ( ) 눈 크게 뜨고 손으로 입 막기	M. It shows that someone is uncomfortable for various reasons such as nervousness or discomfort.
14. Crossing the arms over the chest ( ) 가슴 위로 양팔을 겹치기	N. It shows that someone is hesitant to speak. It may signal fear, doubt, concern, or lack of confidence.
15. Shaking the head ( ) 머리 흔들기	O. It a way of answering "yes", or shows agreement, understanding, or approval.
16. Nodding the head ( ) 머리 끄덕이기	P. It means "shocked" or "surprised".

〈정답〉 1. C 2. F 3. B 4. A 5. H 6. D 7. G 8. E 9. K 10. M
11. N 12. I 13. P 14. L 15. J 16. O

13. 속담/유머

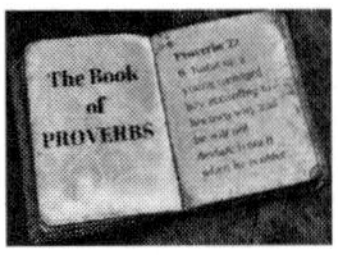

1) 속담

속담이란 인간의 생활 속에서 우러난 지혜로서 선대로부터 후대로 이어져 내려오는 가르침이다. 문화권마다 속담들이 있지만 그 속담들에는 공통된 부분이 많다. 이는 아마도 문화가 다르다고 해도 인간의 기본 생각은 크게 다를 바 없기 때문이고 일반적인 진리를 다루기 때문인 것 같다. 예를 들어 문화가 달라도 어려움에 처한 사람을 돕는 행위나 부지런히 노력하는 것을 나쁘다고 생각하는 사람은 없을 것이다. 쇠가 뜨거울 때 두드려야 원하는 모양대로 된다는 것은 일반적인 진리이다.

속담이 전하고자 하는 메시지는 같지만 문화권마다 속담에서 비유하는 대상은 다를 수 있다. 이는 속담이 각 문화권의 일상생활 속 경험에서 나온 것이기 때문이다. 예를 들면 영어 속담 'The grass is greener on the other side of the fence. (담 너머 잔디가 더 푸르러 보인다.)'와 우리 속담 '남의 떡이 커 보인다.'라든가 영어 속담 'Mend the barn after the horse is stolen. (말을 잃고 나서 축사를 고친다.)'와 우리 속담 '소 잃고 외양간 고친다.'가 그런 것들이다. 예전에 '잔디'나 '말'은 서양식 생활 속에서 찾을 수 있는 비유들이었으며, 우리나라와 같은 농경 사회에서는 '떡'이나 '소'가 더 친숙한 비유였다. 요즘 같은 글로벌 시대에는 잦은 왕래로 인해 전 세계인들이 문화적으로 점점 닮아가고 있지만, 어쨌든 타 문화의 속담을 공부함으로써 그 문화권 사람들의 전통적인 생활과 정신세계를 이해하는 데 도움을 얻을 수 있는 것 같다. 주제별 속담은 〈부록 6〉에 수록되어 있으니 참고할 수 있다.

2) 유머

의사소통에서 유머는 분위기 조성에 좋은 역할을 한다. 웃음으로 어색한 분위기도 부드럽고 친근한 분위기로 만들어 주어 대화하는 사람들의 관계를 친근하게 만들어 준다. 할리

우드 영화를 보면 종종 생명이 위급한 상황에서도 유머러스 한 말을 내뱉는 경우를 종종 보게 되는데 실제 상황에서는 말도 안 된다고 생각된다. 마음의 여유가 있어야만 유머가 나오기 때문이다. 촌각을 다투는 위기 상황에서 무슨 유머인가 싶기도 하지만 영화니까 그렇다고 치고, 어쨌든 미국 문화에서 유머는 큰 장점으로 여겨진다. 그런데 종종 유머 속에는 그 문화권 사람들만 공유하는 사회적 이슈, 역사 등을 포함하고 있어서 외국인으로서는 이해하기 어려운 경우가 있다. 코미디 프로를 보면서 미국 사람들은 배꼽 잡고 웃는데 외국인들은 왜 웃는지 모르는 경우가 바로 그런 이유 때문이다. 하지만 문화에 상관없이 이해할 수 있는 유머들도 많은 만큼, 영어 수업에서 간혹 유머를 학습 자료로 사용하여 학생들을 웃게 만드는 것도 수업을 흥미롭게 만드는 한 방법으로 좋을 것이다. 교과서 단원의 내용과 주제 면에서 연결되는 자료라면 더욱 좋을 것이다.

학습 자료 & 활동 - 1

※ Fill in the blank and complete the proverb, whose meaning is given right below the proverb.

1. "Actions speak l _ _ _ _ _ than words."
   – What someone does is more important than what he says he will do. (말보다 행동이 중요하다.)
2. "As a man makes his b _ _, so must he lie in it."
   – If we do something, we must accept the consequence, be they good or bad.
   (좋든 나쁘든 자신이 한 일에 대한 결과는 받아들여야 한다.)
3. "A bad workman blames his t _ _ _ _."
   – Incompetent people who do bad or careless work, frequently blame their _______, material, equipment, working conditions – just about anything – for their failures or shortcomings.
   (일 못하는 사람이 연장 탓한다.)
4. "Beauty is only s _ _ _ deep."
   – Something that is ___________ deep is shallow and superficial. It doesn't extend very far.
   (아름다움이란 피상적인 것이다. 오래 못 간다.)
5. "Better late than n _ _ _ _."
   – Even though something is done late, it is better than if it weren't done at all.
   (늦어도 아예 안 하는 것보단 낫다.)
6. " C_ _ _ a spade a spade."
   – Saying exactly what one means in clear, easy to understand language. i.e., in a direct, honest and straightforward manner. (있는 그대로 단도직입적으로 말하다.)

〈정답〉 1. louder 2. bed 3. tools 4. skin 5. never 6. Call

학습 자료 & 활동 - 2

※ Below are some examples of Korean and English proverbs which have the same meaning. Fill in the blanks with a suitable word.

영어 속담	한국 속담
1. The leopard does not change his _____.	세 살 버릇 여든까지 간다.
2. Birds of a _____ flock together.	끼리끼리 만난다.
3. Fools rush in where angels fear to _____.	하룻강아지 범 무서운 줄 모른다.
4. A stitch in time _____ nine.	호미로 막을 데를 가래로 막는다.
5. _____ the barn after the horse is stolen.	소 잃고 외양간 고친다.
6. There is no _____ for taste.	제 눈에 안경
7. The end justifies the _____.	모로 가도 서울만 가면 된다.
8. Little drops of water make the _____ ocean.	티끌 모아 태산
9. To teach a fish how to _____.	공자 앞에서 문자 쓴다.
10. The grass is _____ on the other side of the fence.	남의 떡이 더 커 보인다.

〈정답〉 1. spots (표범은 그의 반점을 변화시키지 않는다.)
2. feather (같은 깃털을 가진 새들은 함께 무리를 짓는다.)
3. tread (천사는 두려워 지나지도 못하는 곳에 바보는 뛰어든다.)
4. saves (제때 한 땀이 아홉 땀을 절약한다.)
5. Mend (말을 잃고 나서 축사를 고친다.)
6. accounting (취향을 말로 설명할 수 없다.)
7. means (목적이 수단을 정당화한다.)
8. mighty (작은 물방울들이 거대한 대양을 만든다.)
9. swim (물고기에게 수영 가르친다.)
10. greener (담 너머 잔디가 더 푸르러 보인다.)

학습 자료 & 활동 - 3

※ Below are some proverbs that are common in North America. Match each proverb with its meaning.

Proverb	Meaning
1. The early bird gets the worm. (　　)	a. It takes hard work to succeed.
2. Nothing ventured, nothing gained. (　　)	b. It is acceptable not to obey a rule
3. God helps those who help themselves. (　　)	c. Treat others the way we want them to treat you.
4. No pain, no gain. (　　)	d. Be independent.
5. Stand on your own two feet. (　　)	e. Successful people are the first to try and first to work.
6. Rules are made to be broken. (　　)	f. Start talking about the main topic that you want to discuss.
7. Do unto others as you would have them do unto you. (　　)	g. You won't know if you don't try.
8. Get to the point. (　　)	h. Our success is up to us, not fate.

〈정답〉 1. e　2. g　3. h　4. a　5. d　6. b　7. c　8. f

학습 자료 & 활동 - 4

※ Choose an appropriate word for the proverb and say what it means.

1. After a storm comes a ________ .

a. calm　　b. sunshine　　c. typhoon　　d. dark

2. A little knowledge is ________ thing.

a. meaningless　　b. ignorant　　c. significant　　d. dangerous

3. The fish always stinks from the head ________ .

a. upwards　　b. backwards　　c. downwards　　d. forwards

4. Put the saddle on the right ________ .

a. horse　　b. tiger　　c. monkey　　d. rabbit

5. ________ sacks will never stand upright.

a. Heavy　　b. Empty　　c. Great　　d. Stolen

〈정답〉 1. a　2. d　3. c　4. a　5. b

학습 자료 & 활동 - 5

※ Here are some English humors. Guess what words could be in the blanks.

1. A: "I always do my hardest work before breakfast."
   B: "What's that?"
   A: "____________ ______."

2. Patient: Doctor, I have a serious _______ problem. I can't remember anything.
   Doctor: So, since when did you have the problem?
   Patient: What problem?

3. Customer: Waiter, this lobster's got only one claw.
   Waiter: I guess he's been in a fight, sir.
   Customer: Well, then, please bring me the ________.

4. Wife: I look heavy. Can you give me a compliment?
   Husband: You have a perfect ________.

5. A: Forget everything you learned in college. You won't need it working here.
   B: But I never went to college.
   A: Well, then, I'm sorry. You are _______ to work here.

6. A wife got so mad at her husband and she packed his bags and told him to get out. As he walked to the door, she yelled, "I hope you die a long, slow, painful death." He turned around and said, "So you want me to ____________?"

〈정답〉 1. Getting up 2. memory 3. winner 4. eyesight 5. underqualified 6. stay

14. 시각/날짜/공휴일

1) 시각

우리나라와 같이 국토가 작은 나라는 시각이 모두 통일되어 있지만 미국 같이 큰 나라는 나라 안에서도 지역에 따라 시각을 달리 쓴다. 예를 들면 캘리포니아와 뉴욕, 플로리다는 각각 새해맞이 행사를 각각 다른 시각에 한다. 뉴욕은 플로리다보다 1시간 빨리, 캘리포니아는 플로리다보다 3시간 늦게 등. 따라서 이런 사실을 알고 다른 나라(특히 큰 나라)로 여행을 갈 때는 "local time"을 염두에 두어야 실수를 하거나 낭패를 당하지 않는다.

미국 시간대(U.S. Time Zone)

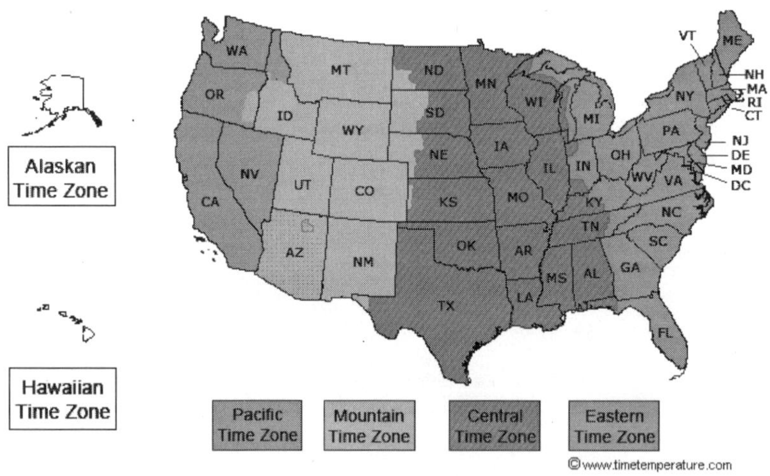

미국 표준시는 위 지도에서 보듯 지역을 세로로 나눠서 6개의 시간대가 되는데, 동쪽에서부터 서쪽으로 갈수록 시간은 1시간씩 느려진다. 예를 들어보면 다음과 같다.

Hawaii Time	Alaska Time	Pacific Time	Mountain Time	Central Time	Eastern Time
Monday 9/19/ 2022 4:50 PM HST	Monday 9/19/ 2022 6:50 PM AKDT	Monday 9/19/ 2022 7:50 PM PDT	Monday 9/19/ 2022 8:50 PM MDT	Monday 9/19/ 2022 9:50 PM CDT	Monday 9/19/ 2022 10:50 PM EDT

시각과 관련하여 일광 절약 시간제(summer time/daylight saving time: DST)도 알아둘 필요가 있다. 이는 하절기에 표준시를 원래 시간보다 한 시간 앞당겨 쓰는 것을 말한다. 여름에는 일조 시간이 길기 때문인데, summer time을 적용하면 예를 들어 아침 7시가 아침 8시로 바뀌게 된다. 일광 절약 시간제는 3월 둘째 일요일에 시작하여 11월 첫째 일요일에 끝난다. 시계 맞추는 것을 기억하기 위해 사람들은 흔히 "봄에는 (1시간) 앞으로, 가을에는 (1시간) 뒤로"라는 표현을 사용한다. 대한민국은 한때 이 제도를 잠깐 시행했다가 거둬들인 적이 있다. 사람들이 혼란스러워하는 경향이 있었다.

"시간은 돈이다(Time is money)."라는 말이 있듯이 시간을 효율적으로 사용하는 것은 현대인의 생활에 상당한 득이 된다. 따라서 바쁜 세상에 남의 시간을 뺏는 것은 매우 무례한 짓이며, 사전 양해 없이 약속 시각에 10분 이상 늦게 나타난다든가 하는 일은 있을 수 없다. 10분이 늦더라도 사전 연락을 하는 것이 정상이다. 이것은 선진국이라면 공통으로 해당하는 일이다. 그런데 저자가 이해할 수 없는 것은, 미국과 같은 선진국 사람들의 일 처리 방식이다. 빨리빨리 문화에 익숙해져 있는 우리나라 사람들은 외국에 나갔을 때 그 나라 사람들의 느린 일 처리에 정말 답답한 경우가 많다. 게다가 개인적인 잡담을 하느라 일 처리가 늦어지는 것은 시간이 급한 사람에게는 참기 힘든 일이다. 미국 마트에서 종종 경험하는 일은 계산대의 계산원이 일 처리를 하면서 고객과 길게 잡담하는 것이다. 당사자는 일을 하면서 말하는 것이라고 항변할지 모르지만 잡담하면서 일을 하면 그만큼 일 처리가 늦어지게 마련이다. 이는 줄 서서 계산을 기다리고 있는 고객들의 시간을 뺏는 것이나 마찬가지이므로 우리나라였더라면 고객들의 원성을 사기에 충분하다. 왜 이런 곳에서는 그들의 평소 시간 개념이 적용되지 않는지 궁금하다. 미국인들이 인내심이 강해서 그런지, 다들 그렇게 하고 사는 것이라 그런지, 그렇다고 불평하는 사람은 아무도 없었다. 우리나라에서는 불평할 손님들 때문에라도 계산원의 그런 잡담은 없을 것 같다. 그러니 일 처리도 빠르다. 자국 사람들의 느린 일 처리에 익숙해져 있던 외국인들이 우리나라를 방문했을 때 사람들의 빠른 일 처리에 놀란다고 한다. 반대로 매사 진행이 빠른 우리 문화에만 익숙한 사람들은 미처 깨닫지 못하다가 외국에 나갔을 때 우리나라의 빨리빨리 문화가 얼마나 편리한 것인지를 비로소 깨닫게 된다.

2) 날짜/공휴일

미국식 영어와 영국식 영어는 숫자로 날짜 쓰는 방법이 약간 다르다. 예를 들어 2023년 10월 1일을 영어로 표기할 때 October 1, 2023(October first, twenty twenty-three)이지만 숫자로 쓸 때는 미국식 영어에서는 10/1/2023, 영국식 영어에서는 1/10/2023로 표기한다. 이를 모르면 여행 중 서류 작성 시 헷갈릴 때가 있다.

날짜 변경선

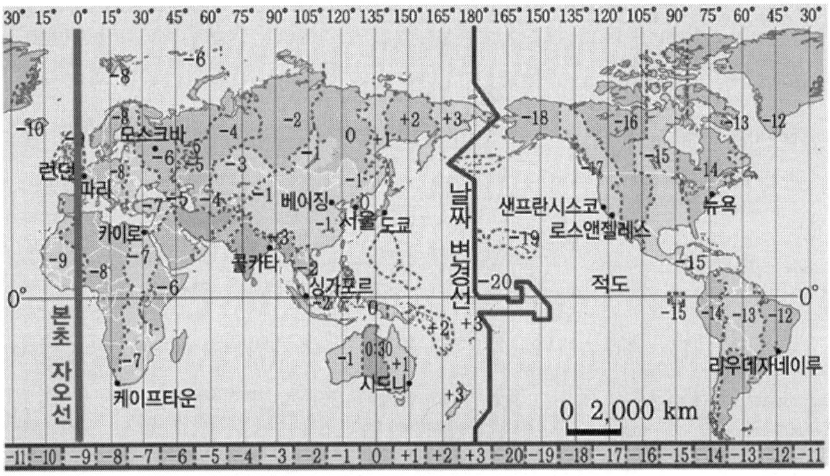

여행을 하다 보면 날짜를 바꾸어야 할 때가 있다. 날짜 변경선(International Date Line)은 경도 180도를 기준으로 삼아 인위적으로 날짜를 구분하는 선이다. 흔히 날짜선, 국제 날짜 변경선이라고도 한다. 날짜 변경선은 영국 그리니치 천문대를 지나는 본초 자오선을 기준으로 동쪽과 서쪽으로 각각 180° 씩을 이동하면 만나게 되는 선을 말한다. 이 선을 기준으로 양쪽 지역은 하루씩 차이가 발생하게 된다. 즉, 동경 180° 선과 서경 180° 선으로서 이들은 하나의 같은 선이 되며, 이 선을 기준으로 좌우 어느 방향으로 이동하느냐에 따라 각각 하루(24시간)씩의 차이가 발생하게 되는 것이다. 이렇게 본다면, 날짜 변경선을 중심으로 동쪽에서 서쪽으로 갈 때는 하루를 더하고, 서쪽에서 동쪽으로 갈 때는 하루를 빼야 한다. 처음 외국 여행을 하는 사람들은 이 부분을 착각하여 낭패를 당하는 경우가 있으니 조심해야 한다.

우리나라의 경우 동경 135°를 표준 경선으로 사용하므로, 영국 표준시보다 9시간이 빠르고, 시차는 +9시이다. 미국 동부 표준시는 영국 표준시에 대해 시차가 -5시이며, 따라서 한국 표준시와 미국 동부 표준시의 시차는 한국을 기준으로 9 - (-5) = +14시가 된다.

날짜와 관련하여 공휴일에 대해 잠깐 언급하자면, 설날이나 성탄절처럼 세계적으로 공통된 공휴일도 있지만, 나라마다 기념하는 공휴일이 대체로 다르므로 외국을 방문하는 경우에는 그 나라의 공휴일에 대해서 참고로 알아두는 것도 좋을 것이다. 다음은 한국과 미국의 공휴일을 비교한 것이다.

한국의 공휴일(Holidays in Korea)	
• 양력 설날(New Year's Day by the solar calendar): 1월 1일(January 1)	• 현충일 (Memorial Day): 6월 6일(June 6)
• 음력 설날(New Year's Day by the lunar calendar): 음력 1월 1일(January 1 by the lunar calendar)	• 광복절(Independence day): 8월 15일(August 15)
• 삼일절(Independence Movement Day): 3월 1일(March 1)	• 추석(Thanksgiving Day): 음력 8월 15일 (August 15 by the lunar calendar)
• 어린이날(Children's Day): 5월 5일(May 5)	• 개천절(National Foundation Day): 10월 3일(October 3)
• 어버이날(Parents' Day): 5월 8일(May 8)	• 한글날(Hangul Day): 10월 9일(October 9)
• 부처님 오신날/석가탄신일(Budda's Birthday): 음력 4월 8일(April 8 by the lunar calendar)	• 성탄절/크리스마스(Christmas Day): 12월 25일(December 25)
	• 대체공휴일 substitute holiday
	• 임시공휴일 temporary holiday

미국의 주요 공휴일(Holidays in the U.S.)	
• New Year's Eve: December 31	• Father's Day: The 3rd Sunday in June
• New Year's Day: January 1	• Independence day: July 4
• Martin Luther King Jr.'s Birthday: January 1	• Labor Day: 1st Monday in September
• Valentine's Day: February 14	• Columbus Day: October 12
• President Day: 3rd Monday in February	• Halloween: October 31
• St. Patrick's Day: March 17	• Veterans' Day: November 11
• Easter:A Sunday in the Spring(March–April)	• Thanksgiving (U.S.): 4th Thursday in November
• Mother's Day: 2nd Sunday in May	• Christmas Eve: December 24
• Memorial Day (last Monday in May)	• Christmas Day: December 25

다음은 미국 주요 공휴일의 축하 방식이다. 우리나라와 같은 점과 다른 점은 어떤 것인지 알아보자.

공휴일(날짜)	축하 방식
New Year's Eve (Evening of Dec. 31)	사람들은 옷을 차려입고 디너파티나 극장에 가서 다가오는 새해를 축하한다. 대부분 파티는 밤 10시가 되어야 시작한다.
New Year's day (January 1)	새해 이브에 마음껏 밤새 즐기고 새해 첫날은 사람들이 대부분 집에서 쉬면서 지낸다. 학교, 관공서, 우체국, 은행 등은 문을 닫는다.
Martin Luther King Jr.'s Birthday (Jan. 15)	인권지도자인 마틴 루터 킹 목사를 기리기 위한 공휴일이다. 보통 월요일로 하여 사람들에게 토–일–월 3일간의 주말을 준다.
Valentine's Day (Feb. 14)	아이들은 학교에서 친구들이랑 인사카드를 주고받는다. 연인들도 카드를 교환하고, 남자들은 자신이 사랑하는 여성(아내, 딸, 엄마, 여자친구 등)에게 꽃이나 사탕을 선물한다. 여자들도 그렇게 한다.
President's Day (3rd Monday in Feb.)	보통 월요일로 하여 사람들에게 토–일–월 3일간의 주말을 준다. 학교, 관공서, 우체국, 은행 등은 문을 닫는다.
St. Patrick's Day (March 17)	아일랜드 공휴일로서 퍼레이드로 축하한다. 어떤 사람들은 녹색(green) 옷을 입는다.
Easter A Sunday in the Spring (March–April)	기독교인들의 휴일이다. 어떤 사람들은 해당 일요일 전 금요일(Good Friday)에 교회에 간다. 일요일 부활절 당일에는 기독교 가족들은 교회에 모여서 전통 음식을 즐긴다. 사람들은 초콜릿 이스터 토끼와 캔디 계란, 젤리 콩 등을 산다. 이스터 계란 찾기도 있고 아이들은 이스터 계란에 색칠도 한다.

(계속)

공휴일(날짜)	축하 방식
Mother's Day (2nd Sunday in May)	가족들이 모이고, 어머니들과 할머니들은 카드와 선물을 받는다.
Memorial day (Last Monday in May)	전쟁에서 돌아가신 분들을 기리는 날이다. 상점들은 세일을 하고 학교, 관공서, 은행들은 문을 닫는다.
Father's Day (3rd Sunday in June)	가족들이 모이고, 아버지들과 할아버지들은 카드와 선물을 받는다.
Independence Day (July 4)	미국이 영국으로부터 독립 선언한 것을 기념하기 위한 날이다. 사람들은 퍼레이드, 피크닉, 바비큐, 불꽃놀이 등으로 축하를 하며, 학교, 관공서, 은행들은 문을 닫는다.
Labor Day (1st Monday in Sept.)	여름의 끝을 의미하는 날이다. 사람들은 피크닉을 가고 야외 파티를 즐긴다. 노동자들의 노고를 기리는 날이다. 학교, 관공서, 은행들은 문을 닫는다.
Columbus Day (October 12)	크리스토퍼 콜럼버스가 미대륙을 처음 발견한 날을 기념하기 위한 날이며, 학교, 관공서, 은행들은 문을 닫는다.
Halloween (October 31)	이날 아이들은 특별한 복장을 하고 집집마다 다니며 "Trick or treat."이라고 말한다. 그들은 사람들이 캔디 등 과자를 주기를 기대한다.
Veterans' Day (November 11)	군에서 근무한 사람들을 기념하기 위한 날이다. 사람들은 국기를 내걸고 퍼레이드를 벌인다. 학교, 관공서, 은행들은 문을 닫는다.
Thanksgiving Day (4th Thursday in Nov.)	신대륙에 처음 발을 디딘 청교도들의 첫 수확을 기념하기 위한 날이다. 전통적으로 구운 칠면조를 포함하여 성대한 음식으로 기념한다. 학교, 관공서, 은행들은 문을 닫는다.
Christmas Eve (December 24)	크리스마스 전날이다. 크리스마스를 앞두고 종일 또는 반나절을 휴무로 즐긴다. 가족과 친구들이 만나고 크리스마스 캐럴을 부르며, 크리스마스트리를 장식하고 불도 밝히며, 다른 집안 장식과 함께 선물을 포장하고 교환하고 풀어보면서 함께 즐긴다.
Christmas Day (December 25)	예수 그리스도의 탄생을 기념하는 기독교인들의 휴일이다. 가족들은 크리스마스 트리를 장식하고 전통 음식을 먹으며, 노래도 부른다. 산타클로스가 선물을 가져온다고 아이들은 믿는다.

참고로 날짜를 숫자로 쓸 때 미국식 영어와 영국식 영어는 다음과 같이 월과 일이 바뀐다는 사실도 기억할 필요가 있다.

e.g. September 1, 2023 (2023년 9월 1일)

(September first, twenty twenty-three)

9/1/2023 (미국식), 1/9/2023 (영국식)

학습 자료 & 활동 - 1

※ Using the information given above on U.S. time zone write down the time in each state which is equal to the given state time.

California Time	Texas (TX) Time	Ohio (OH) Time	Arizona (AR) Time	Virginia (VA) Time	Nevada (NV) Time
7/25 11:00 PM	1. ______	2. ______	3. ______	4. ______	5. ______

〈정답〉 1. 7/26 1:00 AM　2. 7/26 2:00 AM　3. 7/26 1:00 AM
4. 7/26 2:00 AM　5. 7/25 1:00 AM

학습 자료 & 활동 - 2

※ Select the type of celebration for each holiday.

1. Thanksgiving Day ( )	a. It is a holiday commemorating the efforts of working people.
2. Memorial day ( )	b. Children dress up in costumes and visit door to door, saying, "Trick or treat."
3. Labor Day ( )	c. This day honors people who served in the armed forces.
4. Veterans' Day ( )	d. It is celebrated with a large meal, traditionally including a roast turkey.
5. Halloween Day ( )	e. This day honors all those who died in war.

〈정답〉 1. d　2. e　3. a　4. c　5. b

학습 자료 & 활동 - 3

※ Match the Korean holiday and its counterpart in the U.S.

1. 현충일 ( )	a. Thanksgiving Day
2. 노동절 ( )	b. New Year's day
3. 광복절 ( )	c. Memorial Day
4. 설날 ( )	d. Labor Day
5. 추석 ( )	e. Independence day

〈정답〉 1. c 2. d 3. e 4. b 5. a

15. 직업/노동의 가치

1) 직업

미국에서는 직장에서 일하는 사람들이 업무를 보다가도 퇴근 시간이 되면 서비스를 받아야 할 고객이 있건 말건 〈Window Closed〉라는 팻말만 놓고 퇴근하는 경우가 대부분이다. 물론 다른 창구에서 대신 일을 봐주긴 하지만 아무래도 일 보던 창구에서 옮기게 되면 시간이 조금 더 걸리는 경우가 많다. 이럴 때 급히 일을 봐야 하는 고객의 입장에서는 직원의 이런 "칼퇴근"이 때로는 비정하게 느껴질 때도 있다. 이런 "칼퇴근"은 대학 실험실에서 일하는 RA(Research Assistant)들도 마찬가지다. 미국 학생들은 법적으로 일해야 할 시간만 일하는 반면, 우리나라 학생들을 비롯한 외국인 유학생들은 다른 할 일이 없어서건 어쨌건 일요일에도 실험실에 나와 헌신적으로 일하는 모습을 볼 수 있는데, 이를 미국 교수들이 좋아하지 않을 수 없을 것이다.

선진국에서는 사람들의 직업에 대해 귀천이 없다. 무슨 일이든 열심히 해서 잘 살면 그 가치를 인정받는다. 그리고 다른 사람의 직업에 대해 돈을 많이 벌었다고 하면 부러워할망정 우리처럼 엘리트 직업이라고 해서 그 자체를 부러워하지는 않는 것 같다. 그래서 회사에서도 윗사람과 아랫사람과의 대화를 보면 그 관계가 종속관계가 아니라 수평관계라는 것을 알 수 있다. 윗사람이 아랫사람에게 일을 명령하는 게 아니라 부탁하는 식으로 말을 하고 부탁한 일을 완성해주면 "Thank you."라는 말도 자주 한다. 그리고 일을 만족스럽게 하면 칭찬도 마다하지 않는 게 그들의 문화이다. 만약 칭찬을 하지 않으면 자신의 일을 만족스러워하지 않는다고 생각할 수도 있다. 이런 칭찬 문화는 학교에서도 가정에서도 흔히 접할 수 있는데, 미국에서는 직장이건, 학교건, 가정이건 간에 윗사람이 아랫사람을 다스리는 기술로 이런 '긍정적인 강화(positive reinforcement)'를 강조하고 있다. 때로는 칭찬을 넘어 보상(rewarding)을 하는 경우도 있다.

미국에서 직장 생활을 할 경우, 공식적인 업무 시간이 지나면 직장인들은 그야말로 칼같이 직장을 나서는 경향이 있다. 그리고 일단 귀가를 하면 직장 일로 방해받는 것을 원하지 않는다. 그래서 직장 일로 전화를 받는 것도 싫어하는 경향이 있다. 이런 사고방식은 대학원에서 장학금을 받고 실험실에서 일하는 학생들의 행위에서도 나타난다. 계약상 주당 20시간 근무하도록 되어 있으면 그 이상 일할 필요가 없다고 생각하고 자리를 뜨는 경우가 많다. 하지만 우리 한국 유학생들의 경우에는 딱히 다른 곳에 갈 일이 없는 이유도 있겠지만 공부가 거의 전부이기 때문에 대부분의 시간을 실험실에서 보내는 경우가 많다. 이런 점에서 미국 교수들도 한국 유학생들을 좋아하지 않을 수 없을 것이다.

우리나라도 마찬가지지만 직장에서 일하고 나면 보수는 개인 은행 계좌로 들어온다. 하지만 시간제 아르바이트를 하는 경우 개인 수표로 받는 경우도 많다. 이렇게 타인으로부터 받은 개인 수표가 있다면 이 모든 수표는 일단 은행에 있는 자신의 계좌로 집어넣어야 자신의 돈으로 쓸 수 있다. 이때 은행 입금표(deposit slip)를 작성하여야 하는데, 개인 수표들을 은행에 입금하면서 현금이 필요하면 그중 일부 액수를 현금화할 수도 있다.

직장과 관련하여 한 가지 언급하고 싶은 것은, 우리나라와는 달리 미국에서는 여러 사람이 공유하는 직장의 화장실에 개인의 양치 기구를 진열하다시피 두는 것은 예의가 아니라는 점이다. 자기 집도 아닌데 그런 개인적인 물건을 둬서는 안 된다는 사고방식이다. 우리나라의 경우에는 종종 화장실에 아예 칫솔을 두고 점심 식사 후 사용하는 걸 보게 되는데 우리나라 사람들 눈에도 미관상 그다지 아름다워 보이지는 않으니 꼭 화장실에 보관을 해야 한다면 보이지 않게 보관하는 게 어떨까 하는 생각이 든다.

2) 노동의 가치

직업에 귀천이 없다는 말이 있다. 하지만 실제 모든 직업의 사람들이 그렇게 느끼는지는 의문이다. 그런데 선진국일수록 인건비가 높아서 직업 종류에 관계없이 열심히 일을 하면 대부분 경제적인 어려움은 피할 수 있다. 특히 기술직을 가진 자들은 웬만한 화이트칼라 직을 가진 사람보다 더 나을 수 있다. 실제로 저자가 유학하던 때 동서남북으로 컨테이너 트럭을 운전하는 사람이 대학 총장만큼 수입이 된다는 얘기도 들었다. 이런 사정 때문인지 미국인들은 다른 사람이 돈을 많이 벌었다고 하면 부러워할망정 우리처럼 엘리트 직업이라고 해서 부러워하지는 않는 경향이다. 이런 경향은 일반 회사 내에서도 찾아볼 수 있어서 직위에 상관없이 그 관계가 명령과 복종을 하는 종속관계가 아니라 자신이 맡은 일만 열심히 하면 되는 수평관계라는 것을 알 수 있다.

아무리 부유하고 사회보장 제도가 잘 되어있다고 알려진 나라에도 거지는 있다. 복지 천국이라는 스웨덴도, 세계 1등 강대국이라는 미국에도 거지는 있다. 하지만 구걸은 법적으로 금지되어 있다. 우리나라에서도 '다른 사람에게 구걸하도록 시켜 올바르지 아니한 이익을 얻은 사람 또는 공공장소에서 구걸을 하여 다른 사람의 통행을 방해하거나 귀찮게 한 사람'을 경범죄법으로 처벌하고 있다. 옛날에 길에서 흔히 보던 걸인들이 거의 사라졌을 만큼 우리나라의 경제 사정이나 복지 정책이 좋아진 것을 실감할 수 있다. 복지 천국이라 일컬어지는 스웨덴에서는 집시들의 구걸 행위 때문에 골머리를 앓다가 몇 년 전 '구걸 행위 허가제'라는 제도를 도입한 지역까지 등장했다. 우리 돈 3만 원 정도를 지불하고 허가증을 받아야 하며, 허가증 없이 구걸 행위를 하다가 적발되면 50만 원의 벌금을 매긴다고 한다. 돈이 없어 구걸하는 사람에게 허가증값을 지불하라고 하는 것이나, 벌금 50만 원을 매기는 것이나, 실천 가능한 일인지 의문이지만 하여튼 노동의 가치를 존중하는 나라에서는 아무런 노력도 하지 않고 그냥 빌어먹는 것에 대한 사람들의 동정심은 적은 것 같다.

복지 정책으로 최소 생계를 보장하는 제도를 가진 나라에서는 구걸이 불법이라는 인식이 있어서인지 구걸하는 방법도 좀 다른 것 같다. 오래전 저자는 미국 거리에서 멀쩡하게 생긴 사람이 지나가면서 "Do you have quarters to share with me?"라든가, "Do you have a quarter for a cup of coffee?"라고 말하는데 그게 구걸하는 말인지 뒤늦게 알았다. 멀쩡한 사람이 아무 노력 없이 그냥 도와 달라고 하는 구걸 행위는 미국인들로부터 동정을 사기 힘들다. 그래서 악기 연주나 춤, 광대 흉내 등 자신이 할 수 있는 재주를 보여주고 상대방을 즐겁게 해준 대가로 돈을 받으려고 한다. 이런 경우에는 구걸이라기보다는 거리 공연이라는 표현이 더 맞을 것이다. 한번은 저자 일행이 미국 남부 루이지애나주 최대 도시이자 재즈의 본고장인 뉴올리언스(New Orleans) 거리를 지나가고 있을 때 사람들이 많이 모여있길래 무슨 일인가 궁금해 들여다보니 흑인 형제들이 공연을 하고 있었다. 소위 요즘 말하는 비보이 공연 같은 것도 보여주고 말을 아주 재미있게 하면서 사람들을 웃기기도 하여 보는 사람들이 공연을 정말 즐기고 있었다. 그런데 놀라운 것은 공연이 끝나고 나니 구경하던 사람들 지갑에서 5달러짜리 지폐가 막 나왔다. 심지어는 철조망 너머에서 구경하던 사람이 돈을 주려고 손에 돈을 쥐고 흔들기도 했다. 그 형제들은 충분히 돈을 받을 가치 있는 일을 한 셈이다. 또 한번은 이탈리아 나폴리에서 여행 중인 저자의 일행이 한 노천카페에 앉아 있었는데, 10살도 안 되어 보이는 어린아이들이 바이올린을 들고 다니면서 구걸을 하고 있었다. 그런데 구걸하는 데에도 나름대로 규칙과 에티켓이 있어서 놀랐다. 둘이 함께 같은 구역에서 다니는 모양이었는데 한 아이에게 이리 오라고 불러서 돈을 주고 나니까 또 다른 아이가 눈에 들어왔다. 그래서 가까이 오라고 해서 돈을 주려고 하니까 방금 저 아이가 받았기 때문에 저는 안 받겠다고 하는 것이었다. 아마 손님에게 부담을 주지 않기 위해서인 모양이었다. 그래서 괜찮다고 하면서 억지로 준 적이 있었다. G7 국가인 이탈리아에서 어린애들이 구걸하러 다니는 걸 보고 이상하다고 생각했다. 아마도 불법체류자 부모를 둔 아이가 아닌가 추측되었다. 어쨌든 마음이 편치 않았다.

학습 자료 & 활동 - 1

※ Based on the job description, write down the name of the occupation.

Occupations

optician, housekeeper, janitor, hair dresser, travel agent, delivery person, engineer, shop worker, pharmacist, mechanic, barber, repairperson, tailor, greengrocer, baker, florist, jeweler, butcher, plumber, carpenter, gardener, locksmith, real estate agent, electrician, painter

Job Description

1. ___________ : a person who has studied pharmacy and is licensed to prepare and sell drugs
2. ___________ : a person who repairs and maintains machinery
3. ___________ : a person who cuts the hair of and shaves men
4. ___________ : a person who cuts and styles hair
5. ___________ : a person who does a business that organizes travel accommodations for a fee
6. ___________ : a person who fixes things
7. ___________ : a person who makes, sews, or repairs clothes
8. ___________ : a person who sells fruits and vegetables
9. ___________ : a person who bakes bread, cakes, etc. for sales
10. ___________ : 1. a skilled person who makes lenses for eyeglasses
    2. a person or business that sells eyeglasses
11. ___________ : a person who owns or runs a flower shop

12. ____________ : a person who makes, repairs, and/or sells jewelry

13. ____________ : a person or business that cuts and sells meat

14. ____________ : a worker who installs and fixes pipes, drains, bathroom and kitchen fixtures, etc.

15. ____________ : a person who earn a living by making and building things with wood

16. ____________ : a person who professionally takes care of a garden or plants

17. ____________ : a person who installs and repairs locks

18. ____________ : a person who sells property that cannot be moved, such as land, houses, and office buildings

19. ____________ : a person trained in putting in and repairing electrical wiring and devices

20. ____________ : a person who paints, such as a worker or artist

21. ____________ : a person hired to take care of a private house or supervise workers in hotel rooms

22. ____________ : a person in charge of cleaning and fixing things in a building

23. ____________ : a person who takes goods to a place of business, home, etc.

24. ____________ : a person highly trained in science and mathematics who plans the making of machines (mechanical engineer, electrical engineer), roads and bridges (civil engineer), etc.

25. ____________ : a person who works in a shop

〈정답〉 1. pharmacist 2. mechanic 3. barber 4. hair dresser 5. travel agent 6. repairperson 7. tailor 8. greengrocer 9. baker 10. optician 11. florist 12. jeweler 13. butcher 14. plumber 15. carpenter 16. gardener 17. locksmith 18. real estate agent 19. electrician 20. painter 21. janitor 22. housekeeper 23. delivery person 24. engineer 25. shop worker

※ 위 학습 자료로 개별 활동 또는 전체 활동을 함으로써 학생들이 각 직업을 영어로 설명할 수 있도록 준비시킨 다음, 짝 활동으로 직업 관련 어휘를 학습하게 할 수 있다. 물론 이 짝 활동에서 각 직업을 스스로의 영어로 설명한다는 것은 상당한 언어 능력을 요구하기 때문에 난이도를 낮추기 위해서 한 학생은 Occupations 목록을, 다른 학생은 job description을 짝에게 읽어주는 형태로 바꿀 수도 있을 것이다.

학습 자료 & 활동 - 2

※ Presented in the following is a deposit slip. Based on the information given in the slip, answer the questions below.

A Deposit Slip

George B. Best
470 Fifth Street
Elm City, OH

Date December 3, 2023

George B. Best
Sign here only if cash received from deposit

Account #: 49327 0 3095 049

CASH	
CHECKS	150.00
	10.00
	220.50
TOTAL	380.50
Less cash received	50
Total Deposit	330.50

Q1. Who is the owner of this deposit slip?

Q2. What is the address of the owner?

Q3. When did s/he use this deposit slip?

Q4. How many checks did s/he deposit?

Q5. Did s/he receive any cash? If so, how much?

Q6. How much money did s/he deposit?

〈정답〉 1. George B. Best 2. 470 Fifth Street Elm City, OH 3. December 3, 2023
4. Three ($150, $10, $220.50) 5. Yes, $50 6. $330.50

학습 자료 & 활동 - 3 Pair Work

※ Give the definition of each occupation to have your partner write down the name of the occupation in the right box.

A.

①	⑤	⑨ travel agent
② pharmacist	⑥ mechanic	⑩
③ tailor	⑦ jeweler	⑪
④	⑧	⑫ greengrocer

B.

① barber	⑤ optician	⑨
②	⑥	⑩ repairperson
③	⑦	⑪ hair dresser
④ florist	⑧ baker	⑫

16. 노약자 보호/장애인 대우

1) 노약자 보호

이미 고령사회로 진입한 우리나라는 노인 자살률이 OECD 국가 중 단연 1위라는 불명예를 안고 있다. 보건복지부에 의하면 2020년 한 해에만 국내 65세 이상 노인 3392명이 극단적 선택을 했고, 지난 2016년부터 2020년까지 극단적 선택을 한 노인 수가 무려 17,000명에 달한다고 한다. 이런 현상은 우리나라가 지난 수십 년간 매우 빠른 속도로 성장해오는 과정에서 성장 속도를 따라가지 못한 사람들이 소외된 결과라고 한다. 나이를 먹으면서 외로움과 고립감이 높아지고 건강 문제, 경제적 어려움, 사회적 역할 축소 등으로 인한 삶의 의욕이 떨어지는 노인들에 대한 대책도 좀 더 활성화되길 바라고 사람들도 자신의 노후대책을 좀 더 적극적으로 세울 필요가 있는 것 같다. 미국의 경우 결혼을 한 자식들이 부모를 모시는 문화가 아예 없기 때문에 나이가 들어 혼자 생활을 하기 힘들면 당연히 요양원(nursing home)으로 갈 생각을 한다. 요즘은 우리나라도 이런 추세로 나아가고 있는 것 같다. 하지만 사정상 부모님을 집에서 모시지 못하고 요양원에 모시는 걸 가슴 아프게 생각하는 자식들도 아직은 많은 게 현실이다. 요양원 생활이 집에서 생활하는 것보다 오히려 편하고 행복할 수 있다는 인식을 가질 수 있는 날이 오기를 바란다.

노인에 대한 불명예스러운 통계 못지않게 아동 학대에 대한 뉴스도 종종 접하는데, 최근 보건복지부 산하 중앙아동보호전문기관에서 발표한 자료에 따르면 우리나라는 가정 내 아동 학대 문제 대응을 위한 여러 가지 법들을 마련하여 시행하고 있음에도 불구하고 부모에 의한 아동 학대가 절대적으로 높은 비율을 차지한다니 기가 막힌다. 다른 범죄들과 마찬가지로 범죄에 대한 처벌이 너무 약한 건 아닌지 모르겠다. 우리나라에서는 아이가 말을 안 듣는다고 부모가 길에서 아이에게 벌주는 경우도 없지 않은데, 외국에서는 그런 행동을 했다가는 자칫 아동 학대로 신고당할 수도 있으니 조심해야 한다. 아이를 제대로 보호하지 않는 것만으로도 신고를 당할 수 있다. 예를 들어 우리나라에서는 어린애를 혼자 집에 두고 볼

일 보러 간 사이 아이가 베란다에서 떨어져서 죽는 사고가 생기면 그 부모에게 중과실이 있다고 밝혀지지 않는 한 부모를 처벌하는 법규가 없다. 하지만 미국에서는 사정이 다르다. 같은 사고에 대해서 최소한 10년에서 20년 정도의 형을 살아야 할지도 모른다. 자식을 잃은 슬픔과 고통도 이만저만이 아닌데 법적으로 가혹한 처벌까지 받아야 한다니 우리 감정으로는 심하다는 생각도 든다. 하지만 미국에서는 아이를 방치한 어른을 무겁게 처벌한다. 아이가 죽거나 다치지 않더라도 방치한 것만으로도 처벌을 받게 된다. 실제로 어떤 한국의 법조인 부부도 미국령 괌에 관광을 갔다가 낭패를 당했다는 뉴스를 접한 적 있다. 아이들을 차에 두고 자리를 비웠다가 아동보호법 위반으로 문제가 된 것이다. 이는 한국식 사고를 가진 부모가 미국의 아동보호법에 대해 무지했던 결과이다.

미국에서는 7세 이하의 어린애들은 잠시도 혼자 두어서는 안 된다. 8~10세의 어린이는 밤에는 안 되고 낮 동안에만 1시간 30분 이내의 범위에서 혼자 둘 수 있고 그 시간을 초과하면 안 된다. 즉 이런 나이의 아이는 방에 두고 어른이 샤워를 하거나 집안일을 하는 것, 바깥 청소를 하는 정도만 가능하다는 의미이다. 11세~12세까지는 3시간까지는 혼자 둘 수 있으나 밤 시간에는 안 된다. 이 정도의 나이 아이는 혼자 두고 재빨리 볼일을 보러 가는 정도는 가능하나 영화를 보러 영화관에 가거나 장시간 외출을 해서는 안 되는 정도의 허용시간이다. 13~15세는 3시간 이상도 가능하나 부모가 외박하는 것은 불가능하다. 외식을 하거나 영화를 보고 파티에 참석하거나 외박을 하지 않는 당일치기 여행도 가능한 수준의 시간 여유이다. 16~17세의 아이를 둔 부모는 연이틀 48시간 이내 범위에서 집을 비워도 문제가 되지 않는다. 이를 위반할 경우에는 사안의 경중에 따라 처벌 강도가 따른다. 대부분 벌금과 교육 참석으로 끝나지만, 정도가 지나치면 (가령 방치된 아이가 사고를 당한 경우) 징역형에 처해지고, 상습적으로 반복 적발되는 경우 법원의 판결로 부모 자격이 박탈되고 양육권을 상실할 수도 있다.

미국 공휴일에는 어린이날이 없다. 항상 어린이를 우선으로 대우하기 때문에 따로 어린이날을 정할 필요가 없어서인 것 같다. 어딜 가도 아이들이 보호받고 환영받는 나라이다. 우리나라에서와는 달리 미국에서는 노인보다 어린이나 장애인을 우선으로 대우한다.

2) 장애인 대우

미국을 가리켜 장애인 천국이라고 하는 말이 있다. 저자가 오래전 유학하면서 기숙사 사무실에서 일하던 중 어느 날 한국에서 온 맹인 유학생의 기숙사 입사 업무를 처리한 적이 있다. 맹인으로서 유학을 온 것에 대해서 정말 대단하다고 여긴 적이 있는데, 그 당시에는 미국이니까 가능하다는 생각을 했다. 넓은 캠퍼스에서 강의실을 어떻게 찾아가나 했는데, 장애인 전용 버스가 기숙사까지 와서 강의실로 실어다 주는 서비스가 있었다. 그 외에도 장애인 학생들이 공부할 수 있도록 여러 가지 편의 제공이 있었으리라 생각된다.

저자가 유학을 마치고 우리나라로 돌아와 강단에 서기 시작했을 때쯤에는 우리나라도 강의동마다 장애인용 엘리베이터를 설치하는 등 노력을 하고 있었다. 그 후로 특수교육학과에 재학 중인 맹인 학생이 내 강의를 듣게 된 경우가 두 번 있었는데, 강의 내용 파일을 그 학생들에게 미리 보내주는 형식으로 수업을 진행했었다. 그 학생들이 그렇게라도 강의를 들을 수 있었던 것은 과학의 발달로 컴퓨터를 사용할 수 있게 된 덕분이었고 엘리베이터가 설치된 강의동 이동이 자유로워진 덕분이었다. 하지만 미국에 비하면 아직 우리나라는 장애인들이 편하게 사회생활을 하기에는 부족한 점이 매우 많다. 앞으로 상황이 개선되기를 기대해 본다. 많이 좋아진 것은 확실한 것 같다.

코로나 대유행이 시작되기 전 저자가 사는 도시 부산에서 휠체어를 태울 수 있는 버스를 탄 적이 있는데, 막상 실제로 휠체어가 승차하는 것을 본 적은 없다. 새 버스인 걸 감안하면 최근에 나온 장애인 정책인 것 같은데, 실제로 저자는 그 버스를 처음 보는 순간, 우리나라 도로 상황에서 이런 버스가 제대로 운행이 될 수 있을까 하는 의구심이 들었었다. 왜냐면 우리나라는 도로 사정이 미국처럼 한 개 도로에 한 개 노선의 버스만 다니는 게 아니기 때문이다. 정류소를 여러 대의 버스가 공유하기 때문에 장애자를 태우기 위해 버스에서 램프(ramp)를 내리고 올리는 동안 다른 버스들이 줄줄이 정체되는 상황을 초래할 것이기 때문이다. 그리고 도로도 평지가 아닌 곳이 많아서 장애자용 버스를 운행하기 어려운 환경이다. 아직 그런 버스를 운행하고 있는지, 시범으로 운행하다 그만두었는지 모르겠지만 이후로 저자는 그런 버스를 본 적이 없다.

학습 자료 & 활동 - 1

※ Match the word with its definition.

Word	Definition
1. senior ( )	a. a private institution providing residential accommodations with healthcare, especially for elderly people.
2. child abuse ( )	b. a person who looks after a child or children while the parents are out
3. ramp ( )	c. a person who is a specified number of years older than someone else.
4. kneeling bus ( )	d. A seat on public transport reserved for use by people with disabilities, the elderly, pregnant women and others in need
5. nursing home ( )	e. a slope for joining two different levels, as at the entrance or between floors of a building.
6. babysitter ( )	f. a bus that can lower its body or entrance door to facilitate boarding by disabled or elderly people
7. priority seat ( )	g. physical maltreatment or sexual molestation of a child.

〈정답〉 1. c 2. g 3. e 4. f 5. a 6. b 7. d

※ 위 자료의 경우에 학생들은 단어와 정의를 연결하는 과정에서 읽기를 연습하는 기회를 갖게 되지만, 그 외에도 다양한 방법으로 학습 활동을 하게 할 수 있을 것이다. 예를 들면 교사가 정의를 읽어주고 학생은 듣기를 하면서 해당 단어를 말하게 하는 방법이다. 또는 단어를 하나씩 화면에 제시하고 학생들로 하여금 제시된 단어에 대한 정의를 말할 수 있는지 기회를 준 다음 교사가 정의를 말해준 뒤 그 정의를 화면에 다시 띄워주면 듣고 말하고 읽는 기회까지 갖게 되는 것이다. 이렇듯 교사가 어떻게 하느냐에 따라 학생들은 다양한 방법으로 목표 언어를 접하게 되는 만큼, 언어 교실에서 교사 역할이 중요하다고 하겠다.

학습 자료 & 활동 - 2

※ The passage below is part of the 'Declaration on the Rights of Disabled Persons' in the U.S.A. Choose an appropriate word for each blank.

> Disabled persons have the inherent ___①___ to respect for their human dignity. Disabled persons, ___②___ the origin, nature and seriousness of their handicaps and disabilities, have the ___③___ fundamental rights as their fellow-citizens of the same age, which ④___ first and foremost the right to enjoy a decent ___⑤___ as normal and full as possible.

1. a. freedom	b. tendency	c. duty	d. right
2. a. whichever	b. whatever	c. whenever	d. whoever
3. a. same	b. right	c. good	d. solid
4. a. demands	b. argues	c. devotes	d. implies
5. a. goal	b. life	c. style	d. manner

Q: Now, can anybody tell the message of the passage in your own English?

____

____

____

〈정답〉 1. d　2. b　3. a　4. d　5. b

※ 이때 교사는 가능하면 여러 학생에게 기회를 주기 위해서 한 학생에게 전체 메시지를 말하게 하는 것보다는 여러 학생에게 한 문장씩 말하게 하는 것도 필요할 것이다.

17. 인권 보호/차별 금지

1) 인권 보호

국제법률가위원회(International Commission of Jurists), 국제성소수자협회(ILGA World), 국제성소수자협회 아시아지부(ILGA Asia), 국제인권연맹(International Federation for Human Rights), 국제앰네스티(Amnesty International), 포럼아시아(FORUM-ASIA), 휴먼라이츠워치(Human Rights Watch) 등 일곱 곳의 주요 국제인권단체가 포괄적 차별금지법 제정을 대한민국 국회에 촉구하는 공동성명을 발표한 적이 있다. 이들 국제 인권단체들은 포괄적 차별금지법을 통해 성 소수자를 비롯한 사회의 모든 구성원을 차별로부터 보호하고자 한다. 그들은 이러한 차별금지법을 통해 한국이 사회적 포용을 증진하고 인권의 존중, 보호, 실현이라는 국제 인권의무를 이행하기 위해 노력하고 있는 나라라는 것을 국제사회에 증명할 수 있을 것이라고 강조하였다. 한편 우리나라에서는 이 법에 대한 찬반 의견이 갈린 가운데 아직 입법화되지는 못하고 있는 실정이다.

2) 차별 금지

성 소수자(sexual minority)는 매우 포괄적인 용어이지만, 워낙 다양한 성 소수자 집단이 존재하는 관계로 그와 유사하게 사용하거나 하위 집단을 일컫는 다양한 용어와 신조어들이 존재한다. 그중 LGBT는 레즈비언(Lesbian), 게이(Gay), 양성애자(Bisexual), 트랜스젠더(Transgender)를 함께 일컬어 부르는 단어이다.

네덜란드가 2001년에 전 세계에서 처음으로 동성결혼을 이성결혼과 똑같이 인정한 이래 미국, 프랑스, 영국, 독일, 캐나다 등 전 세계 34개국에서 동성 간의 결혼을 합법화하였다. 아시아에서 최초로 대만은 2017년 동성결혼을 합법화하였고, 일본 삿포로 지방법원에서도 "동성결혼을 인정하지 않는 것은 헌법에 위배된다"고 판결한 바 있다. 반면 한국은 동성 관계인 사람의 혼인은 물론 피부양자 인정도 하지 않고 있다. 하지만 우리나라에서도 퀴어 축제(Queer Parade)[3]가 열리는 걸 보면 우리나라도 많이 달라진 것 같다.

미국에서는 1972년 타이틀 9(Title IX)라는 연방법(이하 타이틀 9법)을 개정하여 교육기관의 모든 교육 프로그램 및 활동에서의 성차별을 금지하였다. 이 법에 의하면 "미국 내 어느 누구도 연방 정부의 지원을 받는 모든 교육 프로그램 및 스포츠 등의 활동으로부터 성별(sex) 때문에 참여가 제외되거나, 혜택이 거부되거나 혹은 차별을 받지 아니할 것이다"라고 명시되어 있다. 이 법은 연방 정부로부터 재정지원을 받는 학교, 지방(Local) 및 주(State) 교육기관, 그리고 도서관, 박물관 등의 다양한 기관에 적용된다. 이 법의 보호 범위는 성희롱 및 성폭력 등 성을 기반으로 하는 괴롭힘, 임산부 학생 혹은 육아를 하는 학생들에 대한 대우, 성 소수자에 대한 차별 대우 금지 등이 포함된다. 교육 기관들은 최소한 한 명 이상의 전담 직원을 배치하여 성차별 금지 조항이 잘 지켜지고 있는지, 그리고 학생들로부터 이의가 제기될 경우 철저한 조사가 이루어지도록 하고 있다. 차별을 받은 학생들의 경우 연방법에 따라 교육부(Department of Education) 혹은 연방 법원에 그 기관을 고소할 수 있으며 법을 어긴 기관의 경우 연방 정부의 지원을 받지 못하는 등의 심각한 불이익을 받을 수 있다(U.S. Department of Education, 2022). 이러한 성차별 금지법 덕분에 실제로 미국에서는 남자들이 주로 담당하던 경찰, 보안 요원, 버스 운전사 등의 일을 여자들이 하는 경우를 흔하게 보게 된다. 또한 이러한 성차별 금지의 일환으로 미국 국무부가 성별을 여성이나 남성이 아닌 'X'로 표시한 여권을 처음으로 발급했는데, 자신을 남성이나 여성으로 규정하지 않아 여권을 발급받지 못했던 성 소수자들의 권리를 인정하고 공식 신분증을 확보할 길을 열어준 사건으로 여겨진다.

법적으로 차별 금지를 하고 있긴 하지만 미국과 같이 다민족이 모여 사는 나라에서는 알게 모르게 인종 차별이 존재하는 것도 사실이다. 때로는 노골적으로 표현하는 사람도 있다. 간혹 매스컴을 통해 유색인종을 혐오하는 백인이 범죄를 저질렀다든가 백인 경찰이 죄 없는 흑인을 심하게 다루어 흑인 폭동이 일어났다든가 하는 뉴스를 접하기도 하는 것처럼, 남의 나라에 갔을 때는 예상치 않았던 불상사를 당하지 않도록 행동에 조심할 필요가 있다. 백인

3 퀴어 축제의 시발점은 스톤월 항쟁이다. 이 항쟁은 1969년 미국 경찰이 게이바 '스톤월'을 습격하면서 발생한 시위를 말한다. 퀴어 축제는 이후 전 세계로 퍼져나갔다. 성 소수자로서 숨지 말고 당당하게 자긍심과 권리를 세상에 알리자는 취지로 축제를 열었다. 본인이 성 소수자가 아니어도 성 소수자의 권리를 지지하는 많은 사람이 이 축제에 참여한다.

우월주의자 단체인 KKK(Ku Klux Klan)는 미국 테네시주의 조그만 도시 펄래스키(Pulaski)에서 1865년 12월 24일 크리스마스이브에 퇴역군인 여섯 명이 모여 조직해 1866년 6월 정식으로 발족한 백인우월주의 단체다.

미국에서는 KKK단원같이 노골적으로는 아니더라도 일부 인종차별주의자들이 분명히 있다. 인종차별 때문에 폭동까지 일어나는 사례들이 있다. LA 폭동 사건이 한 예이다. 죄 없는 흑인을 백인 경찰이 죄인으로 몰아 과잉 진압하는 바람에 일어난 사건이다. 그때 많은 한인 상점들이 약탈로 피해를 보았지만, 흑인가에서 장사를 하면서 흑인들과 좋은 관계를 유지하고 있던 한인 상가는 오히려 흑인들이 지켜주었다는 뉴스가 있었다. 또한 미국 북부 오하이오주 클리블랜드에서는 12세 흑인 소년이 공원에서 장난감 총을 가지고 놀다가 119 신고를 받고 달려온 백인 경찰이 경찰차에서 내리자마자 2초 만에 쏜 총에 맞아 사망한 사건이 있었는데, 백인 경찰에 대한 판결이 무죄로 나오는 바람에 흑인들 사이에서 인종차별로 간주하여 동요의 조짐이 보였다. 그러자 이를 우려한 정부 측에서 사망한 소년의 가족과 협상하여 69억을 배상하고 폭동이 일어나는 것을 막은 사례도 있다.

학습 자료 & 활동 - 1

※ Match each word with its definition.

Word	Definition
1. self-evident (　)	a. lack of fairness
2. brotherhood (　)	b. prevent (someone) from having to do or face something difficult or unpleasant.
3. sheltering (　)	c. prolonged cruel treatment or control.
4. injustice (　)	d. not needing to be demonstrated or explained; obvious
5. oppression (　)	e. an association, society, or community of people linked by a common interest, religion, or trade.

〈정답〉 1. d　2. e　3. b　4. a　5. c

학습 자료 & 활동 - 2

※ Read the newspaper article below and answer the questions.

S. Korean in New York sues McDonald's for 'racist assault'

An elderly ethnic Korean in New York has filed a multi–million–dollar suit against McDonald's for an alleged racist attack by one of its workers, his lawyer said Sunday. The 62–year–old man residing in the U.S. city surnamed Kim sued the head and New York branch offices of McDonald's and several officials seeking $10 million in compensation after he allegedly experienced verbal and physical attacks by a McDonald's manager in Flushing, Queens, according to the law firm Kim & Bae. In the afternoon on Feb. 16, the female manager Lucy, identified only by her first name, hit Kim with a broom after he complained to another clerk that he had waited for about 10 minutes to buy a cup of coffee. Upon listening to Kim's complaint, the manager allegedly shouted at him to get out of the restaurant, saying no coffee is available for "people like you."When Kim then tried to record what was happening with his cellphone, the manager hit him with the broom, hurting his left hand and breaking his phone, according to his lawyer. The manager Lucy was detained by police later in the day and was indicted on assault charges."Kim was not able to work for a while due to the injuries, and he has been suffering from severe mental pain caused by the ill treatment and the subsequent humiliation," his lawyer Bae Moon–kyung said."It constitutes a racially motivated hate crime, as Kim was the only Asian there at that time," he said, stressing that strong legal actions are "to prevent a recurrence of such a case against ethnic minorities."Kim, who moved to the U.S. some 30 years ago, holds a U.S. citizenship.The lawsuit drew attention as it reminds people of the case where McDonald' s workers in Queens clashed with a group of Korean senior citizens over the restaurant's 20–minute seating limit. The long–standing conflict flared up in January as the employees called the police to remove Korean seniors who spent hours sipping coffee at the restaurant.After heated debate and controversy, the two sides reached an agreement. The management vowed to ease the limit during off–peak hours, and the seniors in turn promised to give up their seats during busy hours.

(Yonhap)

Q1. Who sued McDonald's?

____

Q2. Why did the Korean man sue McDonald's?

____

Q3. What did each side do to solve the problem?

____

학습 자료 & 활동 - 3

※ The following is part of the famous Martin Luther King Jr.'s address. Fill in the blanks with appropriate words to match the given meaning. The first letter for each word is given.

I Have a Dream

I say to you today, my friends, so even though we face the difficulties of today and tomorrow, I still have a dream. It is a dream d ① rooted in the American dream.
(깊이 뿌리박힌)

I have a dream that one day this nation will rise up and live out the true meaning of its creed; we hold these truths to be self-evident that all men are created e ② .
(평등하게 창조된)

I have a dream, that one day on the red hills of Georgia the sons of former slaves and the sons of former slave o ③ will be able to sit down together at the table of brotherhood.
(노예 소유자들)

I have a dream, that one day even the state of Mississippi, a state sweltering with the heat of injustice, sweltering with the heat of oppression, will be transformed i ④ an oasis of freedom and justice.
(~로 바뀌다)

(by Martin Luther King, Jr. *Delivered on the steps at the Lincoln Memorial in Washington D.C. on August 28, 1963)

〈정답〉 ① deeply ② equal ③ owners ④ into

18. 측정 단위 비교(Comparing Measurement Units)

※ 측정 단위는 크게 다음과 같이 우리나라를 포함한 나라들이 사용하는 국제단위가 있는가 하면 미국을 포함한 다른 나라에서 사용하는 단위도 있다. 학생들에게 이 두 종류의 단위를 비교해 보는 기회를 갖게 할 수 있다. 예를 들어 다음과 같은 질문을 던지고 답하게 해보는 것도 좋다.

1) 온도

<table>
<tr><th>Unit
(측정 단위)</th><th>U.S.A.
(미국)</th><th>International (Korea)
국제사회(한국)</th><th>Strategy to remember
(대략의 기억법)</th></tr>
<tr><td rowspan="2">온도
(Temperature)</td><td>화씨
Fahrenheit (F)</td><td>섭씨
Celsius (C)</td><td rowspan="2">77°F ≒ 25°C
(화씨 77도는 섭씨 25도)
(+11) (+6)
88°F ≒ 31°C
(화씨 88도는 섭씨 31도)
(+11) (+6)
99°F ≒ 37°C
(화씨 99도는 섭씨 37도)</td></tr>
<tr><td colspan="2">F° = 9/5 x C° + 32</td></tr>
</table>

2) 길이, 무게, 부피 & 넓이

<table>
<tr><th>Unit
(측정 단위)</th><th>U.S.A.
(미국)</th><th>International (Korea)
국제사회(한국)</th><th>Strategy to remember
(대략의 기억법)</th></tr>
<tr><td rowspan="2">길이
(Length)</td><td>인치
1 inch (in)</td><td>2.54cm</td><td>1 in ≒ 1/12 ft
(1인치는 약 2.5cm)</td></tr>
<tr><td>피트
1 foot (ft)</td><td>30.48cm</td><td>1 ft ≒ 30cm
(1피트는 약 30cm)</td></tr>
</table>

(계속)

Unit (측정 단위)	U.S.A. (미국)	International (Korea) 국제사회(한국)	Strategy to remember (대략의 기억법)
길이	야드 1 yard (yd)	91.44cm	1 yd ≑ 90cm (1야드는 약 90cm)
	(Length)	16.09km	1 mi ≑ 1.6km (1마일은 약 1.6km)
무게 (Weight)	온스 1 ounce (oz)	28.35g	1 oz ≑ 30g (1온스는 약 30g)
	파운드 1 pound (lb)	453.5g	100lb ≑ 45kg (100파운드는 약 45kg)
부피 (Volume)	액량 온스 1 fluid ounce (fl oz)	29.57ml	1 oz ≑ 30ml (1온스는 약 30ml)
	갤런 1 gallon (gal)	3.785L	1gal ≑ 3.8L (1갤런은 약 3.8리터)
넓이 (Area)	에이커 1 acre (a)	4046.86m^2	1 a ≑ 4,000m^2 (1에이커는 약 4,000m^2)

학습 자료 & 활동 - 1

※ Convert each U.S. unit into the Korean one.

1. He drove 80 miles per hour. ⇨ He drove ≑ _______ km per hour.

2. My uncle owns 3000 acres of land. ⇨ My uncle owns ≑ _______ km^2 of land.

3. I bought 2 gallons of milk. ⇨ I bought ≑ _______ L of milk.

4. Her weight is over 120 pounds. ⇨ Her weight is over ≑ _______ kg.

5. The distance is only 10 yards. ⇨ The distance is only ≑ _______ m.

6. His height is 6' 2". ⇨ His height is ≑ _______ cm.

〈정답〉 1. 128 (1.6 x 80)　2. 12 (3,000 x 4,000 = 12,000,000m^2 = 12km^2)　3. 7.6 (3.8 x 2)
4. 54 (45 x 1.2)　5. 9 (90 × 10 = 900cm)　6. 185 (6 x 30 + 2 x 2.5)

학습 자료 & 활동 - 2

※ Convert the Korean temperature into the U.S one.

1. 20℃ = ________ ℉

2. −15℃ = ________ ℉

3. 104℉ = ________ ℃

4. 50℉ = ________ ℃

〈정답〉 1. 68　2. 5　3. 40　4. 10

19. 학교 교육/자녀 양육

1) 학교 교육

우리나라 교육에서는 남에 대한 배려 정신을 높이 산다. 심지어는 위기에 빠진 남을 구하다가 자신의 목숨을 잃기까지 하는 사례도 있는데, 아마도 이러한 배려 문화를 모르는 서양인들로서는 이해가 안 갈 수도 있을 것이다. 그래서 때로는 우리나라 사람들의 배려 문화가 오히려 소위 선진국이란 나라 사람들에게 오해나 불만을 살 때도 없지 않다. 그들의 문화에서는 이해가 가지 않는 바도 아니지만 참 정이 안 간다는 생각이 들기도 한다. 얼마 전 유튜브에 올라온 프랑스인의 사연을 보면, 한국을 방문 중 갑자기 내리는 비 때문에 어쩔 줄 모르는 자신을 보고 지나가던 학생들이 쓰고 가던 우산을 하나 건네주면서 자신들은 나눠서 쓰고 갈 수 있으니 가지라고 했다는데 우산을 팔기 위해 그러는 줄 알고 지갑을 꺼냈었다는 얘기였다. 서양 문화에서는 모르는 사람에게 자신의 것을 아무 대가 없이 내어주는 친절을 보기 힘들기 때문에 그녀의 행동도 이해는 간다. 또 하나의 예를 든다면 줄 서기 문화이다. 한국 사람들은 어르신이나 몸이 불편한 사람들이 줄을 설 때 앞에 끼워주는 사람이 있어도 뒤에 줄 선 사람들이 불평을 한다든가 하는 일은 거의 없다. 하지만 이런 행동은 서양 사람들에게는 이해가 안 가는 일이다. 그들의 사고방식으로는 뒤에 선 사람들의 동의를 받지 않고 혼자 그런 행동을 하는 것은 부당하다고 여기며, 만약 그렇게 하려면 당사자가 대신 줄 맨 뒤로 가서 서야 한다는 것이다.

위와 같은 좋은 배려 문화가 있음에도 불구하고 최근 우리나라에서는 도를 넘는 일부 학생들과 학부모의 행위가 사회적 뉴스가 되고 있다. 제대로 된 교육을 위해서는 학생들의 인권도 좋지만, 도가 넘는 행위를 제재할 수단도 필요한 것 같다. 학교 교사들이 학생과 학부모가 두려워 학생 지도를 제대로 못한다는 게 말이 되는가. 어쩌다 우리나라 학교 교육이 이 지경이 되었는지 안타깝고 걱정스럽다. 저자가 중등교사로 일할 때는 한 반에 60명이 넘는 학생 수를 가지고도 요즘 뉴스에 보도되는 학생이나 학부모의 행동은 상상조차 하기 힘들었다. 요즘은 학생 수도 대개 한 학급에 20명 남짓밖에 안 되고 모든 면에서 옛날과는 비교도 안 될 정도로 교육적인 뒷받침이 나아졌는 데도 불구하고 학생 지도가 수월해지기는 커녕 기가 막힌 문제들이 학교에서 발생하고 있으니 분명 우리 교육에 크게 문제가 있는 것 같다.

문화가 다르듯이 나라마다 학교에서 학생들이 지켜야 할 규칙도 다르다. 우리나라에서는 그냥 넘어갈 수 있는 일인데도 다른 나라에서는 벌을 받을 수 있다. 예를 들면 우리나라에서는 필통에 칼이 들어있는 것을 아무렇지 않게 여길 수 있지만, 미국에서는 금지 물품이다. 장난감 총도 마찬가지이다. 커터 칼을 소지하고 등교하면 정학 10일을 매기는데 학부모들은 이것도 가볍다고 생각할 정도이다. 학생들이 등교할 때 아예 가방조차 가져오지 못하게 하는 학교도 있다. 총이나 칼 등 흉기를 지참하고 등교할 가능성 때문인데, 학생들은 덕분에 책을 아예 손에 들고 가거나 투명 가방에 담아서 등교한다. 잊을 만하면 총기 난사 사건이 또 터지는 미국의 학교 상황을 감안하면 이런 조치는 충분히 이해가 간다.

학생들이 지켜야 할 규칙에 있어서 미국과 우리나라의 또 다른 차이 중에 몇 가지만 살펴보자면 다음과 같다. 먼저 낙서 문제이다. 우리나라 교실에서는 학생들이 책상에 낙서하는 경우는 흔하다. 교육적으로 낙서를 안 하도록 지도는 하지만 그 때문에 처벌까지는 하지 않는다. 그런데 미국 학교에서는 책상에 낙서하는 행위를 금지하고 있다. 책상은 국가 재산이기 때문에 이에 손상을 입히면 벌을 받는다. 이러한 국가 재산은 학생들이 사용하는 교과서에도 적용되는데, 미국 교과서는 책 표지를 넘기면 해당 교과서를 사용한 학생들의 이름들이 자필로 나온다. 미국에서는 학생들이 사용하는 교과서가 우리나라처럼 개인 소유가 아니고 국가 재산이며 학생들은 새 학년이 되면 교과서를 대여받아 사용하는 개념이기 때문에 교과서를 사용하는 학생은 자신의 이름을 교과서에 적어야 하고 낙서도 금지되어 있다. 학생들이 하나의 교과서를 물려가며 사용하기 때문에 여러 해 동안 사용할 수 있도록 교과서 표지가 두껍고 튼튼한 양장본(hardcover)으로 되어있는데 덕분에 미국 교과서는 우리나라 교과서에 비해 무겁다. 그 때문인지 집에서 볼 일이 없으면 학생들은 보통 교과서를 집에 가져오지 않고 사물함에 넣어두고 다닌다. 미국 학교에서 학생들이 하지 말아야 할 다른 행위 중에는 친하다고 어깨동무하는 행위와 교사가 꾸중할 때 고개 숙이는 행위도 포함된다. 전자는 동성애자들을 연상시키기 때문에 금기시되며, 후자는 고개 숙이는 행위를 우리나라에서처럼 잘못을 반성하는 태도로 여기는 게 아니라 학생이 교사의 말을 무시하거나 반항하는 것으로 여기기 때문이다.

미국 학교 문화가 우리나라와 다른 예에는 고교졸업식도 있다. 졸업생들은 턱시도와 드레스로 치장하고 하루 저녁을 신나게 즐긴다. 인생에 있어서 부모의 보호 아래 다니던 학교를 떠나는 이날 행사를 위해 부모들은 리무진 차를 빌려주고 옷을 맞춰주기 위해 돈을 들인다. 이날만은 자녀들이 외박을 해도 부모가 잔소리를 못 한다고 한다. 이렇게 고등학교를 졸업한 학생들은 집을 떠나 대학으로 가면서 독립적인 생활을 하는 것이 일반적이다. 참고로 우리나라에서 미국으로 유학 가는 학생들을 포함한 외국인 학생들은 비거주민 학생(nonresident student)으로서 의무적으로 정규 학생(full-time student)이어야 하며 체류 기간 중 항시 재학 중이어야 하고 교내에서의 시간제 아르바이트 외 취업을 하는 것은 위법이다. 하지만 거주민 학생(resident student)에게는 이 규칙이 적용되지 않기 때문에 대학생들은 시간제 학생(part-time student)으로 등록해 놓고 학비를 스스로 벌어가며 쉬엄쉬엄 공부할 수도 있다. 따라서 미국 부모들은 우리나라 부모들과는 달리 자식 대학 뒷바라지하느라 허리가 휘는 일도 없을 뿐더러 자식을 위해 자신을 희생하는 경우가 거의 없다. 우리나라도 요즘은 자식들이 부모를 모시는 일이 점점 드물어지는 만큼 부모들도 자식에게 모든 것을 쏟아붓는 것보다는 스스로의 노후대책을 세우는 게 현명한 일인 것 같다.

2) 자녀 양육

우리나라의 인구수가 자꾸 줄어드는 가장 큰 이유 중 하나로 자녀 양육 부담을 들 수 있을 것이다. 세계에서 가장 양육비가 많이 드는 나라가 바로 대한민국이라고 한다. 2위가 중국, 3위가 이탈리아 순이다. 부모 자식 관계도 옛날 같지 않으니 이제는 부모도 자식을 위해 희생하는 삶을 살고 싶어 하지도 않는 것 같다. 맞벌이로 많은 돈을 벌면서도 자식을 낳지 않고 결혼 생활을 하는 Dink족이 늘어가는 세상이다. 어린이집에 보낼 때부터 대학 졸업 때까지 대부분 부모가 금전적인 뒷받침을 하는 우리나라에서는 자녀 양육 부담이 너무 크다. 대학 진학률이 너무 높은 것도 문제라고 생각된다. 학문적인 목적이 아니라, 대학 졸업장이 있어야 취직을 하는 데에도 유리하고, 결혼하는 데에도 빠지지 않는다는 국민적 생각부터 바뀌어야 할 것 같다. 그리고 대학 정원도 대폭 줄여야 할 것 같다. 취업이 어려운 점 외에도 실제로 대학을 졸업하고 나서 아무것도 할 생각이 없는 젊은이들도 있다. 도대체 대학을 왜 가는지, 왜 보내는지 이해가 안 간다. 부모들의 역할은 뼈 빠지게 일해서 자식을 대학에 보내는 게 아니라 자식의 개성을 파악하고 자식이 좋아하는 분야로 나아갈 수 있도록 도와

주는 것이어야 한다. 대학을 졸업해도 취직을 못하는 젊은이들이 많지 않은가? 우리나라도 이제 미국처럼 전문 기술만 있다면 대학에 진학하는 것보다 나은 삶을 살 수 있는 날이 와야 한다. 그게 가능하기 위해서는 국민적 인식 자체가 바뀌어야 하지 않을까 싶다. 있는 힘을 다해 열심히 공부해서 대학을 졸업해도 취직이 안 되는 젊은이들을 보면 측은하다. 우리 젊은이들이 좀 더 행복한 삶을 살아갈 수 있도록 어른들의 사고방식부터 바뀌어야 한다. 미국은 수리공도 일단 부르면 기본이 수십만 원이니 대학 가기 위해 구태여 하기 싫은 공부 안 하고 기술만 잘 익혀도 먹고사는 데 지장 없는 사회다. 우리나라도 자신과 맞지도 않는 전공을 공부하기보다 확실한 기술을 익히는 게 훨씬 잘 살 수 있다는 인식을 전 국민이 가질 수 있는 날이 오면 좋겠다. 사실 우리나라는 대학 수가 너무 많다. 고등학교만 나와도 할 수 있는 일을 대학까지 나와서 하는 일도 많다. 대학에 대한 집착만 버려도 많은 국민이 행복해질 것 같다.

학습 자료 & 활동 - 1

※ Match the English word with its Korean meaning.

English	Korean
1. Kindergarten ( )	a. 어린이의 주간보호소, 탁아소
2. Elementary school ( )	b. 중고등학교
3. Secondary school ( )	c. 대학교(종합 대학)
4. University ( )	d. 보육원, 어린이집 (3~5세) – 보육 중심
5. Daycare center ( )	e. 유치원 (5~7세) – 교육 중심
6. Nursery school ( )	f. 초등학교

〈정답〉 1. e 2. f 3. b 4. c 5. a 6. d

학습 자료 & 활동 - 2

※ Match the English word with its Korean meaning.

Word	Definition
1. Student council ( )	a. A branch of knowledge studied or taught in a school
2. Field Work ( )	b. Test given halfway through a course
3. Presentation ( )	c. Last test in the class
4. Midterm ( )	d. A formal meeting for discussion
5. Subject ( )	e. A group of student leaders who work with an adult advisor to collaborate with others to impact their school community
6. Conference ( )	f. The gathering of information about something in a real, natural environment
7. Final ( )	g. The use of force, coercion, hurtful teasing or threat, to abuse, aggressively dominate or intimidate.
8. Pair Work ( )	h. A speech or talk in which a new product, idea, or piece of work is shown and explained to an audience.
9. Home schooling ( )	i. A type of learning activity in which two students work together.
10. Bullying ( )	j. Educating the children at home instead of sending them to a traditional public or private school.

〈정답〉 1. e 2. f 3. h 4. b 5. a 6. d 7. c 8. i 9. j 10. g

학습 자료 & 활동 - 3

※ When you go to college, you will get a letter grade (A, B, C, D or F) for each course you take. Each letter grade is assigned with points as follows.:

A = 4, B = 3, C = 2, D = 1, F = 0.

When you divide the total number of points by the total number of credits you take, you will get the grade point average (GPA). Now, assuming that a student got the following grades for the courses s/he took, fill in the blanks and calculate the grade point average (GPA).

Course	Grade	Points		Credits		Grade Points
Ethics	A	4	x	2	=	8
Physics	C		x	3	=	
Algebra	B		x	3	=	
Geology	B		x	3	=	
Chemistry	D		x	3	=	
English I	A		x	2	=	
TOTAL						

〈정답〉 GPA ≒ 2.69

학습 자료 & 활동 - 4 Pair Work

※ Read the definition of each word so that your partner could fill in the blanks with the words.

A.

<table>
<tr><td>1. ___________</td><td>2. Elementary school</td><td rowspan="3">2. It provides the first part of a child's education, usually for children between 5 and 11 years old.
4. It is an institution where students study for degrees and where academic research is done.
5. It enables the parents to work full time or have extended relief if child care is a problem.</td></tr>
<tr><td>3. ___________</td><td>4. University</td></tr>
<tr><td>5. Daycare center</td><td>6. ___________</td></tr>
</table>

B.

<table>
<tr><td>1. Kinder-garten</td><td>2. ___________</td><td rowspan="3">1. It provides practical activities as part of the transition from home to school.
3. It is a school intermediate between elementary school and college.
6. It provides early childhood education for children typically between 3 to 5 years old.</td></tr>
<tr><td>3. Secondary school</td><td>4. ___________</td></tr>
<tr><td>5. ___________</td><td>6. Nursery school</td></tr>
</table>

20. 다문화 사회/종교/금기 사항/미신

1) 다문화 사회/종교(Multicultural Society/Religion)

사회적 상황이 젊은이들로 결혼을 기피하게 하고 결혼을 했더라도 아이를 낳지 않으려는 경향으로 흘러가다 보니 인구는 줄어들게 되고 노동력이 부족하게 되었다. 그러다 보니 부족한 노동력을 메우기 위해 외국인들을 받아들이는 사회 정책이 생겨나 이제는 우리나라도 점점 다문화 사회로 나아가고 있는 것 같다. 다양한 문화권의 사람들은 믿는 종교도 다양하다. 다문화 사회로 나아가고 있다는 것은 그만큼 종교도 다양해진다는 것을 의미한다. 왜냐면 사람들의 믿음이나 생활 습관은 사는 곳이 바뀌어도 잘 변하지 않기 때문이다. 다문화 사회가 되면 이렇게 서로 다른 종교를 가진 사람들이 서로의 종교를 인정하고 존중하는 태도가 필요할 것이다.

세계의 주요 종교

종교	신자 수	특징
기독교	25억 명	그리스도교 또는 크리스트교라고도 하며, 예수 그리스도의 삶과 가르침에 바탕을 둔 아브라함계 유일신교이며, 세계 인구의 1/3이 신자인 세계 최대의 종교이다.
이슬람교	18억 명	회교라고도 불리는 이 종교는 무함마드가 유일한 알라의 사도이자 예언자라고 가르치는 아브라함계 유일신교로, 불교, 기독교, 유대교, 힌두교와 함께 세계 5대 종교의 하나이다.
힌두교	11억 명	인도 신화 및 브라만교를 기반으로 형성된 인도 계통의 다신교로, 인도를 비롯한 남아시아에서 널리 믿는 종교이자 인도의 민족 종교 및 최대 종교이다.
불교	5억 명	기원전 6세기경 인도의 고타마 싯다르타에 의해 창시된 인도 계통의 종교이다. 불교는 그가 펼친 가르침이자 또한 진리를 깨달아 부처(붓다. 깨우친 사람)가 될 것을 가르치는 종교이다.
유대교	1,500만 명	유태교 또는 유다교라고도 하는 유대인들의 민족 종교로, 최초의 아브라함계 유일신교이다. 현대의 유대교는 유대 종교의 일부인 바리새파만이 전해져 내려온 것이다.

한국리서치 발표에 의하면 2022년 기준 우리나라 전체 인구의 20%가 개신교를 믿고 있으며, 불교를 믿는 사람은 17%이다. 천주교를 믿는 사람은 11%, 기타 종교를 믿는 사람은 2%이며 전체 인구의 51%는 믿는 종교가 없다고 한다. 세계의 많은 나라가 그렇듯이 우리나라도 어떤 종교를 믿든 또는 안 믿든 개인의 자유이다. 종교의 자유는 헌법에 보장된 자유이다. 하지만 나라에 따라서는 종교적인 색채가 아주 강하여 국가 통치 자체를 특정 종교가 지배하는 나라들이 있다. 이런 나라들은 대체로 자신들의 종교적 규율을 따르지 않는 사람들에 대해 배타적인 경향이 있다. 따라서 외국인으로서 이런 나라를 방문할 때는 그 나라의 종교 규율에 어긋나는 행동을 하지 않도록 조심하여야 한다. 과거 음주가 금지된 이슬람 국가인 이란의 테헤란에서 한 미국인 여성이 술을 마셨다는 이유로 80대의 채찍질을 당했다는 뉴스가 있었다.

2) 금기 사항/미신(Taboos/Superstitions)

종교와 관련하여 금기 사항이 있는 만큼 괜히 모르고 한 행동이 상대에게 좋지 않은 인상을 주지 않기 위해 남의 나라를 방문할 때는 그 나라의 종교나 금기 사항 등에 대해서도 미리 체크해 두는 것이 필요하다. 예를 들어 캄보디아에서는 아이의 머리를 만지는 일을 금기시하고 있는데, 이유인즉 영혼이 빠져나간다고 생각하기 때문이라고 한다. 러시아에서는 빈 보드카 병을 바닥에 내려놓아야 한다. 러시아인들은 빈 병을 테이블 위에 놓는 것이 불운을 가져올 수 있다고 믿기 때문이다.

무슬림(이슬람교를 믿는 사람)은 돼지고기를 먹지 않는 것으로 알려져 있다. 이슬람교의 경전인 '코란'에서 돼지고기를 먹는 것을 금지하고 있기 때문이다. 무슬림에게 종교란 생활의 일부가 아니라 생활 그 자체이기 때문에 코란을 일상의 계율로 삼는 무슬림은 이 규율을 꼭 지킨다. 이걸 모르고 지진이 일어나 도움이 필요한 무슬림 국가에 돼지고기 통조림을 구호품으로 보내는 우를 범해서는 안 될 것이다. 쓰레기통에 버려야 할 것들이니 좋은 뜻으로 한 일이 상대에게 오히려 성가신 일이 된다. 그런데 얼마 전 튀르키예에 지진이 일어났을 때 우리나라에서 구호품을 보내면서 이런 실수를 범한 적이 있다. 국가 간의 일을 하는 사람들이 참….

타 문화 사람들을 처음 만나 대화를 할 때 종교는 별로 좋은 화제가 아니라고 앞에서 언급했었다. 일부 특정 종교를 가진 사람들의 과격한 행동 때문에 우리는 그 종교를 믿는 전체 사람들에 대해 부정적인 선입관을 가지기도 하지만, 자신과 다른 종교를 믿는다고 해서 그 자체로 배척하는 태도는 옳지 못하다. 내가 가진 종교가 중요하듯이 다른 사람의 종교도 존중해주는 태도가 필요하다. 서로 다름을 인정하는 이런 태도는 비단 종교뿐만 아니라 다른 모든 문화적 차이를 경험할 때 기본적으로 가져야 할 태도이다. 예를 들면 기독교인들뿐만 아니라 우리나라 국민 대부분이 크리스마스를 즐기고 국가적으로도 공휴일로 지정하고 있지만, 일본에서는 크리스마스가 공휴일도 아니고 기독교인 또한 전체 인구의 1%도 안 된다고 한다. 그 대신 일본에서는 같은 사람이 2개 이상의 신을 모시는 경우도 많은데, 내세보다는 살아있을 때의 안전을 위해 여러 종류의 신을 믿는 경우가 많다고 한다. 아마도 지진 등 생활 속에서 자주 겪게 되는 자연재해의 영향이 아닌가 한다. 하늘신, 나무신, 땅신, 바위신, …. 신사도 종류가 따로 있어서 자식 공부를 위해서 가는 신사, 병을 낫게 하기 위해 가는 신사 등 모두 제각각이다. 잠시 머무르는 현세보다는 내세의 삶을 중시하는 종교를 가진 사람들과는 종교관도 다르고 실천 행동도 다르다.

종교는 아니지만 사람들의 믿음과 관련하여 미신(superstition)이 있는데, 미신은 과학적인 근거가 없으면서도 세대에서 세대로 이어지는 믿음을 뜻한다. 문화마다 공유하는 미신도 있고 다른 미신도 있다. 예를 들면 한국 사람과 미국 사람 모두 좋아하는 번호는 7번인 반면, 싫어하는 번호는 미국은 13번, 한국은 4번이다. 같은 문화권에서도 그런 것을 아랑곳하지 않는 사람들도 많지만, 신경 쓰는 사람들도 있기 때문에 참고로 알아두고 나쁘다는 것은 피할 수 있으면 피하는 것이 좋을 것이다. 예를 들어 사업 일로 만날 일정을 짜는데 다른 날도 다 되는데 하필이면 그 문화권 사람들이 싫어하는 13일의 금요일에 만나자고 할 이유는 없지 않겠는가. 상대방이 그런 것에 신경 쓰는 사람인지 아닌지 모르니까 그냥 피하는 게 안전할 것이다.

학습 자료 & 활동

※ The following are some superstitions in North America. Can you think of any Korean superstitions and their meanings?

Superstition	Meaning
Breaking a mirror	You will have seven years of bad luck.
Walking under a ladder	You will have bad luck.
Finding a four-leaf clover	You will have good luck.
A black cat's crossing your path.	You will have bad luck.
The number 13	This is a very unlucky number. This superstition is so widely believed that many buildings do not have a 13th floor.
Knocking on wood	When you receive a compliment about yourself or a loved one or tell about something fortunate that has happened, you should "knock on wood" to prevent something bad from happening.
Crossing your fingers	You wish to have good luck.
Rabbit's foot	Carry it for good luck, although it didn't help the rabbit.
Horse shoe	Put it over the door of a new house to bring luck.

▶ Let's talk about Korean superstitions & their meanings:

CHAPTER 5

에피소드로 엿보는 타 문화

에피소드 1. 샌프란시스코에서의 탈취 사건

금문교(Golden Bridge)가 있는 샌프란시스코의 알카트라즈 감옥은 세계적으로 악명 높은 감옥으로 샌프란시스코 미항을 마주 바라보고 있는 작은 섬에 있다. 유명한 마피아 두목 알카포네를 체포하여 애틀란타 감옥에 투옥하였으나 감옥 속에서도 계속 소란과 말썽을 일으키자 이곳으로 옮겨왔다고 한다. 1963년 로버트 케네디 법무부 장관이 아름다운 샌프란시스코의 야경을 볼 수 있는 그 감옥이 죄수들에게 너무 가혹하다며 폐쇄 결정을 내림으로써 섬이 드디어 시민의 품으로 돌아오게 되었고 이후 관광지로 개방되었다. 감옥 건물답지 않게 아주 예술적인 건물로도 알려져 있다. 그런데 이곳으로 단체 관광을 갔던 나는 황당한 일을 당하는 바람에 관광을 접고 고생만 했던 기억이 있다. 일행이 배를 타기 위해 줄을 서서 기다리던 중 화장실을 이용하고자 했던 남편과 나는 화장실 앞에서 친절하게 등에 뭐가 묻었다며 손수건까지 끄집어내어 닦아주는 소매치기에게 그만 날치기를 당한 것이다. 화장실까지 따라 들어갔던 소매치기가 화장실 밖으로 나오기 전 남편 등에 토마토케첩을 고의로 묻혀놓고 따라 나와서는 닦아주는 친절까지 베풀었다. 손수건에 묻은 벌건 케첩을 본 남편은 바로 윗옷을 벗으려고 손에 들고 있던 가방을 잠시 땅에 놓았는데, 소매치기와 함께 가방이 순식간에 없어져 버린 것이다. 그나마 다행이었던 것은 가방에 든 현금 지갑을 버스에서 내리기 직전 남편의 윗옷 안 주머니에 넣었었는데, 윗옷을 벗으려던 남편이 순간적으로 이상한 생각이 들어 동작을 멈추고 가방을 찾았는데 벌써 없어졌다는 것이다. 가방 속에는 무엇보다도 중요한 두 사람의 여권이 들어있었기 때문에 그다음부터는 경찰서에 신고하고 임시 여권을 부여받느라 아까운 관광 시간을 다 보낸 적이 있다. 그 이후로는 친절을 베푸는 사람도 일단은 경계해야 한다는 태도를 갖게 되었다. 나중에 들은 얘기로는 관광지 계단에서 앉아 쉬던 사람이 일어나지를 않아서 가보니 독침을 맞고 사망한 경우도 있었다고 한다.

에피소드 2. 버스에 무임승차한 노숙자

버스가 정류소에서 떠나지 않고 10분 이상 정차를 하자 승객들이 무슨 일인가 하고 웅성웅성하기 시작했다. 알고 보니 허름한 복장을 한 노숙자가 버스비를 내지 않고 뒷문으로 올라탔는데 그것을 안 버스 기사가 내리라고 방송을 한 것이다. (미국 버스는 2층 버스도 있고 버스 두 개를 연결한 긴 버스도 있는데, 긴 버스의 문은 운전석과 멀어서 간혹 무임승차를 시도하는 사람들이 있다.) 대개는 그럴 경우 신고 정신이 투철한 다른 승객들이 "Front door!"라고 합창을 하는 바람에 시도가 실패로 끝나는 경우가 많은데, 그날은 노숙자라는 걸 알고 봐준 것인지 조용했다. 버스 기사의 거듭된 방송에도 노숙자가 계속 안 내리고 버티니 버스 기사가 마침내 경찰을 불렀다. 경찰이 버스에 올라와서 내리라고 했는데도 고집을 피우면서 안 내리자 그러면 강제로 끌어내려 경찰서로 데리고 가겠다고 하니 할 수 없이 내렸다. 버스 기사가 스프레이를 가지고 가더니 그 노숙자가 앉았던 자리에 뿌렸다. 그 광경을 보면서 노숙자가 안 됐기도 하고 한편 인간의 존엄성이 바닥에 떨어진 것 같아서 마음이 매우 불편했다.

에피소드 3. 거스름돈 없음

미국에서 처음 버스를 탔을 때 일이다. 요금이 얼마냐고 버스 기사에게 물으니 1인당 2달러라고 해서 두 사람분으로 4달러를 내기 위해 10달러짜리 지폐를 기사에게 주었다. 그랬더니 "I don't take money."라고 했다. 지폐를 fare machine에 넣으라고 해서 넣었는데 거스름돈이 안 나왔다. 그래서 왜 거스름돈이 안 나오느냐고 물었더니 기계는 거스름돈 안 준다고 말했다. 내가 화가 난 것은 지폐를 기계에 넣기 전에 그 말을 해주지 않았다는 점이다. 하지만 미국법에 버스 기사는 그럴 의무는 없는 모양이다. 법을 떠나서 요금 기계에 대해 모르는 외국인에게 기사로서 미리 얘기해줄 수도 있었는데, 하는 생각이 들었다. 한국 같았으면 분명히 그랬을 것이라고 혼자 분노한 적이 있다. 나중에 보니 버스에는 "Exact Fare Only."라고 적혀 있어 버스 기사의 책임은 없었다. 그래도 그렇지 우리나라 같았으면 거스름돈이 안 나오는 기계에 승객이 돈을 집어넣는 것을 버스 기사가 그냥 보고 있지는 않았을 거라는 생각은 계속 들었다. 그런 경험이 있었던 나이기에 어느 날 정류소에서 버스를 기다리고 있는데, 아버지로 보이는 노인을 동반한 한 중국 청년이 다가와서 혹시 잔돈 바꿀 수 있겠느냐고 하면서 20달러 지폐를 꺼내길래 얼른 바꾸어 주었다. 아주 고마워했다.

에피소드 4. 버스 안 소란 사건(A Disturbance on the Bus)

어떤 히스패닉 계통의 젊은 여자가 2명의 동반인(아버지와 친척 여자 1명인 것 같았음)과 함께 버스에 탔는데 술을 한잔 마셨는지 버스에서 시끄럽게 떠들어 다른 승객에게 상당히 방해가 되었다. 그래도 누구 한 사람 나서서 조용히 하라고 말하는 사람이 없었다. 우리나라 같았으면 벌써 누군가 제재를 했을 것이다. 게다가 버스에 올라탄 뒤 차비를 내려고 돈지갑을 찾느라 이리 뒤지고 저리 뒤지면서 시간을 많이 지체했다. 기다리던 버스 기사가 차비를 내라고 재촉하자 그때부터 기사에게 불평을 늘어놓기 시작했다. 주면 될 거 아니냐는 식으로. 그러다가 결국은 못 찾아서 아버지로 보이는 사람한테 빌려 달라고 했다. 나중에 갚아 주겠다고 하면서. 그러다 다음 정거장에서 어떤 손님이 탔는데 잔돈이 없어 곤란해했다. 그러니까 옆에 서 있던 어떤 승객이 자기 돈으로 잔돈을 바꿔 주어 차비를 낼 수 있었다. 문제는 그때부터였다. 나는 그 사이에 무슨 일이 있었는지는 확실히는 모르겠는데, 버스 기사가 잔돈을 바꿔 준 사람에게 법을 어겼으니 버스에서 내리라고 명령했다. 그랬더니 주변의 승객들이 가세하여 너무하다고 한목소리로 항의했다. 그러자 문제의 술 취한 여자는 드디어 건수 잡았다는 식으로 기사에게 해대기 시작했다. "심보가 그러니까 살이 찌지"라고 했는데 다행히 버스 기사가 못 들은 것 같았다. 그 소리를 들은 내가 조마조마할 정도였다. 사실 그 여성 버스 기사는 보는 사람으로 하여금 어떻게 저런 몸으로 운전을 할까 하는 생각이 들게 할 정도로 초고도 비만이었다. 우리나라 같았으면 아예 버스 운전 자격이 주어지지 않을 것 같은데 미국은 그런 걸로 차별하면 안 되는 모양이었다. 비만이라고 차별하는 것이 아니라 긴급 상황에서 기사는 승객들을 위해 민첩하게 대처해야 하는데 그 정도 초고도 비만의 몸으로는 상황 대처가 불가능할 것 같았기 때문이었다. 그런데 나는 미국에서 그런 초고도 비만의 몸으로 버스를 운전하는 기사를 한두 번 본 게 아니었다. 한편 자기 때문에 버스 안이 소란스러워졌다고 생각한 것인지 버스에서 내리라는 기사의 명령 때문인지 잔돈을 바꿔 준 승객은 다음 정류소에서 말없이 내려버렸고 그 술 취한 여자는 결국 목적지까지 가서 내리면서 가운뎃손가락을 펴며 온갖 욕을 기사에게 퍼부었다. 아! 나는 학교에서 배울 때 미국 중산층 사람들의 특성에 대해서만 배운 것 같다는 느낌이 들었다. 선진국 사람들이라 피부색과 상관없이 남에게 방해되는 짓은 안 하는 줄 알았는데, 예상이 영 빗나갔다. 하여튼 미국 서민 사회의 진면목을 경험하기 위해서는 버스를 타보는 게 도움이 되는 것 같다. 나는 버스를 타고 대학 도서관에 다닌 덕분에 승용차를 타고 다녔으면 불가능했던 많은 장면을 목격할 수 있었다.

에피소드 5. 구걸

미국에서는 그냥 "한 푼 줍쇼"는 잘 안 통하는 구걸 행위이다. 이제는 우리나라도 길에서 구걸하는 모습이 거의 사라졌지만, 예전에 우리나라의 길에서 자주 보았던 구걸 행위와는 다른 구걸 행위를 미국에서는 보게 된다. "전쟁 퇴역군인이다. 배가 고프니 도와 달라."라고 쓴 마분지를 앞에 두고 구걸하는 사람, 관광지에서는 관광하고 미처 쓰지 못한 버스표를 주지 않겠냐고 하는 사람, 그렇게 해서 얻은 버스표를 갖고 와서 버스표와 돈을 교환하자고 하는 사람 등 여러 가지이다. 버스 정류소에서 버스를 기다리는 척하며 구걸하는 경우도 있다. 라스베이거스는 관광 도시라 그런지, 이상하지만 버스 정류소에 금연 표시가 없어서 사람들이 담배를 종종 피운다. 한번은 버스 정류소에서 버스를 기다리면서 남편이 담배를 피우고 있었는데 옆에 있던 멀쩡한 손녀뻘의 젊은 여자아이가 할아버지뻘 되는 남편에게 담배 한 개비 살 수 없느냐고 물었다. 그냥 달라고 하면 구걸이 되니까 한 개비를 팔지 않겠느냐는 식으로 구걸을 한다. 새파란 나이의 여자아이가 그런 소릴 하니까 그런 문화에 익숙하지 않은 남편은 뭐 이런 애가 있나 싶었는지 담뱃갑을 통째로 내게 건네주고 다른 쪽으로 피해 버렸다. 밉지만 내가 한 개비를 빼주니까 이게 무슨 브랜드냐고 묻는 여유까지 부렸다. 나는 "It's Korean."이라고 말해버렸다. '너, 동양인한테 구걸했다'라고 말하고 싶은 의도였다. 대개 이런 사람들은 동양 사람들한테 접근하는 경우가 많은데, 하도 여러 번 겪다 보니 그 후로는 남편도 밖에서는 담배를 피우지 않게 되었다. 조금 후 그 아이는 예상대로 버스 오기 전 어디론가 가고 없었다. 버스를 타러 정류소에 온 게 아니었다. 그래도 이 정도 구걸은 애교로 보인다. 경우에 따라서는 한 푼 달라고 할 때 지갑을 꺼내 드는 순간 통째로 낚아채는 경우도 있으니 조심해야 한다. 유학 시절 한국 학생 중 어떤 학생은 길을 갈 때 20달러짜리 지폐를 아예 주머니에 따로 넣어 다닌다고 했다. 갑자기 총을 들이대고 내놓으라고 하면 총 맞기 전에 주기 위해 그런다고 했다. 그런 것을 생각하면 정말 우리나라는 안전한 나라이다. 외국 관광객들도 인정하는 안전한 이 땅에서 살 수 있다는 걸 정말 감사하게 생각한다.

에피소드 6. 대학생들의 경악스러운 처신

저자는 학교에서 배웠던 일반적인 미국인들의 특성과는 아주 다른 일을 유학 시절 미국 대학생들과 함께 거주하는 아파트에서 일찌감치 겪었다. 캠퍼스 내에 있는 대학원생 기숙사에 자리가 생길 때까지 캠퍼스 근처 여러 개의 방이 있는 아파트에서 1년간 학부 학생들과 대학원생들 합해서 8명이 공동으로 생활을 했었는데, 그 학부 학생들의 행위가 그야말로 상식 이하였다. 학교에서 배웠던 미국인들의 특성에 대해 갖고 있던 좋은 이미지가 여지없이 무너진 순간이었다. 대학생들이 금요일 밤늦게 전자 기타를 치면서 노느라 남들 잠을 깨우는 경우도 있었고, 설거지해야 할 그릇들을 싱크대에 그대로 둔 채 크리스마스를 즐기러 집에 가버리는 바람에 싱크대를 사용하기 위해 내가 대신 설거지를 해야 하는 경우도 있었고, 아침에 학교에 가지고 갈 남의 도시락을 전날 밤에 남자친구를 데려와서 먹어버리는 경우도 있었다. 명색이 대학생들의 행동이 그 모양이라 그 당시에는 정말 화가 치밀어 올랐지만, 문화권마다 비정상적인 행동을 하는 사람은 항상 있게 마련이라는 점을 이해해야 했다. 이상의 일들을 겪으면서 형성되었던 미국인들에 대한 부정적인 생각은 나중에 대학원 기숙사로 옮기면서 점점 지워지게 되었다.

에피소드 7. 수면 훼방꾼

예상하지 못한 경험은 유학 생활을 마치고 난 뒤에도 여전히 계속되었다. 저자는 재직 시 미국 네바다주에 있는 라스베이거스를 매년 방학 때마다 두 차례씩 50회 가까이 방문한 경험이 있다. "City of Entertainment"라는 홍보 간판이 붙어있는 도박과 유흥 도시로만 알고 있던 라스베이거스가 의외로 매우 안전하고 모든 게 나에게는 편리하였기 때문에 단체 여행으로 처음 가 본 그곳을 방학 때마다 다닐 곳으로 낙점하였다. 대학(UNLV) 도서관, 공항, 호텔, 한국 식당이 모두 서로 10분 내에 도달할 수 있는 거리에 있었으며, 버스 노선도 잘 되어 있어서 나로서는 방학을 이용한 연구 활동에 안성맞춤인 도시였다. 대학원 수업이나 논문을 위한 참고자료를 구하는데 교수 재직 증명서만 있으면 한국에서는 구할 수 없는 논문도 대학 도서관에서 페이지당 3센트에 다운받을 수 있었고, 버스 노선이 잘 되어 있어서 어디든 갈 수 있었다. 나로서는 외국 나갈 때 가장 우선으로 따지는 것이 안전인데 관광객을 위한 도시라 밤에 혼자 한국 식당까지 걸어가서 음식을 사서 호텔로 가지고 오는 데에도 전혀 안전에 위험을 느끼지 않았다. 미국의 어느 도시에서 그런 안전을 누릴 수 있겠는가. 그런데 어느 해 방문 때 새벽 3시 반 경 호텔 방에 전화벨이 울렸다. 시차 적응이 안 되어 뒤척이다 잠이 들어 겨우 20분쯤 지났을 때였다. 전화를 받으니 젊은 여자 목소리가 "Can I borrow a pillow?"라고 해서 어이가 없어 그냥 끊었다. 화가 나서 욕을 해주려고 하다가 참았다. 나는 상대가 어느 방에 있는지 모르지만 상대는 내 방 호수를 알고 전화를 걸었기 때문이다(호텔 방에서는 다른 방 번호를 돌리면 통화 가능). 그런데 1시간쯤 있다가 또다시 전화벨이 울렸다. 골탕 먹이기 위한 것이었다. 이번에는 더 이상 참을 수 없어서 "Do you know what time it is now?"라고 나무란 뒤 끊어버렸다. 그랬더니 30분쯤 후에 또 전화가 왔다. 이번에는 수화기를 드니까 전화는 이미 끊겨 있었다. 황당하고 화가 났다. 나중에 프런트에 가서 알렸는데, 직원도 황당하다는 표정이었지만 어쩔 수 없었다. 또다시 이런 일이 일어나면 당신들이 해결해 줘야 한다고 했다. 아마 프런트에서도 방을 바꿔 주는 것 외엔 별 방법이 없었을 것이다. 하지만 난 이런 일이 오래가지는 않을 거라는 걸 알고 있었기 때문에 크게 신경 쓰지는 않았다. 젊은이들이 라스베이거스에 놀러와도 겨우 주말에 2~3일 지내는 게 고작일 테니까 조금만 참으면 된다고 생각했기 때문이다. 이런 일을 겪으면서 우리가 일반적으로 알던 미국인들의 일반적 행위에는 항상 예외가 있다는 것을 한 번 더 느꼈다.

에피소드 8. 몸싸움

미국 버스 정류소에서 본 광경이다. 노숙자처럼 보이는 한 흑인이 버스 정류소 벤치에 앉아 있었다. 나도 버스를 기다리고 있었지만 가까이 가지 않고 멀찌감치 서 있던 중 한 백인 남자가 오더니 그의 옆자리에 앉았다. 모르는 사람끼리도 얘기하는 것을 즐기는 미국인들답게 버스를 기다리는 동안 둘이서 한참 얘기를 주고받더니 갑자기 노숙자처럼 보이는 흑인이 욕을 하기 시작했다. 그러다 급기야 육탄전까지 벌어졌다. 힘이 더 세 보이는 흑인이 백인 남자를 길에 넘어뜨리고 때려서 코피까지 났다. 미국인들이 싸우는 것을 처음 보았고 근처에 다른 사람은 없었기에 나는 멀찌감치 떨어져 있었지만 불안했다. 그들과 눈을 마주치지 않으려고 다른 곳을 보는 척하였다. 다행히 다른 여성 두 명이 정류소로 오길래 약간 안도했다. 그들도 멀찌감치 떨어져 서 있었다. 마침내 버스가 오니 그 백인 남자는 완패하고 코피까지 터진 게 창피했는지 버스에 얼른 올라탔다. 미국인들은 문제가 생겨도 우리나라에서 가끔 보듯 상대와 직접 소리치며 싸우지 않고 authority에 의존해서 문제 해결을 하는 사람들로 알고 있던 나는 육탄전까지 보는 예외를 경험하였다.

에피소드 9. 퇴직했어요!

나라마다 퇴직 연령에 차이가 있다. 미국과 영국은 원래 퇴직 연령이 있었으나 연령 차별을 방지하는 차원에서 요즘은 정년퇴직 연령을 폐지하였다. 하지만 젊었을 때 직장 다니면서 열심히 산 사람들은 일정 나이가 되면 은퇴 혜택 보장이 되기 때문에 구태여 힘들게 일을 계속하지 않고 노후 인생을 즐기려는 사람들도 많은 것 같다. 직장 생활은 경쟁의 연속인 사회이다. 한번은 저자가 미국에서 가족들과 여행 중 모텔에서 하룻밤 머문 후 아침에 떠나려고 하는데 여행 중인 한 노부부가 같은 호텔에 머물기 위해 도착했다. 그런데 그들의 차 뒤 유리창에 크게 [Just Retired!]라고 써 붙이고 있어서 한국인인 나로서는 좀 색다르게 느낀 적이 있었다. 퇴직한 게 자랑할 일인가 하는 생각도 들었지만, 금전적인 문제로 평안한 노후 생활을 영위하지 못하는 사람들이 적지 않은 현실을 생각하면 젊을 때 열심히 일하고 나이 들어 부부가 함께 건강한 모습으로 여행도 다니며 여생을 즐길 수 있다는 건 분명 부러운 일이었다. 본인들로서는 일의 스트레스로부터 벗어나 남은 인생을 즐길 수 있는 시간이 되었으니 기분 좋은 일임에 틀림없다. 그 노인 부부는 여행 중 만난 우리와도 얘기를 많이 나누고 싶어 했지만 갈 길이 바쁜 우리 일행은 아쉬움을 남기고 길을 떠나야 했다.

에피소드 10. 장애인 대우

세계적으로 유명한 플로리다 올랜도에 있는 디즈니월드를 방문한 적이 있었다. 재미있는 볼거리와 탈 것들이 많이 있었지만 워낙 세계적인 관광지라 항상 북적이고 가는 곳마다 줄을 서서 오래 기다려야 해 개인적으로 나는 좋아하지 않았다. 잠시 즐기려고 그렇게 오랜 시간을 기다려야 하는 게 나로서는 인생 낭비하는 기분이었지만 혼자 행동할 수도 없는 형편이라 가는 곳마다 줄에서 기다렸다. 한 곳에서는 거의 두 시간 가까이 기다려야 해서 인내

심에 한계가 오려고 했을 때였다. 바로 그때 열 명쯤 되어 보이는 한 무리의 사람들이 오더니 기다리지 않고 바로 통과하는 것이었다. 순간 저 사람들은 뭐야? 하는 생각이 들었는데 자세히 보니 그중 한 명이 휠체어를 타고 있었다. 그 장애인 덕분에 모든 일행이 기다리지 않고 함께 입장하는 걸 보고 놀랐다. 그것에 대해 불평하는 사람도 없었다. 장애인을 대하는 미국 사회의 한 예를 볼 수 있었다. 이런 예는 버스를 탈 때 종종 보게 된다. 라스베이거스의 여름 날씨는 사막 날씨라 건조해서 땀은 잘 안 나지만(땀이 나자마자 증발하는 것 같기도 하고) 한낮에는 섭씨 40도를 넘는 날이 많아 땡볕에 조금만 서 있어도 괴롭다. 그런데 정류소에서는 버스가 오면 장애인 경사로(ramp)가 펼쳐지고 난 뒤 장애인 휠체어가 오르고 운전기사가 휠체어의 안전벨트를 버스에 고정시키는 일이 끝나고 나서야 비로소 다른 승객들이 버스에 오를 수가 있다. 장애인 한 사람 때문에 숨이 턱턱 막히는 땡볕에서 모든 사람을 기다리게 하는 것보다는 운전기사가 장애인 안전벨트를 고정시키는 동안 뒷문으로라도 빨리 냉방된 버스에 오르게 하는 게 승객에 대한 배려가 아닌가 하는 생각을 했다. 일단 승객들을 버스에 태우고 나서 요금을 받으면 될 일을 융통성이 없는 건지, 승객들을 못 믿는 건지, 하여튼 우리나라 같았으면 벌써 불평이 터져 나왔을 것 같았는데 아무도 불평하지 않았다. 아마 내가 장애인 당사자였다면 다른 승객들에게 매우 미안했을 것 같은데, 미국 장애인들은 그런 것도 없어 보였고 당연히 여기는 것 같았다. 미국은 장애인 천국이라는 말이 실감났다. 승용차보다 버스로 이동하는 게 장애인들에게 훨씬 수월할 것 같았다. 그래서인지 버스를 이용하는 장애인도 많고 그에 맞추기 위해 어떤 버스는 휠체어를 세 대까지 실을 수 있는 공간을 갖추고 있었다.

에피소드 11. 응급실

오래전 저자가 미국 호텔에서 벽 모서리에 부딪혀 이마를 다치는 바람에 앰뷸런스를 타고 야밤에 응급실(emergency room)로 갔던 적이 있었다. 미국은 병원비가 비싸다는 걸 알고는 있었지만 의료보험 없이 응급실로 가니 비싼 걸 실감할 수 있었다. 우리나라에서 다쳤으면 앰뷸런스 비용까지 포함해도 그 당시 20만 원도 안 될 경비가 약 300만 원이나 들었다. 야간 근무를 하고 있던 레지던트에게서 다섯 바늘(five stitches)을 꿰매는 치료를 받고 나오는데, 직원이 아직 실밥도 뽑아야 하고 치료가 안 끝났으니 일단 대충 $2,000를 먼저 내고 가라고 했다. 그 당시 돈을 지불하면서 비용이 이렇게 비싼 이유가 내가 외국인이니까 미리 충분히 치료비를 확보하기 위해서인가라는 생각이 들었다. 그래서 물었다. 혹시 최종 계산에서 돈이 남으면 내가 한국으로 돌아가더라도 돌려줄 거냐고. 그랬더니 직원이 아마 그럴 일은 없을 것이라고 하면서 1주일 후에 다시 와서 실밥을 뽑으라고 했다. 하지만 나는 가지 않았다. 우리나라에 비해 터무니없는 가격이라 실밥 뽑는 데 또 얼마나 요구할까 싶었기 때문이었다. 그러다 오라는 날짜를 지나 일주일을 더 보내고 한국에 돌아왔는데 자주 가는 병원에서 실밥을 공짜로 뽑아주었다. 귀국 후 최종 병원 계산서(medical bill)가 한국으로 날아왔는데, 세상에, 돈을 1,000달러 더 내라는 것이었다. 내용을 보니 구급차 탄 것이 $1,000가량 되었다. 그 정도 거리라면 당시 우리나라의 구급차 요금으로는 7만원이었다. 더구나 병원은 라스베이거스에서 갔었는데 구급차 비용은 LA에서 청구가 된 것이었다. 미국에서는 구급차 한 번 탔다 하면 기본이 100만 원 정도 된다. 혹시 모르니 외국 여행을 할 때는 보험을 들어 두는 것도 필요한 것 같다.

미국은 경제 규모로 보나 어느 모로 보나 세계 최강인 나라인데 그런 나라답지 않게 의료보험(medical insurance)이 없는 사람이 최소로 잡아도 20% 이상이 된다고 한다. 우리나라는 수입이 많은 사람들은 의료비를 많이 내고 어려운 사람들은 적게 내는 식으로 차별화해서 전 국민이 의료 혜택을 받을 수 있도록 제도가 되어있지만, 미국은 그렇지가 않다. 의료보험을 개인이 돈을 지불하고 사야 하는데 비싸기 때문에 형편이 어려운 사람은 부담이 커서 의료보험 없이 살아가는 경우가 많다. 그러다 의료보험 없이 심각한 증상으로 병원 신세를 져야 하는 경우 경제적 부담이 매우 커서 파산지경에 이른다고 한다. 병원 신세를 지고 제때 병원비를 못 내는 경우, 병원 치료가 끝난 후에도 어떤 식으로든 수입이 있으면 오랜 기간에 걸쳐서라도 분할해서 병원비를 받아내기 때문에 병원비를 갚는 데 상당 기간이 걸리는 경우도 있다. 그렇다고 치료비를 갚지 않으면 어떻게 될까? 물론 신용불량이 되어 사회생활을 하는 데 걸림돌이 된다.

오바마 미국 전 대통령이 모든 기업과 개인들을 강제적으로 의료보험에 가입하게 하고 비용을 차등 지원하는 '오바마 케어'라는 의료 정책을 시도하여 우리나라처럼 가난한 사람들에게도 의료 혜택이 모두 돌아갈 수 있도록 시도하였으나, 이에 대한 반발 또한 적지가 않았다. 이 반발은 기업과 개인의 자유를 중시하는 미국민의 사고방식과도 무관하지 않은 것 같다. 또한 왜 남의 의료비를 내가 지불해야 하느냐는 사고방식을 가진 많은 고소득층 국민들의 반발 또한 작용했기 때문인 것 같다. 이런 면에서 볼 때 우리나라는 더불어 살아가는 좋은 의료보험 제도를 가진 것 같다. 그래서인지 옛날 같았으면 별것 아니라고 여길 증세로도 병원으로 달려가는 경향도 없지 않은 것 같다.

에피소드 12. 체코 프라하 사건

유럽으로 단체 여행을 갔었는데, 모두들 호텔에 여장을 풀고 쉬고 있는 동안 우리 팀 여행 가이드가 혹시 호텔 부근에 우리 일행이 다음날 들를 수 있는 노천카페가 있는지 알아보기 위해서 밤에 혼자 나간 적이 있었다. 그런데 낯선 남자가 다가와서 길을 묻더라고 한다. 모른다고 해도 자꾸만 따라오면서 묻길래 결국은 화를 냈더니 어느새 정복까지 입은 경찰관이 나타나서 경찰신분증까지 보여주면서 싸우지 말고 일단 경찰서로 가자고 하더란다. (알고 보니 둘이 짜고 하는 수작이었다). 순간 아차 싶어 근처에 보이는 맥도날드로 도망쳐서 도움 요청했더니 종업원이 경찰에 신고를 해주었고, 그 두 명은 맥도날드까지 따라와서 앞에서 한참 서성이더니 가버리더란다. 나중에 진짜 경찰이 맥도날드로 와서 호텔까지 호위해 줘서 무사했다고 한다. 그 당시 가이드는 우리 일행의 여행 경비 2만 달러뿐만 아니라 혹시 일행 중 누구라도 여권을 잃어버려 복잡한 일이 생기지 않도록 일행의 여권을 모두 걷어서 자신이 보관하고 있었던 터라 정말 큰일 날 뻔했었다. 그 일을 뒤늦게야 알고 일행 모두 가슴을 쓸어내려야 했다. 외국에서는 돈보다 여권을 잃어버리면 정말 심각한 일이니 각별히 조심해야 한다. 여권이 없다는 건 자신의 신분을 증명할 길이 없다는 뜻이다.

에피소드 13. 이탈리아 나폴리의 치안

이탈리아의 나폴리는 호주의 시드니, 브라질의 리우데자네이루와 함께 세계 3대 미항으로 알려져 있다. 크루즈 관광 일정으로 나폴리를 본다는 기대에 부풀어 있었지만 막상 가보니 세계 3대 미항이라는 이미지와는 달리 저자의 눈에 들어온 나폴리 시내는 한 마디로 무질서하다는 인상이었다. 옛날에 지어진 건축물들은 육중한 반면 건물 사이 도로들은 아주 좁아서 차들이 일방 통행하는 곳이 많았다. 무엇보다 시내 곳곳에 오토바이를 타고 관광객을 노리는 날치기들이 도사리고 있어서 길을 걷기가 불안할 지경이었고 불안해서 아예 다니기가 싫었다. 시내 관광 중 아이스크림을 파는 상점의 화장실을 이용했는데 화장실도 아주 불결했다. 세계 3대 미항이라는 이름이 아깝다고 생각했다. (세월이 흘러 그동안 얼마나 향상되었는지 모르겠지만 아마 관광객들이 많이 가는 세계적인 관광지의 화장실들이 우리나라만큼 좋은 곳이 없을 것이다. 무료에다가 호텔 화장실 못지않게 깨끗하고 멋지니 말이다. 우리나라 화장실을 본 외국인 관광객들이 감탄하는 이유를 알 수 있겠다.) 자유 관광 시간이 주어졌지만 왠지 불안해서 빨리 호텔로 돌아와 버렸다. 그런데 저녁 시간이 되어 일행이 모였을 때다. 일행 중 한 명이 시내 한복판에서 대낮 강도를 당했다고 했다. 아들이 아버지에게 사준 500만 원 상당의 고급 시계를 강탈당했다고 했다. 버스 정류장에서 오가는 사람들을 구경하고 있었는데 갑자기 오토바이 탄 사람이 다가오더니 옆에 사람들이 있는 데도 불구하고 자기 손목을 비틀면서 억지로 시계를 빼갔다고 했다. 그래서 경찰서까지 가서 신고했는데 경찰 왈, 여기 있는 사람의 80% 이상이 불법 체류자라 범인을 잡기 힘들 거라고 했단다. 목격자인 이탈리아인 엄마와 딸이 경찰서까지 같이 가서 증언을 해주었는데, 딸이 울면서 대신 사과를 하더란다. 그날 저녁은 밥맛이 별로 없었다. 외국 여행 가면서 고급 소지품을 지니고 가는 것은 금물이다. 표적이 되기 쉬우니 조심해야 한다. 그 일행분은 아들의 효성을 자랑하고 싶었나 보다. 며칠 전 뉴스에 의하면 이탈리아의 한 섬에는 인구가 6천 명 남짓 되는데 아프리카에서 건너온 사람들이 6천 명이 넘는다고 한다. 살기 위해 물 건너온 불쌍한 사람들이지만, 지리적 위치상 어쩔 수 없는 이탈리아로서는 불법 체류자들로 인해 골머리를 앓고 있는 것도 사실이다.

에피소드 14. 편한 자세

저자는 유학 시절 처음 교실에 들어갔을 때 짧은 반바지 차림의 한 여학생이 앞에 있는 빈자리의 의자 등 위에 신발 신은 두 발을 올리고 반쯤 뒤로 넘어가는 자세로 수업을 듣는 모습을 보고 매우 놀란 적이 있다. 우리나라 같으면 교실에서 수업을 듣는 학생의 자세로 도저히 받아들일 수 없는 행동인데 강의를 하는 교수는 아랑곳하지 않는 것 같았다. 그런 자세를 정말 아무렇지 않게 여기는 것인지, 아니면 좋다고 생각은 안 하지만 간섭을 하지 않고 그냥 두는 것인지 그 당시에 정말 궁금했었다. 그 후로도 여전히 궁금했다. 그러다 미국 대통령이란 사람이 참모들이 한쪽에 자리하고 있는 집무실에서 구두 신은 두 발을 책상 위에 올린 채 서류를 보고 있는 모습의 사진을 보고는 정말 저들의 문화에서는 상관없는 자세인가 보다라고 생각하게 되었다. 그런 자세가 미국 사회에서 별로 고상하지 못한 행동으로 여겨진다면 아무리 대통령이라 하더라도 참모들 앞에서 그런 행동을 할 리는 없을 거라는 생각 때문이었다. 정말로 신경 안 쓰는 모양이다. 우리나라에서는 장난스러운 상황이 아닌 이상 아마도 교양 있는 사람이라면 그런 자세로 카메라에 찍히지는 않을 것이기 때문이다.

에피소드 15. 차림새

어느 날 미국 버스를 탔는데 어떤 흑인 아가씨가 머리에 온통 롤을 감고 있었다. 한국 같으면 미용실에서 파마를 하거나 집에서 샤워 후에 머리 세팅을 하느라 롤을 감지만 그걸 한 채로 버스를 탄다는 건 상상도 못할 일이다. 미국에서는 남 신경 안 쓰는 경우가 많다더니 이것도 그런 경우인가 보다라고 생각하며 계속 가는데 이번에는 다른 정류소에서 한 백인 남자가 앞치마를 한 채로 버스를 타는 것이었다. 아마도 앞치마를 하고 일하는 직장에 다니는 모양이었다. 더구나 남자가 앞치마를 하고 버스를 탄다? 한국 같으면 상상이 잘 안 되는 장면이었지만 하여튼 이 사람들은 남이 나를 어떻게 생각할까에 대해서는 신경 안 쓰는 것 같았다. 머리에 롤을 감은 채 버스를 타건, 남자가 앞치마를 하고 버스를 타건, 남에게 방해되는 일이 아니니 누가 뭐라고 할 것도 없다는 생각이 들었지만, 내 눈에는 별로 좋게 보이지 않으니 별수 없이 나는 한국인인가보다. 그런 경험을 하고 한국으로 돌아와 수업을 하던 어느 날, 내 수업 시간에 한 학생이 앞머리에 롤을 하나 감고 있었다. 그걸 본 순간 그 학생을 어떻게 대할까에 대해 잠깐 갈등은 했으나 결국 그냥 넘겼다. 가만 생각해 보니 그 학생이 머리에 감은 롤이 내 수업을 방해하는 것도 아니고 다른 학생들에게도 마찬가지였기 때문에 구태여 수업을 중단하면서까지 지적할 필요는 없지 않나 하는 생각을 했기 때문이다. 하지만 별로 좋아 보이지도 않는 행동을 교실에서 접하고 보니 우리나라도 미국처럼 되어가는 것인가라는 생각은 들었다. 요즘은 우리나라도 많이 달라졌지만, 우리나라 사람들은 지나치게 남 신경을 쓰는 경향이 있긴 하다. 하지만 그렇다고 장소와 때를 가리지 않고 남 신경을 안 쓰는 것도 그다지 좋아 보이지는 않는다.

에피소드 16. 범죄인 대우

요즘 TV만 틀면 강력 범죄를 포함해서 많은 사건 사고들이 보도되는데, 한마디로 우리 사회가 많이 병들었다는 생각이 든다. 한국을 방문한 외국인들은 다른 나라에 비해 한국이 매우 안전한 나라라고 감탄을 하지만 막상 이 땅에서 평생을 살아온 사람들은 하루가 멀다 하고 일어나는 각종 범죄 소식을 접하면서 어쩌다 나라가 이 지경으로 변했는지 한탄스러울 지경이다.

우리나라는 얼마 전까지만 해도 마약 청정국이었다. 그러다 몇 년 전부터 갑자기 마약 사범이 많이 생겨난 것 같다. 늘어가는 청소년 범죄도 성인 범죄 못지않은 것 같다. 이렇게 범죄가 계속 늘어가는 데에는 범죄인에 대한 너무 느슨한 처벌도 한몫하는 게 아닌가 생각된다. 저자가 경험한 바로는 인권을 중시하는 미국에서도 우리나라만큼 범죄인 인권을 중시하지는 않는다는 점이다. 미국에서는 사람들이 다 보는 데서 경찰이 용의자 손을 뒤로 해서 수갑을 채운다. 그런 장면을 저자도 여러 번 목격한 바 있다. 길바닥에 엎어놓고 손을 뒤로해서 수갑 채우는 장면도 낯설지 않다. 죗값을 치르느라 사람이 오고 가는 길가 인도 한쪽의 좁은 공간에 끼어 앉아 벌을 받는 사람에 대해 우리나라 같았으면 인권 문제가 나오지 않았을까 싶다. 인권을 강조하는 미국이지만 범죄인에 대해서는 인권을 별로 챙기지 않는 듯했다.

미국이었다면 수백 년 형 선고를 받을 중한 범죄에도 우리나라에서는 너무 가벼운 선고를 내린다는 생각이 들 때가 많다. 벌을 위한 벌이 아니라 예방 효과를 위해서도 좀 더 엄격한 법 집행이 필요하지 않을까 생각된다. 과거에 비해 범죄가 많아진 요인 중의 하나인 것 같다.

에피소드 17. 버스 기사의 준법정신

한번은 저자가 섭씨 40도가 넘는 여름 날씨에 미국 라스베이거스의 버스 뒤쪽 좌석에 앉아 있었는데 에어컨이 고장 나서 버스가 찜통같이 더운 적이 있었다. 내가 이렇게 덥게 느낀다면 비만이 심한 미국 승객들은 너무 괴롭겠다는 생각을 하면서 혹시 쓰러지는 사람이 나올까 걱정까지 될 정도였다. 그런데 운전기사가 운전 중 갑자기 갓길로 차를 세우더니 운전석에 걸쳐놓은 작업용 조끼를 입는 것이었다. 뭐하나 싶어 보고 있었는데 버스 뒤쪽에 있는 에어컨 부분을 둘러보러 오는 것이었다. 잠시 살펴보더니 문제 해결을 할 수 없었던지 그냥 운전석으로 돌아가서 조끼를 벗어 제자리에 걸쳐놓고 다시 운전을 시작했다. 나의 상식으로는 번거롭게 왜 버스 안에서 잠시 둘러볼 일로 조끼를 입었다 벗었다 하는지 이해가 잘 안 되었다. 아마 그런 경우 조끼를 입어야 한다는 준수 규칙이 있었나 보다. 얼마든지 무시할 수 있는 작은 규칙까지 버스 기사가 지키는 걸 볼 수 있었지만, 성격 급한 한국인인 나로서는 어휴, 조끼 입고 벗는 시간에 조금이라도 빨리 운전해가는 게 낫지 않나 생각했다.

에피소드 18. 말하기 좋아하는 사람들

저자가 미국에서의 경험 중 정말 마음에 안 드는 것 중 하나는 마트 같은 데서 계산할 때이다. 뒤에 손님이 줄을 서서 기다리고 있는데도 아랑곳하지 않고 계산원이 손님과 잡담을 오래 하는 바람에 줄 선 사람들은 마냥 기다려야 하는 것이다. 우리나라 같았으면 분명 기다리는 사람 중 누군가 화를 내도 벌써 냈을 법도 한데 아무 말 않고 끈기 있게 기다리는 사람들을 보면 인내심이 대단하다고 해야 할까. 이런 현상은 버스에서도 종종 볼 수 있다. 미국 버스를 타면 종종 처음 보는 승객끼리 끝도 없이 말을 주고받는 걸 보게 된다. 처음에는 아는 사이인 줄 착각했는데 알고 보니 서로 모르는 사이였다. 그럴 때마다 버스 안에서는 다른 승객들도 있으니 말을 많이 하는 걸 삼갔으면 하는 생각을 했다. 본인이 원하든 원하지 않든 그들의 대화를 듣고 있어야 하니까 말이다. 그런데 이런 일은 승객들 사이뿐만 아니라 버스 기사와 승객 사이에서도 종종 목격된다. 한번은 버스를 30분 이상 탔는데 그 시간 내내 승객과 계속 얘기하는 버스 기사도 보았다. 우리나라 도로 상황이었으면 승객들이 매우 불안했을 것이다. 복잡한 도로에서 운전에 몰두하지 않고 그 정도로 대화에 몰두하면 사고가 나기도 쉬울 것이다. 물론 미국 도로는 우리나라 도로처럼 복잡하지도 않고 한 도로에 한 개 노선버스만 다니니까 사고 날 걱정은 안 해도 될지 모르겠다. 하지만 다른 규칙은 많으면서 왜 말을 많이 해서 다른 승객들에게 방해가 되는 일을 금지하는 규칙은 없는지 의아했다. 미국 버스 안에는 다음과 같은 경고문들이 붙어있다.

e.g. "Federal law prohibits standing in the stairwell."

(연방법은 계단에 서는 것을 금지하고 있음)

"It is a misdemeanor crime to possess a graffiti implement on this vehicle"

(차량 안에서 낙서 용품을 갖고 있으면 경범죄에 해당함)

에피소드 19. 이집트 관광지

저자는 15년 전쯤 대서양 주변국들을 관광하는 크루즈 여행 중 이집트 관광을 한 적이 있다. 먼저 이집트의 관문인 알렉산드리아 항구의 크루즈 선착장에 도착하였는데 거기에는 이미 수 척의 대형 크루즈 선박들이 정박하고 있었다. 이집트의 세계적 유산인 피라미드와 스핑크스 등을 보기 위한 관광객들을 실어나른 선박들이었다. 그런데 저자의 눈에 들어온 그 항구는 정말 실망스러운 모습이었다. 버스를 타고 시내로 들어올 때까지 내내 빈민촌이 이어졌고, 짓다가 만 듯 철근이 그대로 드러나 보이는 건물들도 많았다. 알고 보니 세금을 내지 않고 건물을 완성하면 무허가 건물로 철거당하지만, 미완성인 채로 두면 철거되지 않기 때문에 그 상태로 두고 산다는 무허가 건물들이었다. 우리나라 같았으면 관광객이 그렇게 많이 드나드는 지역에는 어떻게든 정비를 했을 거라는 생각이 들었다. 저자가 평소 생각한 이집트는 하얀 옷을 입은 거상들이 낙타를 타고 사막을 지나는 사진 속 멋진 풍경이었다. 하지만 가이드에 의하면 그 당시 실제 이집트는 노동인구의 30%가 실업자이고 그들은 하루 1달러를 채 못 버는 사람들이며 국민소득 1300불이라는 가이드의 설명에 놀랄 수밖에 없었다. 그 당시 이집트는 세계 제일의 벤츠 보유국이자 낙타가 공존하는 나라로 상류층과 빈곤층만 있으며 중산층이 없다고 했다. 수십 년 전 우리나라 국민소득이 100달러일 때 이집트는 1,000달러로 우리보다 훨씬 경제 사정이 나은 나라였었는데, 2016년 우리나라가 약 27,500달러일 때 이집트는 약 3,500달러였고 2023년 현재 우리나라가 33,000달러가 넘을 때 이집트는 3,600달러가 조금 넘는 수준이다. 이렇게 경제적으로 발전이 더딘 데는 종교적인 이유도 한몫한다고 할 수 있다. 그들의 종교에는 잘사는 사람이 못사는 사람을 도와야 한다는 가르침이 있는데, 구걸하는 사람도 창피하게 생각지 않고 부자들 또한 당연히 도와야 한다고 생각한다는 것이다. 빈곤층들은 우리 돈으로 그 당시 하루 200원이면(빵 10개를 살 수 있음) 온 가족이 하루 끼니를 해결할 수 있어서 별 불평은 없다고 했다. 그래서 그런지 관광객에게도 구걸하는 사람이 많고 아이들 거지도 많아서 정말 놀랐다.

피라미드와 스핑크스는 사막 한복판에 있는데 나일강이 시내 한복판으로 흐르고 있는 수도 카이로에서 얼마 떨어지지 않은 곳이었다. 그런데 저자가 또 놀란 것은 세계적인 유산이 있는 그곳의 관리 상태였다. 주위가 정비도 안 된 상태에다 지저분하고 낙타 오물 냄새가 진동했다. 불가사의인 피라미드의 규모 못지않게 세계적인 유산에 대한 이집트 당국의 관리 실태에 더 놀랐다는 게 솔직한 심정이다. 손대지 않고 자연스럽게 둔다는 것은 핑계로 들렸고 아예 관리를 안 하고 있다는 생각이 들었다. 관람객 질서 관리도 엉망이고 쓰레기도 아무 데나 버려져 있었다. 텅 빈 피라미드 내부를 보고 나서는 스핑크스 내부 관람은 복잡하고 기대할 것도 없을 것 같아 포기하고 말았다. 국가의 부를 상류층이 독점하고 있다면서 이들은 나라의 발전에 관해서는 별로 관심이 없는 것 같았다.

이집트인들의 종교에서 현세는 내세를 위해 잠시 스쳐가는 곳이라고 하니 그래서인지 발전을 위한 노력을 별로 하지 않는 나라라는 생각을 했다. 세계적으로 유명한 카이로 대박물관에서는 4500년 전의 귀한 유물을 진공 처리도 없이 그냥 유리관 안에 보존하고 있었는데, 그나마 건조한 날씨 덕에 그 상태를 유지하고 있다는 가이드의 설명에 놀라울 뿐이었다.

왕이 즉위하면 제일 먼저 하는 것이 사후를 위한 무덤 만들기였고, 그 덕분에 후손들이 많은 관광 수입을 올리는 나라이다. 사막 지역이라 나무로 만든 물건이 매우 비싼 탓도 있지만, 집안의 공간도 좁아 이 나라의 빈곤층은 대부분 집에 가구 없이 사는데, 좁고 허름한 아파트 바깥에 쳐놓은 빨랫줄이 옷장 역할을 한다고 한다. 빨랫줄에 옷을 널어놓고 하나씩 걷어서 입는데 비가 거의 오지 않고 건조한 날씨이기 때문에 상관없다고 한다. 연간 5-10mm 강수량으로 나일강이 유일한 생명줄이며, 비가 거의 안 오기 때문에 비를 맞는 것이 오히려 반가운 경험이어서 지붕이 없는 집들도 많다고 한다.

크루즈를 타고 온 관광객들을 실어 나르는 관광버스에는 실업 구제 차원에서 버스 기사 외에 3인의 승무원이 함께 탔는데, 경찰관 1명, 영어통역관 1명, 현지 통역관 1명으로 이들 모두에게 팁을 줘야 했다. 버스 기사도 손님들에게 팔 식수를 싣고 다녔다. 이런 형편인 나라에서도 한국의 패션디자이너 앙드레 김이 피라미드와 스핑크스를 배경으로 패션쇼를 연 적이 있었는데 80벌의 옷을 부자들이 그 자리에서 다 사 갔다고 한다. 앙드레 김은 수익금의 반을 그 지역 가난한 사람들을 위해 기부함으로써 지역의 영웅으로 환영받았다고 한다. 이집트란 나라를 잠시 보면서 느낀 것은 조상이 아무리 훌륭한 것을 남겨도 후손이 그것들을 잘 간직하고 훌륭하게 만들고자 하는 노력을 하지 않으면 그 나라는 발전이 없다는 것과, 그러한 노력은 가진 자가 솔선수범해야 한다는 것이었다.

에피소드 20. 미국인들의 총기 소유

미국에서는 심심찮게 총기 관련 범죄가 일어나는 것을 뉴스로 접한다. 몇 년 전에는 미국의 세계적 관광 도시인 네바다주 라스베이거스의 고급 호텔에 투숙한 한 중산층 백인이 공연을 보러 광장에 모인 관객들을 향하여 무차별 총을 난사하여 수백 명이 사망하는 대참사가 일어났다. 그 호텔에서는 길 건너 저쪽의 광장이 한눈에 보인다. 저자는 방학 중 미국에 가면 늘 머무는 호텔 바로 옆 호텔에서 발생한 참사라 더 끔찍한 기분이 들었다. 그로부터 얼마 지나지 않아 최근에는 고등학교에서 학생들을 상대로 졸업생이 찾아와 총을 난사하는 일도 일어났다. 미국 사회에서는 이런 범죄들이 잊을 만하면 계속 일어난다. 그럼에도 불구하고 총기 규제 법안은 왜 만들지 못하는 것일까? 그 이유 중 하나로 미국 사람들은 법안을 만드는 국회의원들을 상대로 한 총기 제조업자들의 로비를 꼽는다. 그래서 최근 사고가 일어난 학교 학생들이 거리로 나와서 데모를 했다. "총기제조업자들에게서 정치자금을 받은 정치가들 부끄러운 줄 알라!"고 외치면서. 또 하나의 이유로는 일반 국민 중에도 자기방어 수단으로서 총기 소유를 허용해야 한다고 생각하는 사람들이 적지 않다는 점이다. 나부터도 미국에 살아야 한다면 집에 총을 소유할 것 같다. 사람들이 이렇게 생각하는 것은 미국 집들의 구조와도 밀접한 관련이 있는 것 같다. 땅값이 비싸고 고층 빌딩들이 많은 대도시들을 제외하고는 미국의 대부분 지역 사람들은 형편이 되면 단독주택에 사는 것을 선호한다. 그런데 미국의 단독주택들은 우리나라 집들과는 달리 담도 없고 대문도 없어 밖에서 누군가 침입하고자 마음만 먹으면 아주 쉽게 침입할 수 있을 구조이다. 현관문 하나만 따고 들어가면 되니까 집 안에 있는 사람들이 불안할 수밖에 없을 것 같다. 그래서 자기방어를 위해 침입자에게 총을 쏠 수 있도록 어릴 때부터 총기 사용 교육을 하는 것이 미국 사회이다. 총 가격도 매우 싸서 단돈 몇십 달러에도 총을 손에 넣을 수 있으니 사고가 끊이질 않는 것 같다. 나는 유학 시절 불안한 마음에 캠퍼스 밖에서 지낼 생각은 아예 안 했다. 첫 1년은 학교 기숙사에 자리가 없어서 캠퍼스 밖 빌딩에서 학부 학생들과 지낼 수밖에 없었지만 그 이후로는 줄곧 저녁 8시가 되면 아예 현관 출입문을 잠그고 방문객들을 입구에서 안전 요원(security guard)이 일일이 ID를 확인하고 들여 보내주는 학교 기숙사에서 살았다. 안전하게 사는 것 자체를 걱정해야 하는 나라에서 본의 아니게 8년이나 살게 되었지만, 그곳에서 계속 살 생각은 단 한 번도 한 적이 없는 제일 큰 이유가 바로 안전 때문이었다. 지금 생각하니 내 인생에서 잘한 결정 중의 하나가 유학을 마친 후 한국으로 돌아온 일이다.

참고문헌

Abrate, J. E. (1993). French cuisine in the classroom: Using culture to enhance language proficiency. *Foreign Language Annals, 26*(1), 31-37.

Arens, K. (2010). The field of culture: The standards as a model for teaching culture. *The Modern Language Journal, 94*(2), 321-324.

Arries, J. F. (1994). Constructing culture study units: A blueprint and practical tools. *Foreign Language Annals, 27*(4), 523-534.

Atkinson, D., & Sohn, J. (2013). Culture from the bottom up. *TESOL Quarterly, 47*(4), 669-693.

Bacon, S. M. (1995). Coming to grips with the culture: Another use of dialogue journals in teacher education. *Foreign Language Annals, 28*(2), 193-207.

Baker, W. (2009). The cultures of English as a lingua franca. *TESOL Quarterly, 43*(4), 567-592.

Bentahila, A., & Davies, E. (1989). Culture and language use: A problem for foreign language teaching. *IRAL, 27*(2), 99-112.

Byram, K. A. (2011). Using the concept of perspective to integrate cultural, communicative, and form-focused language instruction. *Foreign Language Annals, 44*(3), 525-543.

Byrd, D. R., Hlas, A. C., Watzke, J., & Valencia, M. F. M. (2011). An examination of culture knowledge: A study of L2 teachers' and teacher educators' beliefs and practices. *Foreign Language Annals, 44*(1), 4-39.

Choe, Y. P. (1998). *Culture in EFL Education*. Seoul: Hankook Publishing Co.

Crawford-Lange, L. M., & Lange, D. L. (1984). Integrating language and culture: How to do it. *Theory into Practice, 26*(4), 258-266.

Drewelow, I. (2013). Impact of instruction on shaping stereotypical cultural representations in an introductory French course. *Foreign Language Annals, 46*(2), 157-174.

Erten, I. H., & Razi, S. (2009). The effects of cultural familiarity on reading comprehension. *Reading in a Foreign Language, 21*(1), 60-77.

Everett, D. L. (2017). The role of culture in language and cognition. *Language and Linguistics Compass, 12*(11), DOI: 10.1111/lnc3.12304.

Finocchiaro, M., & Brumfit, C. (1983). *The Functional-Notional approach.* New York: Oxford University Press.

Flewelling, J. L. (1994). The teaching of culture: Guidelines from the national core French study of Canada. *Foreign Language Annals, 27*(2), 133-141.

Garcia, C. (1991). Using authentic reading texts to discover underlying sociocultural information. *Foreign Language Annals, 24*(6), 515-526.

Halverson, R. J. (1985). Culture and vocabulary acquisition: A proposal. *Foreign Language Annals, 18*(4), 327-331.

Hendon, U. S. (1980). Introducing culture in the high school foreign language class. *Foreign Language Annals, 13*(3), 191-199.

Heusinkveld, P. R. (1985). The foreign language classroom: A forum for understanding cultural stereotypes. *Foreign Language Annals, 18*(4), 321-325.

Jourdain, S. (1998). Building connections to culture: A student-centered approach. *Foreign Language Annals, 31*(3), 439-449.

King, C. P. (1990). A linguistic and a cultural competence: Can they live happily together? *Foreign Language Annals, 23*(1), 65-70.

Kiss, T., & Weninger, C. (2017). Cultural learning in the EFL classroom: the role of visuals. *ELT Journal, 71*(2), 186-196.

Kramsch, C. J. (1983). Culture and constructs: Communicating attitudes and values in the foreign language classroom. *Foreign Language Annals, 16*(6), 437-448.

Livingston, K. I. R. (1980). An expanded look at German culture courses. *Foreign Language Annals, 13*(6), 483-486.

Mantle-Bromley, C. (1992). Preparing students for meaningful culture learning. *Foreign Language Annals, 25*(2), 117-127.

McGinnis, S., & Ke, C. (1992). Using authentic cultural materials to teach reading in

Chinese. *Foreign Language Annals, 25*(3), 233-214.

Nostrand, H. L. (1989). The beginning teacher's cultural competence: Goal and Strategy. *Foreign Language Annals*, *22*(1), 189-193.

Oxford, R. L. (1994). Teaching culture in the language classroom: Towards a new philosophy. In J. Alatis (Ed.), Georgetown Universiy Round Table on Language and Linguistics 1994 (pp. 26-45). Washington DC: Georgetown University Press.

Pesola, C. A. (1991). Culture in the elementary school foreign language classroom. *Foreign Language Annals*, *24*(4), 331-346.

Robinson-Stuart, G., & Nocon, H. (1996). Second culture acquisition: Ethnography in the foreign language classroom. *The Modern Language Journal*, *80*(4), 431-449.

Schulz, R. A. (2007). The challenges of assessing cultural understanding in the context of foreign language instruction. *Foreign Language Annals, 40*(1), 9-26.

Yang, P. (2017). Developing TESOL teacher intercultural identity: An intercultural communication competence approach. *TESOL Journal*, *2017*, 525-541. DOI: 10.1002/tesj.356.

부록

[부록 1. 세계의 다양한 식사 예절]

나이지리아	나이지리아에서는 아이들이 계란을 먹으면 도둑이 된다고 생각한다. 그 때문에 나이지리아에서는 아이에게 계란을 줄 때 주의해야 한다.
독일	독일은 식사 예절을 상당히 중요하게 생각한다. 식사 예절은 가장 기본이라고 생각하며, 특히 비즈니스와 관련된 상황에서 음식을 쩝쩝거린다거나 후루룩거리며 마시는 습관은 큰 불쾌감을 줄 수 있다. 그러나 날씨가 음산해 감기가 빈번한 나라인 만큼 식탁에서 코를 푸는 행위는 예절에 어긋나지 않는다. 또한 술이나 물을 따를 때 잔에 닿지 않도록 주의해야 하며, 음식이나 술 등을 권할 때에는 한 번 "No."라는 답을 들으면 거듭 강요해서는 안 된다. 그뿐만 아니라 상대방의 잔을 대신 채워주는 행위는 상대방을 어린애 또는 금치산자 취급하는 행동이므로 삼가야 한다.
러시아	러시아에서는 빈 보드카 병을 바닥에 내려놓아야 한다. 러시아인들은 빈 병을 테이블 위에 놓는 것이 불운을 가져올 수 있다고 믿기 때문이다.
멕시코	멕시코의 대표 음식을 먹을 때는 나이프나 포크를 이용하지 않는다. 일반적으로 엄지와 검지, 중지 세 손가락을 사용하여 타코를 먹는다. 또한 아침은 가볍게, 점심은 충분히, 저녁은 다시 가볍게 먹는다. 그뿐만 아니라 음식을 먹을 때 쩝쩝대거나 식기가 부딪치는 소리를 내지 않도록 주의해야 하며, 음식점에서 식사를 할 경우에는 식사 후 음식값의 10~15%의 팁을 올려놓고 나와야 한다.
무슬림 국가	아프카니스탄, 파키스탄 등 무슬림 국가에서는 오른손으로만 밥을 먹어야 한다. 왼손은 화장실에서 사용하는 것이기 때문에 불결하게 여긴다.
스페인	스페인은 식사시간을 매우 중요하게 여기기 때문에 2시간 정도 식사를 한다. 일반적으로 점심은 오후 2시에서 4시 사이에 먹고, 저녁은 9시에서 11시 사이에 먹는다. 또한 식사에만 집중하기보다는 대화를 이어나가는 것이 좋다. 단, 프라이버시에 해당하는 신상 정보에 대해 질문하는 것은 금기다. 그뿐만 아니라 공화파와 왕당파로 나뉘어 내전을 치른 적이 있기 때문에 이념적 갈등과 지역감정이 강하게 남아있어 왕실에 대한 평가와 의견을 묻는 행위는 금물이다.
영국	영국은 테이블 매너를 중요시하는 나라인 만큼, 어릴 때부터 나이프와 포크를 이용해 올바르게 식사하는 법을 배운다. 영국에서는 모든 사람이 음식을 제공받기 전까지 먼저 식사를 하지 않도록 주의해야 하며, 입을 벌린 채 음식을 씹는 것은 상대방을 배려하지 않는 태도이므로 삼가야 한다. 또한 식사를 하는 동안 팔꿈치를 테이블 위에 올려놓는 것은 무례한 행동이며, 무언가를 잡기 위해 다른 사람의 접시 위로 팔을 뻗기보다는 집어달라고 부탁하는 것이 좋다. 아울러 식사 도중 나이프를 입에 넣거나 핥지 않아야 하며, 냅킨은 입을 닦는 용도로만 사용해야 한다. 또한 영국에서는 수프 그릇에 마지막 남은 수프를 먹고자 할 때 자신에게서 먼 쪽으로 수프 그릇을 기울여야 하며, 숟가락도 바깥 방향으로 저어야 한다.

(계속)

요르단 & 이집트	요르단과 이집트에서는 음식을 다 먹지 않는 것이 좋다. 조금 남기는 것이 접대를 잘 받았다는 뜻이기 때문이다.
이탈리아	이탈리아에서는 치즈를 추가로 요구하는 것이 요리사의 요리 실력을 모욕하는 행위로 여겨질 수 있다. 이탈리아에서는 물을 마시기 전에 냅킨으로 입을 한 번 닦은 후 마셔야 한다.
인도	인도는 주로 손으로 음식을 먹는 것으로 알려져 있지만, 식당에서는 숟가락과 포크를 사용하기도 한다. 인도에서는 식사 전후에 손을 깨끗이 씻어야 하고, 식사할 때는 오른손을 사용해 음식을 먹어야 한다. 인도인들은 대부분 종교적인 이유로 술을 마시지 않기 때문에 가급적 식사 중 술은 멀리하는 것이 좋으며, 식사 중 얘기를 하는 것을 무례한 행동이라고 여기므로 오롯이 식사에 집중하는 것이 좋다. 또한 물을 마실 때에는 컵에 입을 대지 않고 컵을 입에서 조금 뗀 상태에서 부어 넣는 방식으로 마셔야 한다.
인도네시아	인도네시아에서는 식사에 초대한 집주인이 음식을 권할 때까지 기다려야 한다.
일본	일본은 왼손으로 밥그릇을 들고 오른손으로 젓가락을 사용해 음식을 먹는다. 또한 음식이 입으로 향하는 것이 옳은 일이며 입이 음식으로 향하는 것은 짐승만 하는 행동이라 여겨 식사할 때 상반신을 앞으로 숙이지 않는다. 또한 숟가락을 사용하지 않고 젓가락만을 사용하는 것이 예절이기 때문에 국을 먹을 때도 국그릇을 손에 들고 젓가락을 이용해 건더기를 먹은 후 국물을 마신다. 하지만 일본에서는 음식을 젓가락으로 전달해서는 안 된다. 왜냐면 일본에서는 장례식에서 화장하고 남은 뼈를 긴 젓가락으로 모으기 때문에 자칫 무례한 행동으로 비칠 수 있다.
자메이카	자메이카에서는 아이가 말을 배우기 전에 닭고기를 먹으면 말을 못 하게 된다고 믿으므로 아기에게는 닭고기를 먹이지 않는 것이 좋다.
중국	중국은 식사할 때 젓가락을 식탁에 세게 내려놓거나 젓가락으로 음식을 찌르는 등의 행위를 예의에 어긋난다고 생각하며, 젓가락으로 사람을 향하게 하거나 사람을 가리키는 것은 욕으로 간주되므로 삼가야 한다. 또한 중국인들은 음식을 모두 먹어치우면 '준비한 음식이 부족했다'라는 의미로 해석하므로 음식을 조금 남기는 것이 예의이다. 단 개인용 접시에 담은 음식은 남기지 않는 것이 예의이며, 개인용 접시에 음식을 담을 때는 공용 수저를 이용해야 한다. 또한 생선 뼈를 골라낼 때 젓가락을 입에 넣어 빼야 한다. 바로 접시에 뱉는 것은 실례되는 행동이다.
칠레	칠레에서는 항상 손을 테이블 위에 얹어놓는 것이 좋은 식사 예절이다.
카자흐스탄	카자흐스탄에서는 찻잔의 반만 차도록 차를 따라준다. 이때 차를 더 달라고 요구하지 않는 것이 좋다. 차를 가득 따라준다면 당신이 자신의 집에서 떠나길 바란다는 뜻이기 때문이다.

(계속)

탄자니아	탄자니아에서 저녁 식사에 초대받았다면 20분 정도 늦게 도착해야 한다. 일찍 오는 것은 주인을 모독하는 행위로 간주된다.
태국	태국은 그릇 위에 젓가락을 올려두는 행위가 죽음을 의미한다고 여긴다. 따라서 식사를 할 때 그릇 위에 젓가락을 남겨두지 않도록 주의해야 한다. 또한 포크로 음식을 찍어서 먹지 않아야 한다. 포크는 숟가락 위에 음식을 얹을 때만 사용한다. 아울러 음식을 먹을 때는 소리 내지 않고 입술을 오므린 채 먹어야 하며, 국물이 있는 음식은 손으로 그릇을 들지 않고 숟가락으로 떠서 먹어야 한다.
프랑스	일반적으로 프랑스인들은 아침과 점심은 가볍고 간단하게, 저녁은 오랫동안 푸짐하게 먹는다. 이 중 가장 예절에 신경 써야 할 때는 저녁 식사이다. 프랑스인들은 3~4시간 정도 느긋하게 식사를 즐기곤 하는데, 최대한 느긋하게 천천히 식사해야 한다. 또한 식당에 빈자리가 생겼다고 해서 곧바로 앉는 것이 아니라, 종업원의 안내에 따라 자리 배정을 받고 빈자리에 앉아야 한다. 그뿐만 아니라 손을 들고 주문하지 않고 종업원과 눈을 마주친 다음 종업원을 불러서 주문해야 한다. 빵을 먹을 때는 빵을 칼로 잘라서도 안 되고 입으로 뜯어 먹어서도 안 되며 손으로 적당한 크기로 떼어서 먹어야 한다. 이때 청량음료나 커피를 마시면서 식사를 하는 것은 예의에 어긋난다. 식사 시에는 와인이나 물만 허용되기 때문이다. 또한 프랑스에서는 남은 음식을 싸달라고 하거나 음식을 담을 용기를 달라고 하지 않는 것이 좋다. 요구한다면 주겠지만 천박하고 무례한 사람으로 보일 수 있다.
헝가리	헝가리에서는 맥주를 마실 때 잔을 부딪치며 "치어스(Cheers!)"라고 외치는 것은 엄청난 결례이다. 헝가리 혁명 당시 헝가리를 함락한 오스트리아 군인들이 맥주잔을 부딪치며 건배를 했기 때문이다. 이에 헝가리인들은 무려 150년 동안 맥주잔으로 건배를 외치지 않았다고 한다. 단 맥주 이외의 주류를 마실 때는 잔을 부딪쳐도 좋다.

[부록 2. 세계의 화폐 종류]

State/ Territory	Currency	Symbol	ISO code	State/ Territory	Currency	Symbol	ISO code
한국 Korea	한국 원	₩	KRW	중국 China	중국 위안	¥ 또는 元	CNY
미국 U.S.A.	미국 달러	$	USD	인도 India	인도 루피	₹	INR
일본 Japan	일본 엔	¥	JPY	태국 Thailand	태국 밧	฿	THB
영국 U.K.	영국 파운드	£	GBP	베트남 Viernam	베트남 동	₫	VND
호주 Australia	호주 달러	$	AUD	홍콩 Hong Kong	홍콩 달러	$	HKD
뉴질랜드 New Zealand	뉴질랜드 달러	$	NZD	싱가포르 Singapore	싱가포르 달러	$	SGD
캐나다 Canada	캐나다 달러	$	CAD	튀르키예 Turkiye	리라	₺	TRY
대만 Taiwan	신 대만 달러	$	TWD	인도네시아 Indonesia	인도네시아 루피아	Rp	IDR
러시아 Russia	러시아 루블	₽	RUB	라오스 Laos	라오스 킵	₭	LAK
유럽 연합 EU	유로	€	EUR	몽골 Mongolia	몽골 투그릭	₮	MNT
폴란드 Poland	폴란드 즈워티	zł	PLN	말레이시아 Malaysia	말레이시아 링깃	RM	MYR
멕시코 Mexico	멕시코 페소	$	MXN	미얀마 Myanmar	미얀마 짯	Ks	MMK
브라질 Brazil	브라질 헤알	R$	BRL	필리핀 philippines	필리핀 페소	₱	PHP
칠레 Chile	칠레 페소	$	CLP	방글라데시 Bangladesh	방글라데시 타카	TK	BDT
아르헨티나 Argentina	아르헨티나 페소	$	ARS	캄보디아 Cambodia	캄보디아 리엘	៛	KHR

※ ISO code: **I**nternational **S**tandardization **O**rganization code

(국제 표준화 기구가 시스템 상호 간 정보 교환용 부호의 통일을 기하기 위해 권장하고 있는 부호)

[부록 3. 미국 세관신고서 양식]

〈앞면 내용〉

Customs Declaration
Each arriving traveler or responsible family must provide the following information (only ONE declaration per family is required). The term "family" is defined as "members of a family residing in the same household who are related by blood, marriage, domestic relationship, or adoption."

1	Family Name			
	First (Given)		Middle	
2	Birth date	Month　　Day　　Year		
3	Number of **Family Members** traveling with you			
4	(a) U.S. Street **Address** (hotel name/destination)			
	(b) City		(C) State	
5	Passport Issued by (country)			
6	Passport Number			
7	Country of Residence			
8	Countries visited on this trip prior to U.S. arrival			
9	Airline/Flight No. or Vessel Name			
10	The primary purpose of this trip is **business**:	Yes		No
11	I am (We are) bringing			
	(a) fruits, vegetables, plants, seeds, food, insects:	Yes		No
	(b) meats, animals, animal/wildlife products:	Yes		No
	(c) disease agents, cell cultures, snails:	Yes		No
	(d) soil or have been on a farm/ranch/pasture:	Yes		No

(계속)

12	I have (We have) been in a close proximity of **livestock**: (such as touching or handling)	Yes	No
13	I am (We are) carrying **currency or monetary instruments** over $10,000 U.S. or foreign equivalent: (see definition of monetary instruments on reverse)	Yes	No
14	I have (We have) **commercial merchandise**: (articles for sale, samples used for soliciting orders, or goods that are considered personal effects)	Yes	No
15	RESIDENTS—the total value of all goods, including commercial merchandise I/we have purchased or acquired abroad, (including gifts for someone else, but not items mailed to the U.S.) and am/are bringing to the U.S. is:	$	
	VISITORS—the total value of all articles that will remain in the U.S., including commercial merchandise is:	$	

Read the instructions on the back of this form. Space is provided to list all the items you must declare.

I HAVE READ THE IMPORTANT INFORMATION ON THE REVERSE SIDE OF THIS FORM AND HAVE MADE A TRUTHFUL DECLARATION.

X

Signature Date (month/day/year)

〈뒷면 내용〉

U.S. Customs and Border Protection Welcomes You to the United States

U.S. Customs and Border Protection is responsible for protecting the United States against the illegal importation of prohibited items. CBP officers have the authority to question you and to examine you and your personal property. If you are one of the travelers selected for an examination, you will be treated in a courteous, professional, and dignified manner. CBP Supervisors and Passenger Service Representatives are available to answer your questions. Comment cards are available to compliment or provide feedback.

Important Information

U.S. Residents—Declare all articles that you have acquired abroad and are bringing into the United States.

Visitors(Non-Residents)—Declare the value of all articles that will remain in the United States.

Declare all articles on this declaration form and show the value in the U.S. dollars. Fo gifts, please indicate the retail value.

Duty—CBP officers will determine duty. U.S. residents are normally entitled to a duty- free exemption of $800 on items accompanying them. Visitors (non-residents) are normally entitled to an exemption of $100. Duty will be assessed at the current rate on the first $1,000 above the exemption.

Agricultural and Wildlife Products—To prevent the entry of dangerous agricultural pests and prohibited wildlife, the following are restricted: Fruits, vegetables, plants, plant products, soil, meat, meat products, birds, snails, and other live animals or animal products. Failure to declare such items to a Customs and Border Protection Officer/Customs and Border Protection Agriculture Specialist/Fish and Wildlife Inspector can result in penalties and the items may be subject to seizure.

Controlled substances, obscene articles, and toxic substances are generally prohibited entry.

The transportation of currency or monetary instruments, regardless of the amount, is legal. However, if you bring in to or take out of the United States more than $10,000 (U.S. or foreign equivalent, or a combination of both), you are required by law to file a report on FinCEN 105 (Formerly Customs Form 4790) with U.S. Customs and Border Protection. Monetary instruments include coin, currency, travelers checks and bearer instruments such as personal or cashiers checks and stocks and bonds. If you have someone else carry the currency or monetary instruments for you, you must also file a report on FinCEN 105. Failure to file the required report or failure to report the total amount that you are carrying may lead to the seizure of all the currency or monetary instruments, and may subject you to civil penalties and/or criminal prosecution. SIGN ON THE OPPOSITE SIDE OF THIS FORM AFTER YOU HAVE READ THE IMPORTANT INFORMATION ABOVE AND MADE A TRUTHFUL DECLARATION.

Description of Articles (List may continue on another CBP Form 6059B)	Value	CBP Use Only
Total		

PAPERWORK REDUCTION ACT STATEMENT: An agency may not conduct or sponsor an information collection and a person is not required to respond to this information unless it plays a current valid OMB control number. The control number for this collection is 1651–0009. The estimated average time to complete this application is 4 minutes. Your response is mandatory. If you have any comments regarding the burden estimate you can write to U.S. Customs and Border Protection Office of Regulations and Rulings, 90 K Street, NE, 10th Floor, Washington, DC 20229.

CBP Form 6059B (04/14)

[부록 4. 흑인 영어(Black English)의 규칙]

- "Standard" American English (SAE) vs. Black English (BE)

- BE is also a kind of dialect, just as SAE is.
- BE is not simply a deviation from SAE.
- BE does not differ greatly from SAE or from dialects of SAE.
- BE is not spoken by all Blacks, and there are many different BE dialects.

Pronunciation

A. Reduction of word-final consonant clusters

e.g.	SAE	BE
'burned up'	[brnd ʌp]	[brn ʌp]
'messed up'	[mɛst ʌp]	[mɛs ʌp]

B. Loss of final dental stop consonants

e.g.	SAE	BE
'good man'	[gud mæn]	[gu mæn]
'bad kids'	[bæd kIds]	[bæ kIz]

C. Monophthongization

e.g.	SAE	BE
'like'	[layk]	[lak]
'now'	[naw]	[na]
'time'	[taym]	[tam]

D. Loss of liquids

e.g.	SAE	BE
'more'	[mƆər]	[mƆə]
'story'	[stƆri]	[stƆi]

E. Interdental fricatives

e.g.	SAE	BE
'they'	[ðe]	[de]
'think'	[ΘIŋk]	[tIŋk]

Grammar

- Some of the differences listed do not really constitute differences in grammatical systems, because the difference in the use of a grammatical feature is the result of a pronunciation difference.

A. Past tense

- BE may delete the past tense suffix as a result of two pronunciation rules:

(1) the reduction of word-final consonant clusters

e.g.	SAE	BE
	He walked [wakt] all the way.	He walked [wak] all the way.

(2) the deletion of word-final dental stops

e.g.	SAE	BE
	Yesterday he played. [pled]	Yesterday he played. [ple]

B. Deletion of auxiliary verbs

- Only when SAE can contract the auxiliary, BE may contract or delete it.

e.g.	SAE	BE
	How beautiful you are!	How beautiful you are!
	*How beautiful you're!	*How beautiful you!
	He's [hiz] going.	He's [hi] going
	He'll [hil] miss you.	He'll [hi] miss you.

C. Multiple negation

- In SAE sentences are negated by performing one of the operations used to make the sentence negative, but ot both. In BE on the other hand, it is possible to do both in the same sentence. The result is *multiple negation*.

  e.g. I had some snacks.

  SAE: I didn't have any snacks. / I had no snacks.

  BE: I didn't have no snacks.

  e.g. SAE: He doesn't know anything about it. / He knows nothing about it.

  BE: He doesn't know nothing about it.

[부록 5. 영어의 의성어: Onomatopoetic Words in English]

〈사물에서 나는 소리〉

babble – 졸졸, 재잘재잘
bam – 퍽, 쿵
bang! – (총, 대포, 문닫기) 쾅, 펑
beep – 삐
bing – 윙
bloosh – 철퍼덕
blup–blup – 보글보글 (물이 끓을 때 거품이)
boing – 띠용, 뿅
boink – 뿅, 콩
boom!– (대포) 쾅
br–br– – 부릉부릉
broom– (오토바이) 부릉부릉
bubble – (거품) 부글부글
bump – 쿵
burr–burr – 부릉부릉
choo–choo – (기차) 칙칙폭폭
chuff–chuff – (엔진) 붕붕
chug–chug – (엔진, 발전기 소리) 칙칙, 통통
clang clang – (종소리) 땡그랑 땡그랑
clank – 쩽그렁, 철꺼덕, 철커덩
clash – (서로 부딪침) 쩽그렁
clatter – 덜컥덜컥
click – 달각, 찰칵
(사진 찍는 소리, 문 잠그는 소리)
cling, clink – 쨍 (유리잔 부딪는 소리)
clitter–clatter, clatter – 딸가닥, 찰가닥
cloop – (마개 따는 소리) 펑
crack – 찰싹, 딱, 우지끈
crackle – 지글지글
crash – (갑자기 나는 요란한 소리)
쩽그렁, 와르르
creak – 삐걱삐걱
creech 끼익 (자동차 급정거 소리)
croak croak – 개골개골
crunch crunch – 바스락 (나뭇잎 소리)
– 쩝쩝 (음식 씹는 소리)
ding–ding – 땡땡
ding–dong – (벨소리) 딩동
dong – 큰 종 치는 소리
drip–drip, drip–drop, plop plop
– (빗물 떨어지는 소리) 뚝뚝
drizzle – (이슬비처럼) 작은 물방울이 떨어지는 소리
dump – 털썩 내려뜨리다
fizz – 부글부글
flicker – 깜박깜박
flip–flip – 덜컥덜컥
frack – 쩍
flutter – 퍼덕퍼덕, 펄럭펄럭
fump – 쿵, 털썩
glimmer – 반짝반짝
gurgle – 콸콸
hissss – 슈– 쉬이잇–
honk honk – (버스, 트럭) 빵빵
hoooo hoooo – 휭, 휘잉 (바람소리)
hush – 쉬 ... 쉬!
jingle – 짤랑짤랑(방울소리), 딸랑딸랑
kaboom – 꽝, 우르르
kerplunk – (동전 등) 짤그랑
knock – 똑똑
loping – 철썩철썩
nee–nar – (소방차) 삐뽀삐뽀
mmmmm, nhhmm – (청소기) 위이잉
patter – (빗소리) 후두둑
ping – (총알) 핑
ping–pong – 탁구 치는 소리
pitter–patter – 낙숫물 떨어지는 소리
plop – 풍덩!
pop – 펑!
pop–pop – 깡충깡충
pow – 퍽, 빵, 탁
puff–puff – 칙칙폭폭
purr – 가르릉 (고양이 소리)
rap – (문 두드리는 소리) 톡톡
rattle – 덜컹덜컹
ribbit ribbit – 개굴개굴
ring–ring – (전화) 따르릉
rip –짝 (찢는 소리)
roll–roll – 뒹굴뒹굴
rrrr – 굴러가는 소리, 따르르릉
rub–a–dub – (북소리) 둥둥

(계속)

rumble – (천둥소리) 우르릉 쾅
screech – 끼익
sizzle–sizzle – 지글지글
slap, smack – 찰싹 (뺨 때리는 소리)
slither – 쭈르륵 (미끄러짐)
snap – 탁 (잡아챔, 딱하고 부러짐)
sniff – (냄새 맡다) 킁킁
spin spin – 빙글빙글 뱅뱅
splash – 첨벙첨벙, 철벅철벅
splat – 철펑 (흙탕물 튀는)
squeak – 삐걱삐걱 (새구두)
squirt – (액체가) 찍
strut – (뽐내며 걷다) 으쓱으쓱
swish – (그네, 채찍 소리) 휙
swooosh – (방망이 등) 휙
tada(h) – 짠! (물건을 처음 내보이며 하는 소리)
tap–tap–tap – (가볍게 두드림) 똑똑똑
tantara – 나팔 등 소리
thud, thump – 탁, 쿵
tick–tack, tic–tac, tick–tock –(시계) 똑딱똑딱
tinkle – 딸랑딸랑, 따르릉
tip–tap – 뚜벅뚜벅(구두)
toot–toot – (나팔, 피리) 뚜뚜, 삑삑
tootle–tootle – 나팔소리
toommmm – 둥둥
trickle – 똑똑 떨어지다, 졸졸 흐르다, 찔끔찔끔
toot – 뚜뚜뚜(나팔소리)
tut – 쯧쯧
twang – (활시위 소리) 핑
varoom – 천둥소리
vroom – 부릉부릉
weeoo–weeoo, woo–woo – (경찰차) 삐뽀삐뽀
wham – (부딪치는 소리) 쾅쾅
whir–whir – (자동차 바퀴) 돌돌돌
whizz – (총알) 윙, 휙
whoosh – (공기, 바람) 휙, 쉭, 풍덩
zing – (화살) 피융
zoom – 붕
zzz – 쿨쿨

〈동물이 내는 소리〉

arf – 으르릉, 멍멍
baa, barr – (양, 염소) 매애
bleat – (송아지) 매애
boom – 벌레 소리
bow–wow, woof – (개) 멍멍
buzz, bzz – (벌) 윙윙
cackle – (암탉) 꼬꼬댁
caw caw – (까마귀) 까악까악
cock–a–doodle–doo – 닭 울음소리
cackle – 암탉 (알 낳고 내는 소리)
cluck cluck – 암탉 (병아리 부르는 소리)
coo coo – 비둘기 울음소리
cheep – (병아리) 삐악삐악, (생쥐) 찍찍
chick–a–biddy – 삐약삐약
chirp chirp – 귀뚜라미 소리
chirr – (여치, 귀뚜라미) 찌르르, 귀뚤귀뚤
clip–clop – 따가닥
cluck – (암탉) 꼬꼬댁
cock–a–doodle–doo – (수탉) 꼬끼오
coo coo – (비둘기) 구구구
crack – 알 깨는 소리
croak – (개구리) 개골개골
cuckoo – 뻐꾹
flap – 퍼덕퍼덕
gobble–bobble – (칠면조 우는 소리) 골골
growl – (곰, 개) 으르렁
grrrr – (개) 그르르
grunt – 끙끙, 낑낑대는 소리, 돼지 소리
neigh–neigh, hee–haw – (말) 히히힝
hiss – (뱀) 쉿쉿
hoo, tu–whoo, hoot–hoot – 부엉부엉
hoot – (올빼미) 부엉부엉
howl – 아울 (늑대소리)
meow,mew, miaw – (고양이) 야옹
moo – (소) 음매
neigh – 히힝
oink–oink – 꿀꿀 (돼지소리)
peep – (병아리) 삐약삐약, 쥐 울음소리
pip pip – 새 종류 울음소리
purr – (고양이) 갸르르
quack–quack– (오리) 꽥꽥
roar – (사자) 으르렁
rooof – 멍멍
screech screech – 푸드덕 화다닥
(새가 날개치며 날아가는 소리)
snarl – 으르렁

(계속)

squish – (뱀) 쉬이익
squeak – (쥐) 찍찍
tweet tweet –chirp–chirp (새) 짹짹
whinny – (말) 히힝
whoo whoo – 부엉부엉
wuff–wuff – 우우 (곰 소리)
yap–yap – 깽깽, 컹컹
yelp – 여우 소리

〈사람이 내는 소리〉

aaaaah – 아아아아
aha – 아하
ahchoo, kerchoo – (재채기) 에취
ahem – 으흠, 에헴
alas – 아아, 슬프다
bah, hum, humph – 흥
baw – 으앙
bla bla – 조잘조잘
bo(h) – (감탄) 오!, 왁
boo – (비난, 야유) 우–
boo–hoo – 흑흑
brr – (추워서) 부들부들
burp – (트림소리) 꺼억
bzzzzz – (전기) 지지직
chatter – 재잘재잘
chop–chop – 빨리빨리
chuck–chuck – 구구 (닭 부르는 소리)
chuckle –껄껄 웃는 소리
chut – 쯧쯧
clap clap – (박수) 짝짝
crunch, munch, chomp
– 쩝쩝, 아작아작, 우적우적 씹는 소리
Dam!, Dam it!, (Holy) Shit! Shoot! Jesus (Christ)
– 화났을 때
eek – 이크, 아이코
eh? – 뭐? 그렇지?
er – 어, 저
fee–faw–fum – 어헝
fie – 저런, 에잇, 체
gag – 캑캑 (질식)
gee – 아이고, 깜짝이야
gee–ho, gee–hup, gee–wo – (말, 소 모는 소리) 이랴
giggle – 낄낄거리며 웃는 소리
glug – (마시는 소리) 꿀꺽
god! – 많이 놀랐을 때 (= Boy!, My God!, Gee!)
golly – 어이쿠, 어휴
good heavens! – 많이 놀라서 당황했을 때
gosh – 아이코, 큰일 났군
growl – 꼬르륵 (배에서 나는 소리)
gulp–gulp – 꿀꺽꿀꺽
gurgle – 아기가 좋아서 까르륵대는 소리
ha! ha! ha! – (웃음소리) 하하하
haw – (말을 더듬을 때) 에에, 어어
hawhaw – 하하 웃다
heck – 어머!
hiccup – 딸꾹질 소리
hmm – 음
ho(a) – 워–
hohum – (하품, 따분함) 아~
hoopee – 우와 (기쁠 때)
hoy – (뭔가 부를 때) 어이
hubba–hubba – 좋아 좋아, 됐어 됐어
huh – 흥
hurly–burly – 왁자지껄, 시끌버끌
hurrah, hurray, hoorah, hooray – 만세
hush, shh – 쉿
jeepers – 아이고 참
koff–koff – 콜록콜록
mumble – 중얼중얼, 우물우물
munch crunch
– 아작, 오도독, 아삭아삭 (음씩 씹는 소리)
murmur – 웅얼웅얼
nix – 그만둬, 안돼, 싫어
O, oh, oho, ooh – 오!, 앗!, 저런!
Oh, boy! My God! – 가벼운 놀라움의 표현
Oh, dear! / Oh, my!
– 분노, 실망, 슬픔, 놀라움 등을 나타낼 때
Oh, no! – 안돼, 저런!
oops! – 아이고! 이런! 어머나!
ouch – 아야, 아이코
pah, phew, pish, pooh, pshaw – 흥, 체
pee–pee – 쉬하는 소리
peek–a–boo – 까꿍 (아기에게)
phew – 휴(더울 때 등 불쾌감을 나타낼 때)
pit–a–pat – (가슴이) 두근두근
plop – 풍덩
poo–poo – 응가하는 소리

(계속)

prrrt – 방귀 소리
ptui – 퉤
retch – (토할 때) 웩
screech – (날카로운 소리) 까악
shoo – (새 쫓는 소리) 쉬이, 훠이
shucks – 쳇
shush, whist – 쉿
sirrah – 어이, 이봐
slurp – (빨대) 쪽쪽
smack – 쪽 (쪽 하고 키스하다)
smash – (때리는 소리) 철썩, 짝
sniff – 킁킁
snore –코 고는 소리
sob sob – 흑흑 (우는 소리)
splash – 첨벙
sputter – 퉤퉤
strut sturt – 으쓱으쓱 (뽐내며 걷다)
tada(h) – 짠
te–hee, tee–hee – (웃음소리) 히히, 낄낄
thulp, thulp – (물 마시는 소리) 꿀꺽꿀꺽
tisk, tsk, tut–tut – (혀를 차는 소리) 쯧쯧
toddle – 아장아장
tootle tootle – 뚜우 뚜우(나팔소리)
toot–toot – 뚜우 뚜우 (나팔소리)
twang (활시위 소리) 핑
ugh – (경멸, 공포) 우, 와, 오
waaaah – 와아
wheeze – 씩씩
whew – (놀람, 당황) 어휴
whiz – (총알) 핑
whoop – 야아, 우와
whoopee – (기쁠 때) 우와
whoops – (실족, 실수) 아이고, 이크!
wow – (놀라움, 기쁨, 고통) 야아
yackety–yak – 와글와글, 재잘재잘
yawn – (하품) 아함
yipe – (비명) 앗, 으악
yippee – 야, 만세, 우히히
yo – 여어
yoo–hoo – (부르는 소리) 야!
yo–heave–ho – 어기여차
yoicks – (사냥개 부추기는 소리) 쉿
yow – 아야, 이크, 끙
yum–yum – 냠냠
zooks – 제기랄
zzzz – 쿨쿨

[부록 6. 영어 속담(English Proverbs)]

〈On "Family/Friendship"〉

1. Blood is ________ than water. (피는 물보다 진하다.)

2. ________ father, ________ son. (그 아버지에 그 아들 = 부전자전)

3. A friend ________ is a friend ________. (곤경에 처했을 때 친구가 진정한 친구이다.)

4. Better be ________ than in bad ________. (나쁜 친구는 없는 게 낫다.)

5. Birds of a ________ flock together. (같은 깃털을 가진 새들은 함께 무리를 짓는다. = 끼리끼리 만난다.)

6. A friend to ________ is a friend to ________. (만인의 친구는 아무의 친구도 아니다.)

7. Lend your money and ________ your friend. (돈을 빌려주면 친구를 잃는다.)

8. Evil communication corrupt good ________. (사악한 자와의 친교는 행실을 망친다.)

9. The leopard does not change his ________. (표범은 그의 반점을 변화시키지 않는다. = 세 살 버릇 여든까지 간다.)

10. Out of sight, out of ________. (안 보면 멀어진다.)

11. Spare the ________ and spoil the child. (매를 아끼면 아이를 망친다.)

12. There is no place ________ home. (집보다 좋은 곳은 없다.)

〈On "Health"〉

13. An early bird catches the ________. (일찍 일어나는 새가 벌레를 잡는다.)

14. Eat in ________ and defy the doctor. (알맞게 먹으면 의사가 필요 없다.)

15. Good wine makes good ________. (좋은 술은 몸에 좋다.)

16. Health is better than ________. (건강이 재물보다 낫다.)

17. A man is as old as he ____________ , and a woman as old as she ________.
(남자의 나이는 느끼기에 달렸고, 여자의 나이는 보이는 대로이다.)

18. Much meat, much __________. (고기를 많이 먹으면 병도 많다. = 과식하면 탈난다.)

19. Hunger is the best __________. (시장이 가장 좋은 반찬이다.)

〈On "Happiness"〉

20. Contentment is great ___________. (만족은 대단한 재산이다.)

21. ___________ kills a cat. (근심 걱정은 고양이도 죽인다.)

22. No bread eaten by man is so sweet as that earned by his own ________. (인간이 먹는 어떤 빵도 자신의 노력으로 얻은 빵만큼 단 것은 없다.)

23. Fortune comes in by a ___________ gate. (행운은 즐거운 문으로 들어온다. = 즐겁게 살면 복이 온다.)

24. Marry first and love will ___________. (우선 결혼을 하고 나면 사랑은 뒤따라 싹튼다.)

25. Marry in haste, repent at ___________. (급히 결혼하고 천천히 후회하라.)

26. All sorrows are _________ with bread. (먹을 것이 족하면 슬픔도 줄어든다.)

27. Every cloud has a silver ____________. (어떤 비관적인 일에도 낙관적인 일면은 있는 법이다.)

28. Laugh, and the world laughs with you; weep, and you weep _________. (웃으면 세상이 당신과 함께 웃지만, 울면 당신은 혼자 운다.)

29. Man cannot live by ________ alone. (사람은 빵만으로 살 순 없다.)

〈On "Social Life"〉

30. Time heals all ________. (시간이 모든 상처를 치유한다. = 세월이 약이다.)

31. Out of frying pan _________ the fire. (프라이팬을 뛰쳐나와 불로 뛰어들다. = 갈수록 태산이다.)

32. The grass is ________ on the other side of the fence. (담 너머 잔디가 더 푸르러 보인다. = 남의 떡이 커 보인다.)

33. Fools rush in where angels fear to ________. (천사가 두려워 지나지도 못하는 곳에 바보는 뛰어든다.= 하룻강아지 범 무서운 줄 모른다.)

34. Every man to his ________. (사람마다 취향이 다르다.)

35. The end justifies the ________. (목적이 수단을 정당화한다. = 모로 가도 서울만 가면 된다.)

36. A stitch in time ________ nine. (제때 한 바늘은 아홉 바늘을 구제한다. = 호미로 막을 데를 가래로 막는다.)

37. ________ the barn after the horse is stolen. (말을 잃고 나서 축사를 고친다. = 소 잃고 외양

간 고친다.)

38. Talk of the devil, and he will ________. (악마에 대해 이야기하면 악마가 나타난다.)

39. Do to others ________ you would be done by others. (다른 사람이 해주기를 바라는 것처럼 당신도 그들에게 하라.)

40. Even Homer sometimes ________. (호머조차도 때로는 졸 때가 있다. = 원숭이도 나무에서 떨어진다.)

41. ________ is right. (힘은 곧 정의이다.)

42. Adding insult to ________. (상처에 모욕을 더하다. = 엎친 데 덮치다.)

43. Honesty is the best ________. (정직이 최선의 방책이다.)

44. No news is ________ news. (무소식이 희소식이다.)

45. No rose without a ________. (가시 없는 장미는 없다.)

46. Go home and ________ the dog. (집에 가서 개를 발로 찬다. = 종로에서 뺨 맞고 한강에 가서 눈 흘긴다.)

47. A cat may look at a ________ . (고양이라고 임금님을 보지 말라는 법은 없다.)

48. There is no ________ for taste. (취향을 말로 설명할 수 없다. = 제 눈에 안경)

49. Among the blind, the ________ is king. (눈먼 사람들 틈에서는 한 눈만 있어도 왕이다.)

50. A hungry man is an ________ man. (배고픈 사람은 화난 사람이다.)

51. A chain is no stronger than its weakest ________. (쇠사슬의 강도는 가장 약한 고리 하나에 달렸다.)

52. A new broom sweeps ________ . (새 빗자루는 잘 쓸린다.)

53. Death is the ________ leveller. (죽음은 모든 것을 공평하게 만든다.)

54. Dog does not ________ dog. (개가 개를 먹지는 않는다.)

55. Give a dog a bad name and ________ him. (개에게 오명을 씌우는 것은 그 개를 교살하는 것과 같다.)

56. Happy is the country that has no ________ . (역사가 없는 나라는 행복하다.)

57. Ill weeds grow ________ . (잡초는 빨리 자란다.)

58. The weakest ________ to the wall. (가장 허약한 자가 담벼락 쪽으로 밀려난다.)

59. It takes all ________ to make a world. (세상에는 온갖 일이 다 있게 마련이다.)

60. ________ make man. (매너를 보면 사람 됨됨이를 안다.)

〈On "Money"〉

61. Money makes the ________ go. (돈은 말을 움직이게 한다.)

62. As poor as a ________ mouse. (찢어지게 가난하다.)

63. ________-wise and ________-foolish. (잔돈에는 현명하고 큰돈에는 어리석다.)

64. Riches are for ________. (부는 쓰기 위한 것이다.)

65. Thrift is a great ________. (절약이 최대의 수입이다.)

66. A fool and his money are soon ________. (바보와 그의 돈은 곧 헤어진다.)

67. Money ________ money. (돈이 돈을 번다.)

68. Borrowing ________ sorrowing. (빚은 슬픔의 근원이다.)

69. Take care of the ________, and the pounds will take care of themselves. (작은 돈을 돌보면 큰돈은 저절로 생긴다.)

70. Cut your ________ according to your cloth. (옷감에 맞춰 옷을 잘라라. = 분수에 맞는 생활을 하라.)

71. Many a little makes a ________. (티끌 모아 태산)

72. Money isn't ________. (돈이 전부는 아니다.)

73 Poverty is no ________. (가난은 죄가 아니다.)

74. The love of money is the ________ of all evil. (금전을 좋아함은 모든 악의 근원이다.)

75. Turning ________ with envy. (질투로 파랗게 질리다.= 사촌이 땅을 사면 배가 아프다.)

〈On "Business"〉

76. Make ________ while the sun shines. (해가 있을 때 건초를 만들어라. = 기회를 놓치지 말라.)

77. Business is ________. (장사는 장사다.)

78. Necessity is the mother of ________. (필요는 발명의 어머니이다.)

79. Too many cooks spoil the ________ . (요리사가 많으면 국을 망친다. = 사공이 많으면 배가 산으로 간다.)

80. Rome was not built in a ________ . (로마는 하루에 이루어진 것이 아니다.)

81. Well ________ is half done. (시작을 잘하면 반을 한 것이다.)

82. A Jack of all trades is ________ of none. (팔방미인치고 한 가지 일 제대로 하는 사람 없다.)

83. Everybody's business is ________ business. (모든 사람의 일은 아무의 일도 아니다.)

84. Everything must have a ________. (모든 일에는 시작이 있다.)

85. He who makes no ________ makes nothing. (실수를 하지 않는 사람은 아무것도 이룰 수 없다.)

86. One sows and another ________. (뿌리는 사람 따로 있고, 거두는 사람 따로 있다.)

87. Rats leave a ________ ship. (쥐들은 가라앉는 배를 떠난다.)

88. The cobbler should ________ to his last. (구두장이는 구두 틀을 지켜라. = 한 우물을 파라.)

89. The end ________ the work. (끝마무리가 일에 영광을 안겨준다. = 일은 끝마무리가 중요하다.)

90. Work while it is ________. (해가 있을 때 일을 하라. = 기회를 놓치지 말라.)

〈**On "Success"**〉

91. Little drops of water make the ________ ocean. (작은 물방울들이 거대한 대양을 만든다. = 티끌 모아 태산)

92. Nothing ________, nothing gained. (모험 없이는 얻는 게 없다. = 호랑이 굴에 들어가야 호랑이를 잡는다.)

93. Diligence is the mother of good ________. (근면은 행운의 어머니이다.)

94. A bad workman ________ his tools. (일 못하는 사람이 연장 탓한다.)

95. Heaven helps those who help ________. (하늘은 스스로 돕는 자를 돕는다.)

96. A rolling stone gathers no ________. (구르는 돌은 이끼가 끼지 않는다.)

97. Look before you ________. (뛰기 전에 먼저 살펴라.)

98. First come, first ________. (먼저 오는 사람이 대접받는다.)

99. Where there is a will, there is a ________. (뜻이 있는 곳에 길이 있다.)

100. Nothing ________ like success. (성공은 성공으로 이어진다.)

101. Slow but ________ wins the race. (천천히 하지만 확실히 하는 게 이긴다.)

102. ________ is sometimes the best way of succeeding. (양보가 때로는 성공하는 가장 좋은 방법이다.)

103. Haste makes ________. (서두르면 손해다.)

104. He laughs best who laughs ________. (마지막에 웃는 사람이 가장 잘 웃는 것이다.)

105. Opportunity seldom comes ________. (기회는 좀처럼 두 번 오지 않는다.)

106. Strike while the iron is ________. (철이 뜨거울 때 두들겨라. = 기회를 놓치지 말라.)

〈On "Education/Learning"〉

107. All work and no play makes Jack a ________ boy. (공부만 하고 놀지 않으면 바보가 된다.)

108. To teach a fish how to ________. (물고기에게 수영 가르친다. = 공자 앞에서 문자 쓴다.)

109. The sparrow near a school sings the ________. (학교 근처 참새는 독본을 노래한다. = 서당 개 삼년에 풍월한다.)

110. Never ________ old to learn. (배움에는 나이 제한이 없다.)

111. It is never ________ to learn. (배우는 데 결코 늦은 것은 없다.)

112. ________ is long, life is short. (예술은 길고 인생은 짧다.)

113. Time and ________ wait for no man. (세월은 사람을 기다려주지 않는다.)

114. ________ is the best teacher. (경험이 최고의 선생님이다.)

115. Ignorance is ________ . (모르는 게 축복이다. = 모르는 게 약이다.)

116. Alexander himself was ________ a crying baby. (알렉산더 대왕도 한때는 우는 아이였다.)

117. A little knowledge is ________. (얕은 지식은 위험하다. = 선무당이 사람 잡는다.)

118. Knowledge is ________. (아는 것이 힘이다.)

119. Empty sacks will never stand ________. (빈 자루는 결코 똑바로 서 있지 못한다.)

120. ________ vessels make the most sound. (빈 수레가 가장 요란하다.)

121. The fish always stinks from the head ________. (생선은 항상 머리부터 아래로 썩어 내려간다.)

122. The pen is ________ than the sword. (펜이 검보다 강하다.)

123. Practice makes ________. (완벽은 연습에서 나온다.)

124. There is no ________ road to learning. (배움에 왕도는 없다.)

〈On "Advice"〉

125. A ________ of a thousand miles begins with a single step. (천 마일의 여행길도 한 걸음으로 시작한다. = 천리 길도 한 걸음부터.)

126. As you ________, so you reap. (뿌린 만큼 거둔다. = 콩 심은 데 콩 나고, 팥 심은 데 팥 난다.)

127. Good medicine ________ bitter. (몸에 좋은 약은 쓰다.)

128. Don't count your chickens before they are ________. (부화하기도 전에 병아리를 세지 마라.)

129. Look before you ________ . (뛰기 전에 먼저 살펴라. = 돌다리도 두들겨보고 건너라.)

130. A ________ pot never boils. (기다리는 냄비는 끓지 않는다.)

131. ________ not pearls before swine. (돼지에게 진주를 던지지 마라.)

132. Better late than ________. (늦는 것이 안 오는 것보다 낫다.)

133. Tread on a worm, then it will ________. (지렁이도 밟으면 꿈틀거린다.)

134. Don't throw ________ the baby with the bath water. (목욕물과 함께 아기를 버리지 마라.)

135. You cannot eat the cake and ________ it. (케이크를 먹고 가지는 것 둘 다 할 수는 없다.)

136. Don't whistle ________ you are out of the wood. (숲에서 나오기 전에 휘파람을 불지 마라.)

137. Judge not a book by its ________. (책 표지로 책을 평가하지 마라.)

138. One must draw the ________ somewhere. (어딘가에는 선을 그어야 한다.)

〈On "Speech/Communication"〉

139. Actions speak ________ than words. (행동이 말보다 효력 있다.)

140. Talking ________ the wall. (벽 보고 말하기. = 소귀에 경 읽기.)

141. ________ one ear and ________ the other. (한 귀로 듣고 한 귀로 흘린다.)

142. Good words ________ nothing. (좋은 말에 밑천 안 든다.)

143. Making a mountain ________ of a molehill. (언덕을 산으로 만들다. = 침소봉대)

144. Bad news ________ fast. (나쁜 소식은 빨리 퍼진다.)

145. One picture is ________ a thousand words. (그림 한 장은 천 마디 말의 가치가 있다. = 백문이 불여일견)

146. Great talkers are little ________. (말을 잘하는 사람은 행동을 잘 못하는 사람이다.)

147. Speech is silver, ________is gold. (말은 은이요, 침묵은 금이다.)

148. To say is one thing, to ________ is another. (말과 행동은 별개이다.)

149. You never know what you can do till you ________. (해보기 전에는 당신이 무엇을 할 수 있는지 알 수 없다.)

150. Many a ________ word is spoken in ________. (많은 진담이 농담 속에 있다.)

151. The ________ of the people is the ________ of God. (백성의 소리가 신의 소리이다. = 민심이 천심이다.)

152. Fine words ________ no parsnips. (말만 고와 봤자 아무 소용없다.)

153. Least said, ________ mended. (말은 적을수록 좋다.)

154. ________ what you preach. (설교한 것을 실행하라.)

155. Saying is one thing and doing is ________. (말하는 것과 행동하는 것은 별개이다.)

156. Silence means ________. (침묵한다는 것은 동의한다는 것이다.)

157. Words ________ more than swords. (말이 칼보다 더 무섭다.)

158. The pot calls the kettle________. (냄비가 주전자 보고 검다고 한다. = 숯이 검정 나무란다.)

⟨On "Woman/Beauty"⟩

159. Imitation is the sincerest form of ________. (모방은 최고의 아첨이다.)

160. All is not gold that ________. (반짝인다고 모두 금은 아니다.)

161. A woman is a ________. (여자는 변덕쟁이이다.)

162. A woman is the weaker ________. (여자는 깨지기 쉬운 그릇이다.)

163. Beauty is but ________. (미는 살갗처럼 얄은 것이다.)

164. Three women make a ________. (여자 셋만 모이면 시장처럼 시끄럽다.)

165. A fair face is half a ________. (예쁜 얼굴은 재물의 반이다.)

166. Fine ________ make fine birds. (좋은 깃털이 좋은 새를 만든다.)

167. A woman is an ________ at ten, a ________ at fifteen, a ________ at forty, and a at four score. (여자는 10살 때 천사이고, 15살 때 성스럽고, 40살 때 악마이고, 80살 때는 마녀이다.)

168. Never judge by ________. (외모로 사람을 평가하지 마라.)

169. Love me, love my ________. (아내가 귀여우면 처갓집 말뚝 보고 절한다.)

170. Beauty is in the eye of the ________. (미는 보는 사람의 눈 속에 있다. = 제 눈에 안경이다.)

〈**On "Life"**〉

171. All good things must come to an ________. (어떤 좋은 일도 끝이 있게 마련이다.)

172. A drowning man will ________ at a straw. (물에 빠진 사람은 지푸라기라도 잡는다.)

173. Tomorrow is a ________ day. (내일은 내일의 해가 뜬다.)

174. _________ there's smoke, there's fire. (연기 있는 곳에 불이 있다. = 아니 땐 굴뚝에 연기 날까.)

175. It _________ two to tango. (탱고를 추자면 두 사람이 필요하다. = 손뼉도 마주쳐야 소리가 난다.)

176. After a storm comes a ________ . (폭풍이 지나고 나면 고요가 온다.)

177. ________ a beggar, always a beggar. (한번 거지는 평생 거지다.)

178. Everything comes to ________ who wait. (모든 것은 기다리는 자에게 온다.)

179. You can ________ a horse to the water, but you cannot make him drink it. (말을 물가로 데려갈 수는 있지만 물을 먹일 수는 없다.)

180. It is no use crying ________ spilt milk. (엎질러진 우유를 두고 울어봤자 소용없다. = 엎질러진 물이다.)

181. Life is a ________. (인생은 성지순례이다.)

182. A ________ burden is no burden. (좋아서 진 짐은 짐이 아니다.)

183. Make ________ slowly. (급하면 돌아가라.)

184. Kill two birds with one ________. (돌 하나로 새 두 마리 죽이기 = 일석이조)

185. It's a _________ of cake. (한 조각의 케이크일 뿐이다. = 누워서 떡 먹기이다.)

186. Every dog has his _________ . (개에게도 한 번쯤은 좋은 일이 있다. = 쥐구멍에도 볕들 날 있다.)

187. When in Rome, do _____ the Romans do. (로마에 가면 로마 사람들이 하는 대로 하라.)

188. Everyone has a _________ in his closet. (누구나 벽장 안에 수치스러운 것을 갖고 있다. = 털어서 먼지 안 나는 사람 없다.)

189. While there is _________ , there is hope. (생명이 있는 곳에는 희망이 있다.)

190. Don't put new wine into old ________ . (새 포도주를 헌 병에 담지 말라.)

191. Life is not _________ beer and skittles. (인생은 늘 즐거운 것이 아니다.)

192. ________ come, ________ go. (쉽게 얻은 것은 쉽게 나간다.)

〈정답〉

1. thicker	41. Might	81. begun	121. downwards	161. weathercock
2. like, like	42. injury	82. master	122. mightier	162. vessel
3. in need, indeed	43. policy	83. nobody's	123. perfect	163. skin-deep
4. alone, company	44. good	84. beginning	124. royal	164. market
5. feather	45. thorn	85. mistakes	125. journey	165. fortune
6. all, none	46. kick	86. reaps	126. sow	166. feathers
7. lose	47. king	87. sinking	127. tastes	167. angel, saint, devil, witch
8. manners	48. accounting	88. stick	128. hatched	168. appearance
9. spots	49. one-eyed	89. crowns	129. leap	169. dog
10. mind	50. angry	90. day	130. watched	170. eye
11. rod	51. link	91. mighty	131. Cast	171. end
12. like	52. clean	92. ventured	132. never	172. catch
13. worm	53. grand	93. fortune	133. turn	173. new
14. measure	54. eat	94. blames	134. out	174. Where
15. blood	55. hang	95. themselves	135. have	175. takes
16. wealth	56. history	96. moss	136. until	176. calm
17. feels, looks	57. apace	97. leap	137. cover	177. Once
18. disease	58. goes	98. served	138. line	178. those
19. sauce	59. sorts	99. way	139. louder	179. lead
20. riches	60. Manners	100. succeeds	140. to	180. over
21. Care	61. mare	101. sure	141. In, out	181. pilgrimage
22. labor	62. church	102. Yielding	142. cost	182. willing
23. merry	63. penny, pound	103. waste	143. out	183. haste
24. follow	64. spending	104. last	144. travels	184. stone
25. leisure	65. revenue	105. twice	145. worth	185. piece
26. less	66. parted	106. hot	146. doers	186. day
27. lining	67. begets	107. dull	147. silence	187. as
28. alone	68. makes	108. swim	148. practice	188. skeleton
29. bread	69. pence	109. primer	149. try	189. life
30. wounds	70. coat	110. too	150. true, jest	190. bottles
31. into	71. mickle	111. late	151. voice, voice	191. all
32. greener	72. everything	112. Art	152. butter	192. Light, light
33. tread	73. sin	113. tide	153. soonest	
34. taste	74. root	114. Experience	154. Practice	
35. means	75. green	115. bliss	155. another	
36. saves	76. hay	116. once	156. consent	
37. Mend	77. business	117. dangerous	157. cut	
38. appear	78. invention	118. power	158. black	
39. as	79. broth	119. upright	159. flattery	
40. nods	80. day	120. Empty	160. glitters	

저자 **김성애**

- **저자약력**

연도 (Year)	학교명 (Name of School)	전공 (Major)	학위 (Degree)
1. 1974. 3. ~ 1978. 2.	부산대학교(Pusan Nat'l University)	영어교육(English Language Education)	학사 (B.A)
2. 1980. 3. ~ 1982. 8.	부산대학교 교육대학원(Graduate School of Ed.)	영어교육(English Language Education)	석사 (M.A)
3. 1984. 9. ~ 1985. 12.	오하이오주립대 (미국) (The Ohio State Univ. Columbus, OH. USA)	영어교육(TESOL– Dept. of Educational Theory & Practice)	석사 (M.A)
4. 1986. 1. ~ 1987. 12.	오하이오주립대 (미국) (The Ohio State Univ. Columbus, OH. USA)	언어학(Linguistics – Dept. of Linguistics)	석사 (M.A)
5. 1988. 4. ~ 1992. 6.	오하이오주립대 (미국) (The Ohio State Univ. Columbus, OH. USA)	영어교육(Lg. Arts, Literature, & Reading – Dept. of Educational Theory & Practice)	박사 (Ph.D)
6. 1978. 3. ~ 1984. 8.	가야여자중학교 & 주례여자중학교 영어교사		
7. 1995. 3. ~ 2021. 8.	부산대학교 사범대학 영어교육과 교수		
8. 2021. 9. 1. ~ 현재	부산대학교 사범대학 영어교육과 명예교수		

- **저서**

김성애. (2022). **영어교육 이론과 적용**. 서울: 경문사.
김성애. (2015). **영어 교수 학습의 이론과 실제**. 서울: 한국문화사.
김성애. (2014). **영어 평가의 이해**. 서울: 글로벌콘텐츠.
김성애. (2013). **영어 쓰기 지도법 연구**. 서울: 신아사.
김성애. (2012). **과제중심 영어교육**. 서울: 신아사.
김성애. (2011). **영어 문법과 의사소통 통합지도**. 서울: 신아사.
김성애. (2011). **액션시리즈로 배우는 생활영어**. 서울: 경문사.
김성애. (2010). **영어 교수 기술 연구**. 서울: 신아사.

Email: sngkm@pusan.ac.kr
Homepage: http://sngkm510.pusan.ac.kr

현장 및 예비 영어교사의 교수기술 향상을 위한 안내서

글로벌 시대 영어교실의 문화 지도

지은이 김성애
펴낸이 조경희
펴낸곳 경문사
펴낸날 2024년 1월 5일 1판 1쇄
등 록 1979년 11월 9일 제1979–000023호
주 소 04057, 서울특별시 마포구 와우산로 174
전 화 (02)332–2004 팩스 (02)336–5193
이메일 kyungmoon@kyungmoon.com

값 21,000원

ISBN 979–11–6073–663–2